全国高职高专道桥与市政工程专业规划教材

道路工程制图与识图

（第2版·修订版）

主　编　常小会　斯庆高娃
副主编　武　荣　颜志敏　周　茹　倪桂玲
主　审　龚景毅

黄河水利出版社
·郑州·

内容提要

本书是全国高职高专道桥与市政工程专业规划教材，是根据教育部对高职高专教育的教学基本要求及中国水利教育协会职业技术教育分会高等职业教育教学研究会组织制定的道路工程制图与识图课程教学标准编写的。本书共分十二章，主要内容包括：制图的基本知识，投影的基本知识，点、直线、平面的投影，立体的投影，立体表面的交线，轴测图，组合体，剖面图和断面图，标高投影，道路路线工程图，桥隧工程图，涵洞工程图。本书的编写，以理论适度够用，加强实践教学为原则，贯彻以学生为主体、以教师为主导、注重学生动手操作的教学思路。本书配套优质教学课件、《道路工程制图与识图实训（第2版）》（常小会、斯庆高娃主编，黄河水利出版社出版）、实训参考答案等教学资源，方便教师教学和学生自学。

本书可供高等职业技术学院、高等专科学校、电大等道路桥梁工程技术专业、市政工程技术专业及相关专业教学使用，也可供道桥类工程技术人员学习参考。

图书在版编目(CIP)数据

道路工程制图与识图/常小会，斯庆高娃主编. —2版.—郑州：黄河水利出版社，2020.7 （2024.3 修订版重印）
全国高职高专道桥与市政工程专业规划教材
ISBN 978-7-5509-2759-9

Ⅰ.道… Ⅱ.①常… ②斯… Ⅲ.①道路工程-工程制图-高等职业教育-教材 ②道路工程-工程制图-识图-高等职业教育-教材 Ⅳ.①U412.5

中国版本图书馆 CIP 数据核字(2020)第 135036 号

组稿编辑：王路平　电话：0371-66022212　E-mail：hhslwlp@163.com
韩莹莹　66025553　hhslhyy@163.com

出版社：黄河水利出版社　网址：www.yrcp.com
地址：河南省郑州市顺河路黄委会综合楼 14 层　邮政编码：450003
发行单位：黄河水利出版社
发行部电话：0371-66026940、66020550、66028024、66022620（传真）
E-mail：hhslcbs@126.com
承印单位：河南育翼鑫印务有限公司
开本：787 mm×1 092 mm　1/16
印张：12.5
字数：290 千字　印数：8 001—11 000
版次：2014 年 1 月第 1 版　2024 年 3 月修订版
2020 年 7 月第 2 版
印次：2024 年 3 月第 3 次印刷

定价：40.00 元

第2版前言

本书是贯彻落实《国家职业教育改革实施方案》(国发〔2019〕4号)、《国务院关于加快发展现代职业教育的决定》(国发〔2014〕19号)等文件精神,依据教育部印发的《高等职业学校专业教学标准(试行)》关于课程的教学要求,在中国水利教育协会指导下,由中国水利教育协会职业技术教育分会高等职业教育教学研究会组织编写的第二轮道桥与市政工程专业规划教材。第二轮教材以学生能力培养为主线,体现出实用性、实践性、创新性的教材特色,是一套理论联系实际、教学面向生产的高职教育精品规划教材。

为了不断提高教材质量,编者于2024年3月,根据近年来国家及行业颁布的最新标准、规范等,以及在教学实践中发现的问题和错误,对全书进行了系统的修订完善。本次修订以习近平新时代中国特色社会主义思想为指引,贯彻落实党的二十大精神,全面落实立德树人根本任务。全书增加了课程思政内容,融入了党的二十大精神。

本书第1版自2014年1月出版以来,因其通俗易懂,全面系统,应用性知识突出,实用性强等特点,受到全国高职高专院校土木工程类专业师生及广大相关专业从业人员的喜爱。为进一步满足教学需要,并使教材内容符合新的行业要求,编者在第1版的基础上对原教材内容进行了全面修订、补充和完善。本书以国家及行业现行有关规范为主要依据编写,改变了过去一些教材与标准相矛盾的地方,既维护了标准的严肃性,又有助于培养学生自觉遵守国家标准的良好习惯。

本书编写人员及编写分工如下:安徽水利水电职业技术学院常小会编写绪论、第一章、第二章,内蒙古机电职业技术学院斯庆高娃编写第三章、第四章、第八章,山西水利职业技术学院周茹编写第五章、第六章,福建水利电力职业技术学院颜志敏编写第七章,杨凌职业技术学院武荣编写第九章、第十章,安徽水利水电职业技术学院倪桂玲编写第十一章、第十二章。全书由常小会、斯庆高娃担任主编,常小会负责全书统稿;由武荣、颜志敏、周茹、倪桂玲担任副主编;由山东水利职业学院龚景毅教授担任主审。

另外,本书还配有《道路工程制图与识图实训(第2版)》(常小会、斯庆高娃主编,黄河水利出版社出版),供学生练习使用。

在这次教材的修订中,使用过教材的广大老师和学生给我们指出了问题,提出了很多好的意见和建议,在此向大家表示深深的感谢!

由于编者水平有限,编写经验不足,书中难免存在疏漏及不妥之处,恳请广大读者继续批评指正。

编　者

2024年3月

目 录

第 2 版前言
绪 论 ……………………………………………………………………………… (1)
第一章 制图的基本知识 ……………………………………………………… (3)
第一节 制图工具、仪器 ……………………………………………………… (3)
第二节 基本制图标准 ………………………………………………………… (7)
第三节 几何作图 …………………………………………………………… (15)
第四节 平面图形的画法 …………………………………………………… (22)
第五节 绘图的一般步骤 …………………………………………………… (24)
小 结 ……………………………………………………………………… (25)
复习思考题 ………………………………………………………………… (26)
第二章 投影的基本知识 …………………………………………………… (27)
第一节 投影概念 …………………………………………………………… (27)
第二节 正投影的基本性质 ………………………………………………… (29)
第三节 物体的三视图 ……………………………………………………… (30)
小 结 ……………………………………………………………………… (33)
复习思考题 ………………………………………………………………… (34)
第三章 点、直线、平面的投影 ……………………………………………… (35)
第一节 点的投影 …………………………………………………………… (35)
第二节 直线的投影 ………………………………………………………… (37)
第三节 平面的投影 ………………………………………………………… (42)
第四节 直线与平面相交、平面与平面相交 ………………………………… (46)
小 结 ……………………………………………………………………… (47)
复习思考题 ………………………………………………………………… (48)
第四章 立体的投影 ………………………………………………………… (50)
第一节 平面体 ……………………………………………………………… (50)
第二节 曲面体 ……………………………………………………………… (53)
第三节 简单体 ……………………………………………………………… (55)
小 结 ……………………………………………………………………… (57)
复习思考题 ………………………………………………………………… (58)
第五章 立体表面的交线 …………………………………………………… (59)
第一节 平面体截交线 ……………………………………………………… (59)
第二节 曲面体截交线 ……………………………………………………… (64)
第三节 两平面体相交 ……………………………………………………… (71)
第四节 平面体与曲面体相交 ……………………………………………… (73)

第五节 两曲面体相交 …… (75)
小 结 …… (79)
复习思考题 …… (80)
第六章 轴测图 …… (81)
第一节 轴测图的基本知识 …… (81)
第二节 正等测图 …… (84)
第三节 斜二测图 …… (90)
小 结 …… (92)
复习思考题 …… (92)
第七章 组合体 …… (94)
第一节 组合体的组合方式和分析方法 …… (94)
第二节 组合体视图的画法 …… (96)
第三节 组合体投影图上的尺寸标注 …… (99)
第四节 读组合体投影图 …… (103)
小 结 …… (107)
复习思考题 …… (107)
第八章 剖面图和断面图 …… (109)
第一节 剖面图 …… (109)
第二节 断面图 …… (113)
小 结 …… (115)
复习思考题 …… (115)
第九章 标高投影 …… (117)
第一节 点的标高投影 …… (117)
第二节 直线的标高投影 …… (118)
第三节 平面的标高投影 …… (120)
第四节 曲面的标高投影 …… (125)
第五节 标高投影在土建工程中的应用 …… (130)
小 结 …… (133)
复习思考题 …… (135)
第十章 道路路线工程图 …… (136)
第一节 公路路线工程图 …… (136)
第二节 城市道路路线工程图 …… (146)
小 结 …… (149)
复习思考题 …… (149)
第十一章 桥隧工程图 …… (150)
第一节 钢筋混凝土结构图 …… (150)
第二节 钢筋混凝土桥梁工程图 …… (157)
第三节 石拱桥工程图 …… (172)
第四节 桥梁工程图读图和画图步骤 …… (176)

第五节　隧道工程图 …………………………………………………………………………（179）
小　结 ………………………………………………………………………………………（182）
复习思考题 …………………………………………………………………………………（182）
第十二章　涵洞工程图 ……………………………………………………………………（183）
第一节　涵洞概述 ……………………………………………………………………………（183）
第二节　钢筋混凝土盖板涵工程图识读 ……………………………………………………（184）
第三节　钢筋混凝土圆管涵工程图识读 ……………………………………………………（186）
第四节　石拱涵工程图识读 …………………………………………………………………（188）
小　结 ………………………………………………………………………………………（190）
复习思考题 …………………………………………………………………………………（190）
参考文献 …………………………………………………………………………………（191）

绪 论

一、概述

我们知道,在生产实践中,建造房屋、修路架桥或者机器制造、设备安装等活动,都不是仅用普通语言或文字就能表达清楚的,必须按照一个统一的规定,画出它们的图样,作为施工、交流的依据,作为表达设计师构思的手段。在工程界,根据投影原理、标准或有关规定,表示工程对象,并有必要的技术说明的图,称为工程图样。

图样是表达设计思想、传递设计信息、交流创新构思的重要工具之一。

无论是在工程设计、施工中 ,还是在管理与技术交流中,图样都是不可或缺的。所以,图样被人们喻为“工程界的技术语言”。它是工程技术人员必须具备的一种基本技能。

道路工程制图与识图这门课程是专门研究设计、绘制和阅读道路工程图样的原理与方法的技术基础课。本课程的目的是培养学生掌握图学的基本原理,运用手工绘图和计算机绘图等手段,表达工程设计思想的能力与创造性地实施工程设计方案的表达能力。

二、本课程的主要任务

(1)学习投影法的基本理论和应用。

(2)培养学生理论联系实际的能力。

(3)培养学生的空间想象能力和空间思维能力。

(4)理解制图标准,应用制图标准。

(5)培养学生阅读、绘制工程图样的技能。

(6)培养学生的工程意识,养成认真负责的工作态度和一丝不苟的工作作风。

三、本课程的特点和学习方法

本课程研究用投影的方法绘制工程图样和解决空间几何问题,是一门既有投影理论,又与生产实践相联系的课程。

首先要多看、多想、多比划,尽快建立空间概念。其次要知道学习本课程就是从点到线、到面、再到体,一环扣一环,逐步深入的过程。因此,每一节课、每一章节内容都应该很好地掌握;否则,后续章节就无法学习。再次就是要勤做练习、快做练习。课后如果不及时完成作业,将会大大降低学习效率。另外,要用好网络课程。

需要说明的是,学好任何一门课程,都没有捷径可走,都要付出艰辛的努力。

(1)本课程实践性较强。应当注意分析物体模型、零件、部件的形状与结构特点,积累对物体的感性认识,总结投影规律。

(2)多动手绘图、多读图、多想象、多自制物体模型,多绘制物体的三维图。掌握从工程图形想象三维立体的正确方法。

(3)本课程连贯性强,要及时复习。加强徒手画图的练习,提高绘图的实际能力。

(4)在学习过程中,有意识地培养自己的自学能力,提高自己的创新意识,养成认真工作的习惯。

四、工程图学的发展

我国是世界文明古国之一,在工程图学方面有着悠久的历史。工程图学是伴随着生产的发展和劳动人民生活水平的提高而产生并日趋完善的。据考古证实,远在战国时期我国就已运用设计图(有确定的绘图比例、酷似用正投影法画出的建筑规划平面图)来指导工程建设,距今已有 2 400 多年的历史。"图"在人类社会的文明进步和推动现代科学技术的发展中起了重要作用。

1103 年,在中国宋代李诫所著的《营造法式》一书中的建筑图基本上符合几何规则,但在当时尚未形成画法的理论。

1799 年,法国数学家蒙日发表了《画法几何》一书,提出用多面正投影图表达空间形体。这为画法几何奠定了理论基础。以后的各国学者又在投影变换、轴测图,以及其他方面不断提出新的理论和方法,使这门学科日趋完善。

为了适应各行业间及国际间的技术交流,1993 年我国发布了国家标准《技术制图》。这标志着我国工程图学已步入了一个新阶段。此外,计算机绘图技术的广泛应用,必将对我国科学技术的发展产生深远的影响。

思政园地

党的二十大报告提出:"教育、科技、人才是全面建设社会主义现代化国家的基础性、战略性支撑。必须坚持科技是第一生产力、人才是第一资源、创新是第一动力,深入实施科教兴国战略、人才强国战略、创新驱动发展战略,开辟发展新领域新赛道,不断塑造发展新动能新优势。"

道路工程制图与识图,是道路与桥梁工程专业、市政工程专业最重要的专业基础课。合乎规范的制图能力应该成为工科学生的看家本领之一,也是社会衡量一个工科毕业生的试金石之一。通过绪论的学习,引导学生遵守规范,养成认真扎实、一丝不苟的工作态度;注重实践教学环节,勤于动手,加强练习;由浅入深逐步培养学生的空间想象能力。教学中坚持以立德树人为根本任务的同时,将责任意识、精益求精的大国工匠精神融入其中,培养学生正确的价值观和职业观。

第一章　制图的基本知识

【学习目标】 了解常用绘图工具和仪器的使用方法；熟悉几何作图方法；掌握基本制图标准。

图样在实际工程中具有重要作用，是工程界的共同语言。要掌握绘制和阅读工程图样的能力，必须了解制图的基本知识。

本章将分别介绍制图工具的使用、基本制图标准、几何作图、绘图的方法和步骤。通过本章的学习，应掌握绘图的基本方法和技能。

第一节　制图工具、仪器

“工欲善其事，必先利其器”，有一套用起来得心应手的绘图工具并熟练地掌握其使用方法，是保证图面质量、提高绘图速度的前提。

一、图板

图板是画图时铺放图纸的垫板，用来固定图纸，如图 1-1 所示。它一般是由胶合板制成的，板面光滑平整，四边由平直的硬木镶边，其左侧边称为导边。常用的图板规格有 0 号、1 号和 2 号。固定图纸时应用透明胶带贴住图纸四角，不宜用图钉，以免影响丁字尺的上下移动和图钉扎孔损坏图板。图板不可受潮、暴晒和烘烤，以免变形，影响图样质量。

二、丁字尺

丁字尺有木质和有机玻璃两种。它由相互垂直的尺头和尺身组成。丁字尺主要用来画水平线。使用时，左手扶住尺头，将尺头的内侧边紧贴图板的导边，右手握笔沿尺身上边缘自左向右匀速画线，如需画出不同位置的水平线，应按先上后下的顺序逐条画出，如图 1-2 所示。

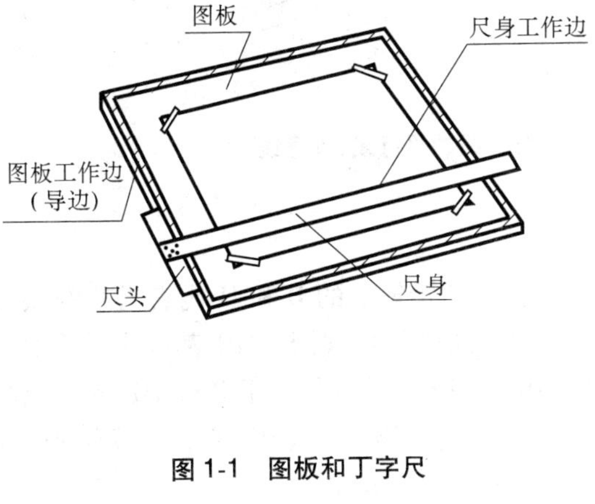

图 1-1　图板和丁字尺

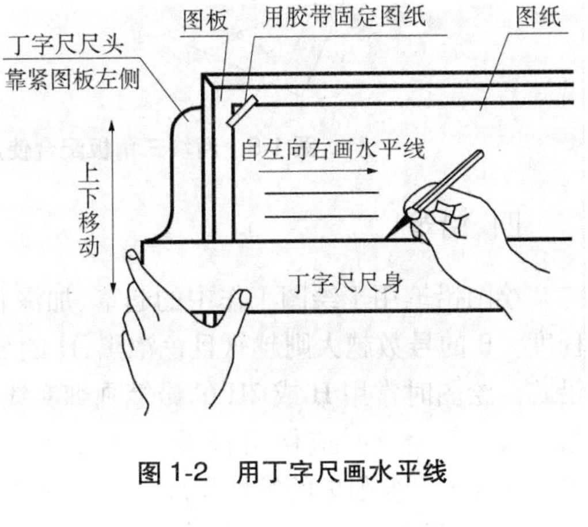

图 1-2　用丁字尺画水平线

三、三角板

三角板由塑料或有机玻璃制成,其中一块为 45°等腰直角三角形,另一块为 30°、60°直角三角形。三角板的用途有以下三方面:

(1)与丁字尺配合使用可画垂直线。所有铅垂线,不论长短,都要用三角板与丁字尺配合画出,如图 1-3 所示。

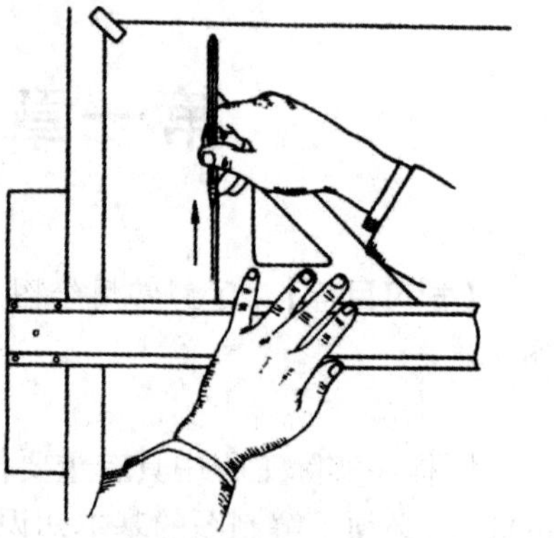

图 1-3　画垂直线

(2)两三角板与丁字尺配合画 15°角整倍数的线。

一副三角板与丁字尺配合使用,可画出与水平线成 15°、30°、45°、60°、75°等角度的斜线,如图 1-4 所示。

(3)两块三角板配合可以画任意直线的平行线或垂直线。画线时一块三角板起定位作用,用另一块三角板画线,如图 1-5 所示。

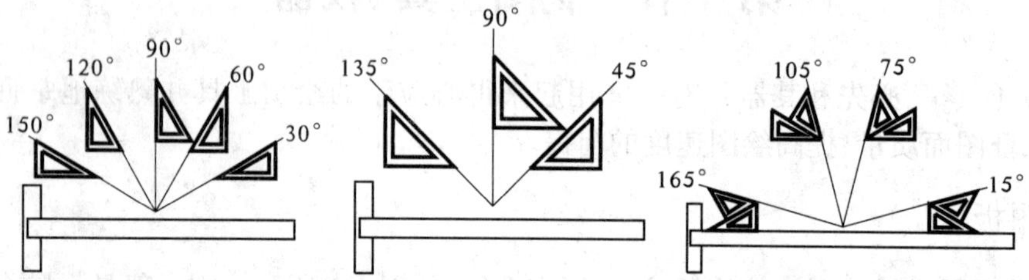

(a) 画30°、60° 等斜线　(b) 画45°、90°、135° 线　(c) 画15°、75° 等斜线

图 1-4　画 15°角整倍数的线

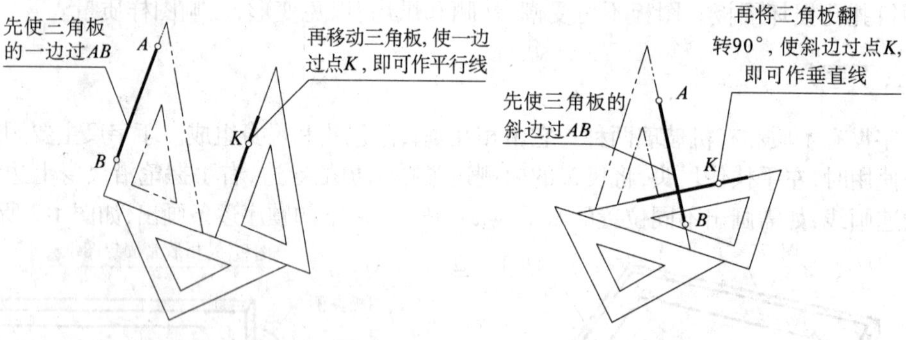

图 1-5　两块三角板配合使用画任意直线的平行线、垂直线

四、铅笔

绘图铅笔用于绘图工作中的起草、加深和注写。绘图铅笔上的 B 和 H 代表铅芯的软硬程度。B 的号数越大则越软且色浓黑,H 的号数越大则越硬且色浅淡。HB 表示软硬适中的铅芯。绘图时常用 H 或 2H 的铅笔画细实线,用 HB 或 H 的铅笔写字,用 B 或 HB 的铅笔画粗实线。削铅笔时应保留符号,以便识别铅芯的软硬度。铅笔一般削成锥形或铲形,如图 1-6 所示。被削去的笔杆长度为 25~30 mm,笔尖露出 6~8 mm。

使用铅笔时,应保持笔杆前后方向与纸面垂直,并与水平方向的倾角约 60°,用力要均匀,画长线时应一边画一边旋转铅笔。

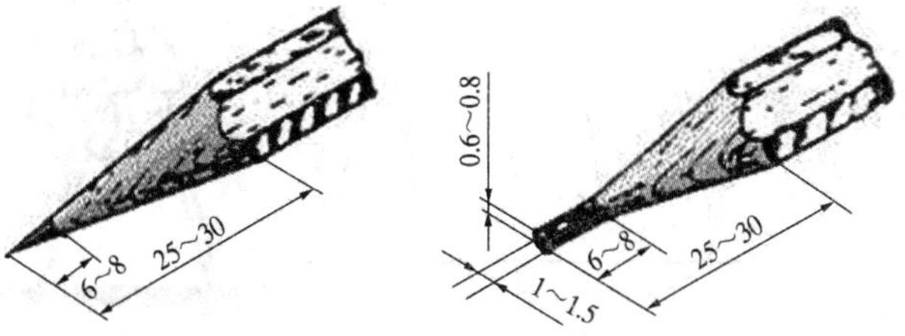

(a) 锥形　　(b) 铲形

图 1-6　铅笔的削法（单位:mm）

五、圆规

圆规是用于画圆和圆弧的绘图仪器。圆规一只脚下端的钢针带有锥形台肩,这种台肩式钢针在画圆时扎孔不深,不会因多次转动而扩大圆心,影响画图的准确。圆规另一只脚上有活动关节,可随时装换铅芯插脚、鸭嘴插脚、作分规用的锥形钢针插脚。铅芯插脚的铅芯应选用比绘图铅笔铅芯软一号的标号,以便画出的图线浓淡一致。在画圆之前要校正铅芯与钢针的位置,即圆规两脚合拢时,铅芯与钢针的台肩平齐。画圆时,先用圆规量取所画圆的半径,左手食指将针尖导入圆心位置,再用右手食指和拇指捏住圆规顶部手柄,顺时针方向旋转,速度和用力要均匀,并向前进方向自然倾斜,如图 1-7 所示。

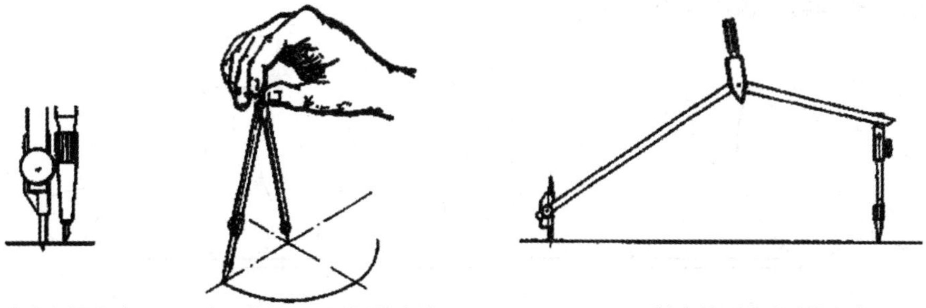

(a)钢针台肩与铅芯或墨线笔头端部平齐　　(b)在一般情况下画圆的方法　　(c)画较大的圆或圆弧的方法

图 1-7　圆规的使用方法

六、分规

分规是等分线段和量取线段的仪器。分规的形状与圆规相似,但分规的两脚都是钢针。使用时,两脚钢针应调整平齐,合拢时应汇合于一点,如图 1-8(a)所示。

用分规等分线段是指图上一线段已知,可用分规将其等分为若干段。先目测估计等分的每一小段线段的大体尺寸,然后沿直线试分一次,如图 1-8(b)所示,将试分不完的余量再分到各小段中,直到等分完全。

用分规量取线段,如图 1-8(c)所示。绘图时可用分规从尺子上把尺寸量取到图上,或将一处图形上的尺寸量取到另一处图形中去。量取尺寸时用分规在图上扎一小孔,这样移开分规后或用橡皮擦图后仍能看清尺寸位置。

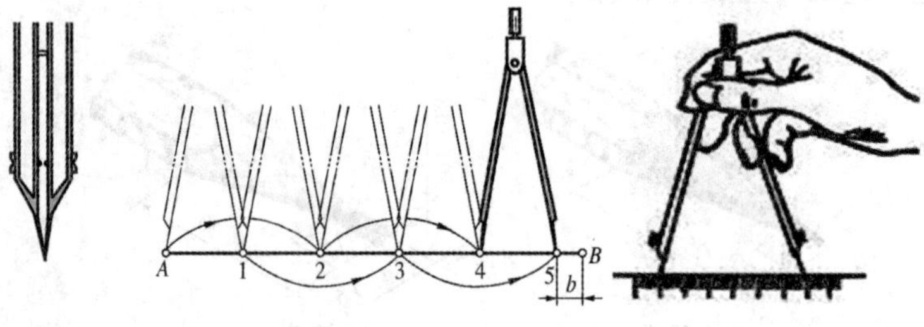

图 1-8　分规的使用

七、曲线板

曲线板是绘制非圆曲线的常用工具,多用塑料或有机玻璃制成。其形状如图 1-9 所示。用曲线板画曲线时,首先用作图方法定出曲线上一系列的点,并徒手轻轻地用铅笔将各点用细实线连成曲线,然后在曲线板上选取曲率相近的部分,分几段描深。在描深时,前面应有一段与上段描的线段重复,后面留一小段待下次再描,以保证曲线的光滑连接,如图 1-10 所示。

图 1-9　曲线板

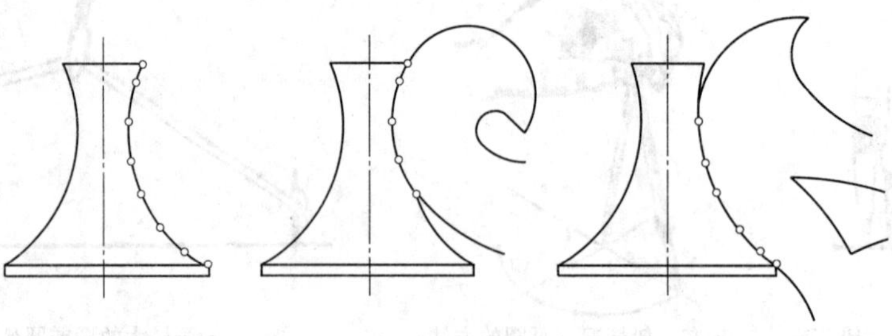

图 1-10　曲线板的用法

除上述工具外,绘图时还要准备削铅笔的小刀、磨铅芯的砂纸、橡皮及固定图纸的胶带纸,另外为了保护有用的图线可以使用擦图片等。擦图片形状如图 1-11 所示。

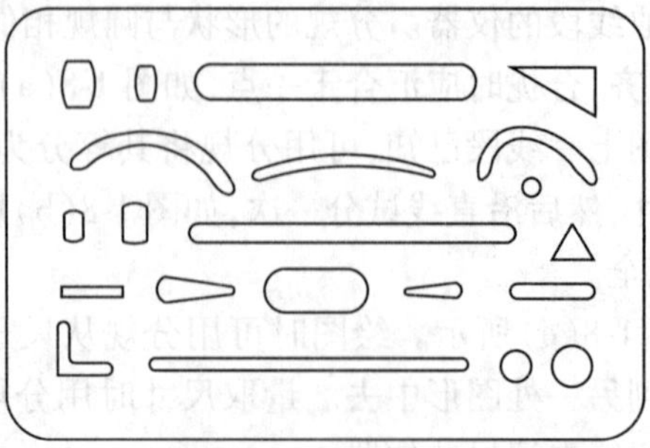

图 1-11　擦图片

第二节　基本制图标准

为了统一我国道路工程的制图方法，保证图面质量，提高工作效率，便于技术交流，《道路工程制图标准》(GB 50162—92)中对图幅、线型、字体、尺寸标注等做了统一的规定。本书依据《道路工程制图标准》(GB 50162—92)编写。

一、图幅

图幅是指图纸的幅面大小。各项工程一般都会有一整套图纸，为了便于装订、保存和合理利用图纸，制图标准对图纸的幅面做了规定，见表1-1。

表1-1　图幅及图框尺寸　(单位:mm)

尺寸代号	幅面代号				
	A0	A1	A2	A3	A4
$b \times l$	841×1189	594×841	420×594	297×420	210×297
a	35			30	25
c	10				

图幅在应用中，面积不够大时，允许在基础幅面的基础上加长，图幅的短边不得加长。长边加长的长度，图幅A0、A2、A4应为150 mm的整倍数；图幅A1、A3应为210 mm的整倍数。

图纸幅面格式及尺寸代号如图1-12所示。

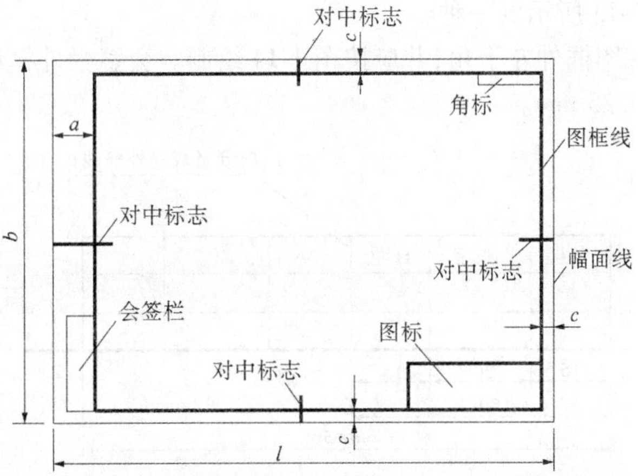

图1-12　图纸幅面格式及尺寸代号

需要缩微后存档或复制的图纸，图框四边均应具有位于图幅长边、短边中点的对中标志，如图1-12所示，对中标志宜采用线宽大于或等于0.5 mm的实线绘制，深入图框内5 mm。

二、图标及会签栏

图标应布置在图框内右下角，如图1-13所示。图标外框线线宽宜为0.7 mm，图标内分格线线宽宜为0.25 mm。

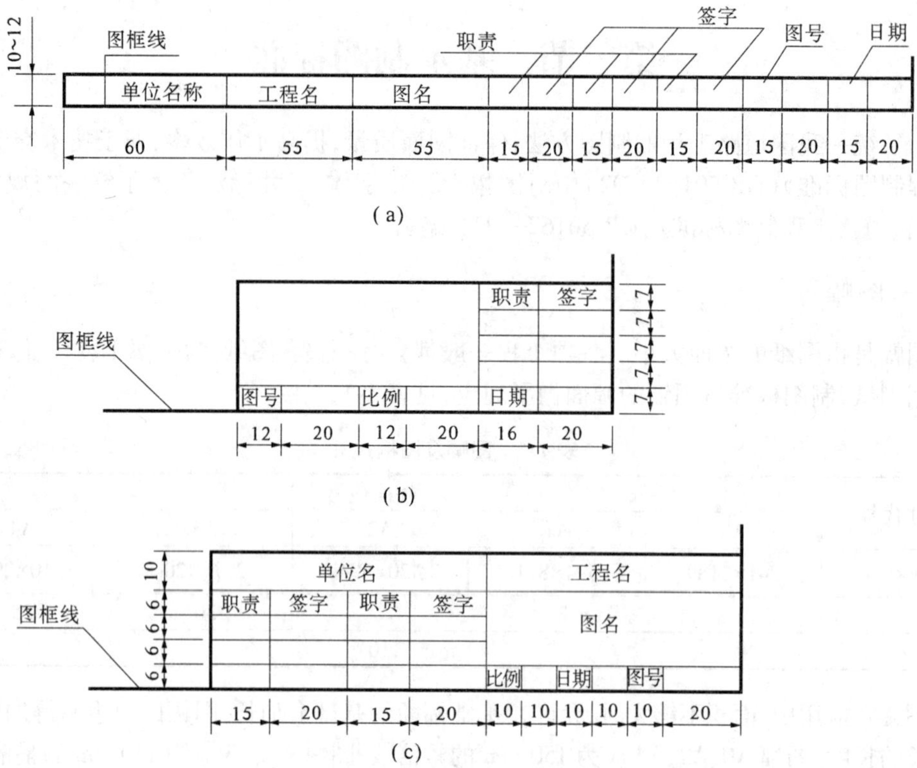

图1-13　图标

图标应采用图1-13所示的一种。

会签栏宜布置在图框外左下角,并应按图1-14绘制。会签栏外框线线宽宜为0.5 mm,内分格线线宽宜为0.25 mm。

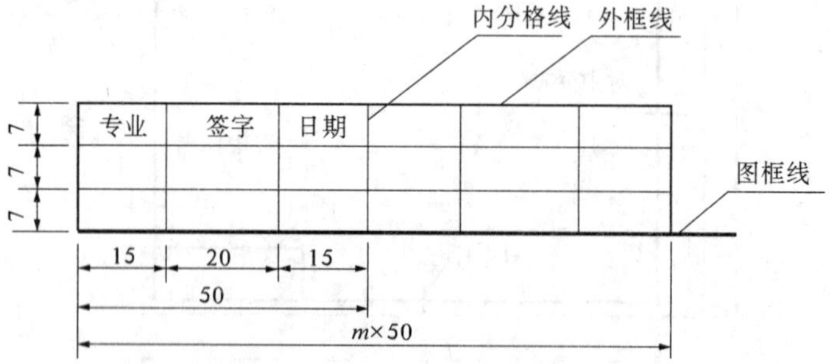

图1-14　会签栏

当图纸需要绘制角标时,应布置在图框内的右上角,角标线线宽宜为0.25 mm,如图1-15所示。

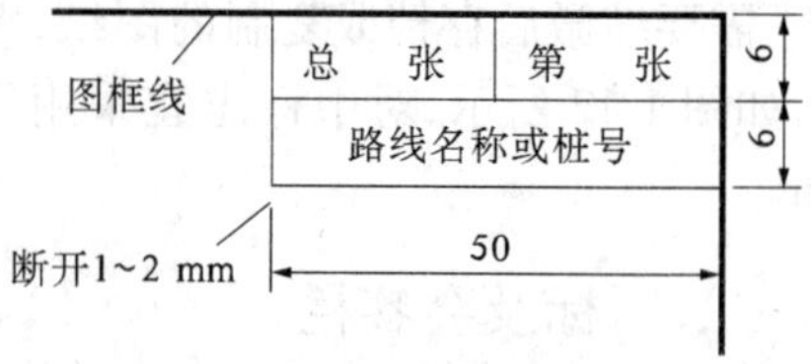

图1-15　角标

三、字体及书写方法

图纸上的文字、数字、字母、符号、代号等,均应笔画清晰、字体端正、排列整齐、标点符号清楚正确。

(一)汉字

《道路工程制图标准》(GB 50162—92)规定,图中汉字宜采用长仿宋体字。汉字应采用国家公布使用的简化汉字。除有特殊要求外,不得采用繁体字。字体的大小用字体的号数代表。字体的号数(简称字号)指字体的高度。文字的字高尺寸系列为 2.5 mm、3.5 mm、5 mm、7 mm、10 mm、14 mm、20 mm。当采用更大的字体时,其字高应按$\sqrt{2}$的比例递增。

书写长仿宋体字的要领是:横平竖直、起落分明、排列均匀、填满方格,如图 1-16 所示。

图 1-16　长仿宋体字示例

(二)数字和字母

图纸中的阿拉伯数字、外文字母、汉语拼音字母笔画宽度,宜为字高的 1/10。在同一册图纸中,数字与字母的字体可采用直体或斜体。直体笔画的横与竖应成 90°;斜体字字头向右倾斜,与水平线应成 75°;字母不得采用手写体,应按制图标准规定的示例书写,如图 1-17 所示。

图 1-17　数字和字母书写示例

大写字母的宽度宜为字高的 2/3,小写字母的高度应以 b、f、h、p、g 为准,字宽宜为字高的 1/2。a、m、n、o、c 的字宽宜为上述小写字母高度的 2/3。

当图纸中有需要说明的事项时,宜在每张图的右下角、图标上方加以叙述。该部分文字应采用“注”标明,字样“注”应写在叙述事项的左上角。每条注的结尾应标以句号“。”。

说明事项需要划分层次时,第一、二、三层次的编号应分别用阿拉伯数字、带括号的阿拉伯数字及带圆圈的阿拉伯数字标注。图纸中文字说明不宜用符号代替名称。当表示数量时,应采用阿拉伯数字书写。例如,三千零五十毫米应写成 3050 mm,三十二小时应写成 32 h。分数不得用数字与汉字混合表示。例如,五分之一应写成 1/5,不得写成 5 分之 1。不够整数位的小数数字,小数点前应加 0 定位。

四、图线

为了使图样中所表达的内容主次分明,制图标准规定应采用不同形式和不同粗细的图线,分别表达不同的意义和用途,绘图时必须遵照这些规定。常用的几种线型的线宽和用途见表 1-2。

表 1-2 常用线型及线宽

名称	线型	线宽	一般用途
标准实线		*b*	可见轮廓线、钢筋线
细实线		0.25*b*	尺寸线、剖面线、引出线、图例线、原地面线
中实线		0.5*b*	较细的可见轮廓线、钢筋线
加粗实线		(1.4~2.0)*b*	图框线、路线设计线、地平线
粗虚线		*b*	地下管道或建筑物
中虚线		0.5*b*	不可见轮廓线
细点画线		0.25*b*	中心线、对称线、轴线
中粗点画线		0.5*b*	用地界线
双点画线		0.25*b*	假想轮廓线、规划道路中线、地下水位线
粗双点画线		*b*	规划红线
波浪线		0.25*b*	断开界线
折断线		0.25*b*	断开界线

相交图线的绘制应符合下列规定:

(1)当虚线与虚线或虚线与实线相交接时,不应留空隙,如图 1-18(a)所示。

(2)当实线的延长线为虚线时,应留空隙,如图 1-18(b)所示。

(3)当点画线与点画线或点画线与其他图线相交时,交点应设在线段处,如图 1-18(c)所示。

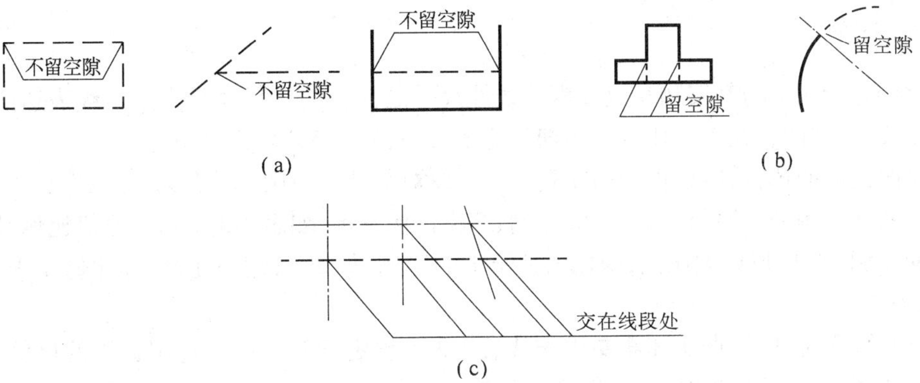

图 1-18　相交图线的绘制

五、坐标

为了表示地区的方位和路线的走向，地形图上需画出坐标网格或指北针，图样上指北针标志的绘制如图 1-19(a)所示。

坐标网格应采用细实线绘制，南北方向轴线代号应为 X；东西方向轴线代号应为 Y。坐标网格也可采用十字线代替。坐标值的标注应靠近被标注点；书写方向应平行于网格或在网格延长线上。数值前应标注坐标轴线代号。当无坐标轴线代号时，图纸上应绘制指北标志，如图 1-19(b)所示。坐标数值的计量单位应采用米，并精确至小数点后三位。

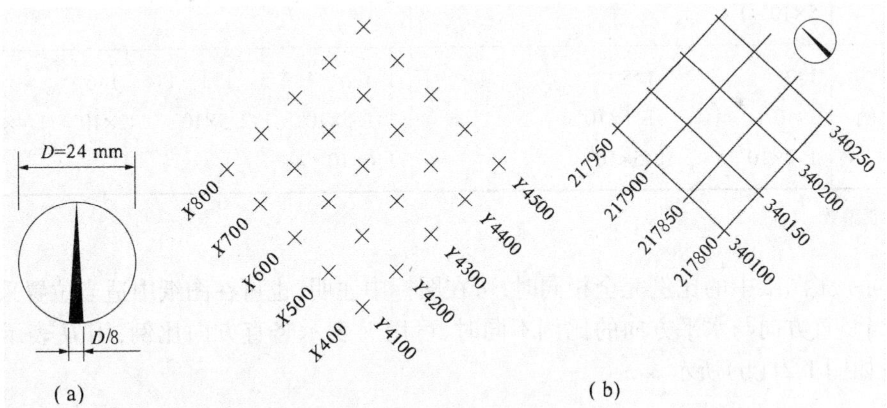

图 1-19　坐标网格及指北针标志

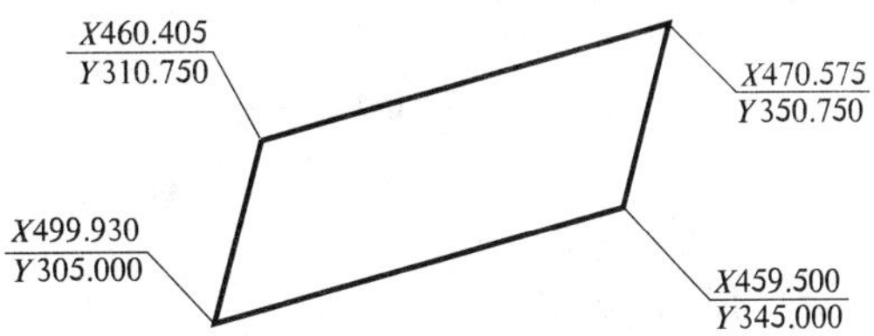

图 1-20　控制坐标

当坐标数值位数较多时，可将前面相同数字省略，但应在图纸中说明。坐标数值也可采用间隔标注。当需要标注的控制坐标点不多时，宜采用引出线的形式标注。水平线上、下应分别标注 X 轴、Y 轴的代号及数值，如图 1-20 所示。当需要标注的控制坐标点较多时，图纸上可仅标注点的代号，坐标数值可在适当位置表示出。

六、比例

比例是指图形与其实物相应要素的线性尺寸之比。线性尺寸是指用直线表达的尺寸,如直线长度、圆的直径等。比例大小即为比值大小,如1:50大于1:100。

绘图比例的选择,应根据图面布置合理、匀称、美观的原则,按图形大小及图面复杂程度确定。图样比例分为原值比例、放大比例、缩小比例三种,如表1-3所示。原值比例,即比值为1的比例,如1:1;放大比例,即比值大于1的比例,如2:1;缩小比例,即比值小于1的比例,如1:2。

绘制图样时,应根据实际需要优先从表1-3中规定的第一系列选用适当的比例。必要时允许选用第二系列的比例。一般应尽量按实物的实际大小(1:1)画图,便于直接从图样上看出物体的真实大小。不管图按什么比例绘制,但图样上的尺寸数值均应按原值标注。

比例应注在视图图名的下方或右侧,如图1-21(a)所示。比例应采用阿拉伯数字表示,宜标注在视图图名的右侧或下方,字高可为视图图名字高的0.7倍。

表1-3　比例

种类	优先选用的比例	允许选用的比例
原值比例	1:1	
放大比例	2:1　5:1 1×10^n:1　2×10^n:1 5×10^n:1	2.5:1　4:1 2.5×10^n:1　4×10^n:1
缩小比例	1:2　1:5 1:10　1:1×10^n 1:2×10^n　1:5×10^n	1:1.5　1:2.5　1:3　1:4　1:6 1:1.5×10^n　1:2.5×10^n　1:3×10^n　1:4×10^n 1:6×10^n

注:n为正整数。

当同一张图纸中的比例完全相同时,可在图标中注明,也可在图纸中适当位置采用标尺标注。当竖直方向与水平方向的比例不同时,可用V表示竖直方向比例,用H表示水平方向比例,如图1-21(b)所示。

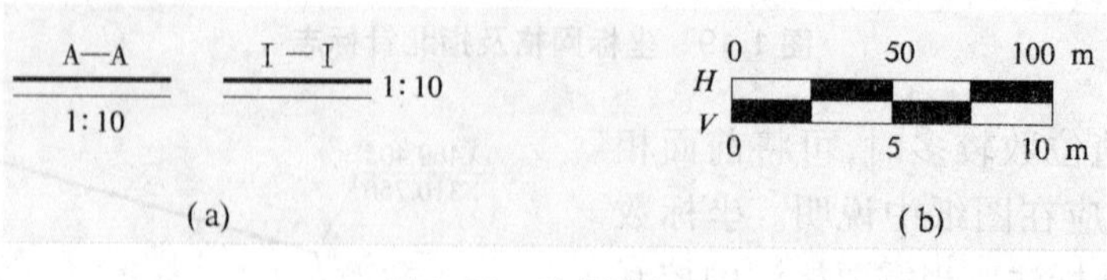

图1-21　比例的标注

七、尺寸标注

尺寸应标注在视图醒目的位置。计量时,应以标注的尺寸数字为准,不得用量尺直接从图中量取。

(一)尺寸的组成

图样上一个完整的尺寸应由尺寸界线、尺寸线、尺寸起止符和尺寸数字组成,如图 1-22 所示。

(1)尺寸界线应采用细实线。尺寸界线的一端应靠近所标注的图形轮廓线,另一端宜超出尺寸线 1~3 mm。图形轮廓线、中心线也可作为尺寸界线。尺寸界线宜与被标注长度垂直;当标注困难时,也可不垂直,但尺寸界线应相互平行,如图 1-23 所示。

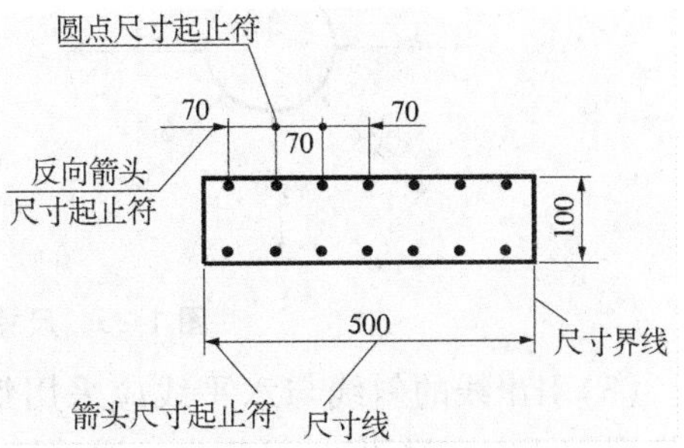

图 1-22　尺寸要素的标注

(2)尺寸线均应采用细实线。尺寸线必须与被标注长度平行,不应超出尺寸界线,任何其他图线均不得作为尺寸线。在任何情况下,图线不得穿过尺寸数字。相互平行的尺寸线应从被标注的图形轮廓线由近向远排列,平行尺寸线间的间距可为 5~15 mm。分尺寸线应离轮廓线近,总尺寸线应离轮廓线远,如图 1-24 所示。

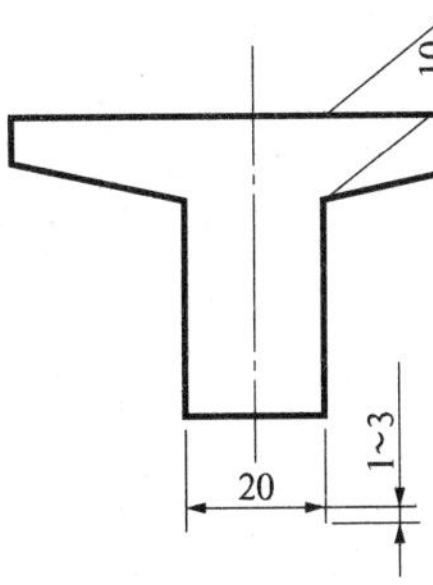

图 1-23　尺寸界线

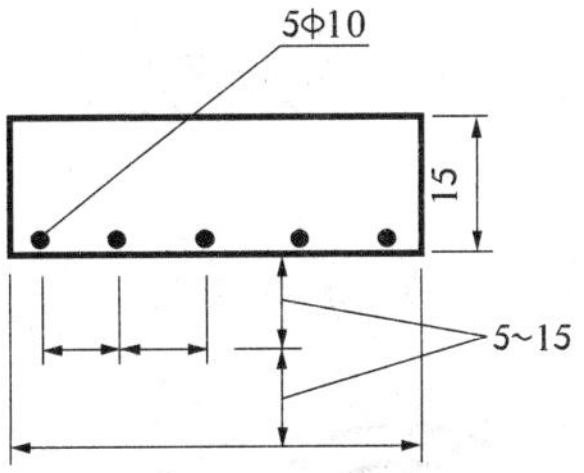

图 1-24　尺寸线

(3)尺寸起止符宜采用箭头表示,箭头大小可按绘图比例取值。

尺寸起止符也可采用斜短线表示。把尺寸界线按顺时针转 45°,作为斜短线的倾斜方向。在连续表示的小尺寸中,也可在尺寸界线同一水平的位置,用黑圆点表示尺寸起止符,如图 1-22 所示。

(4)尺寸数字宜标注在尺寸线上方中部,水平尺寸数字字头朝上,垂直尺寸数字字头朝左,倾斜尺寸的尺寸数字都应保持字头仍有朝上趋势。当标注位置不足时,可采用反向箭头。最外边的尺寸数字,可标注在尺寸界线外侧箭头的上方,中部相邻的尺寸数字,可错开标注,如图 1-22 所示。

尺寸数字和文字的书写方向应按图 1-25 标注。

(二)尺寸标注的一些规定

(1)图上所有尺寸数字是物体的实际大小数值,与图的比例无关。

(2)在道路工程制图中,线路的里程桩号以 km 为单位,标高、坡长和曲线要素均以 m 为单位,一般砖、石、混凝土等结构物及钢筋和钢材的长度以 cm 为单位,钢筋和钢材断面以 mm 为单位。图上尺寸不必注明单位,但在注解及技术要求中要注明尺寸单位。

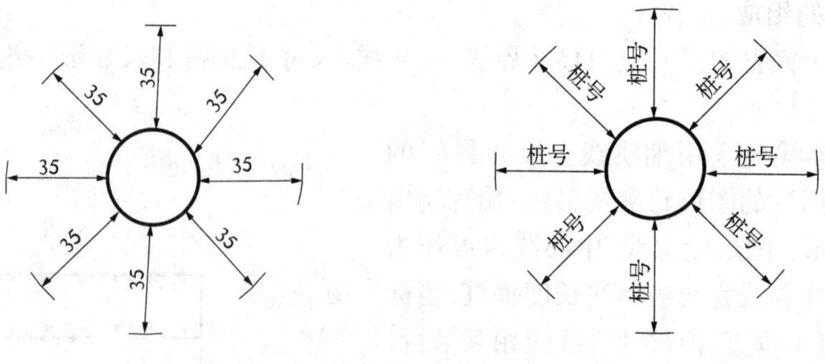

图 1-25　尺寸数字和文字的书写方向

(3)引出线的斜线与水平线应采用细实线,其交角 α 可按 90°、120°、135°、150°绘制。当视图需要文字说明时,可将文字说明标注在引出线的水平线上。当斜线在一条以上时,各斜线宜平行或交于一点,如图 1-26 所示。

(4)半径与直径可按图 1-27(a)标注。半径的尺寸数字前,应标注“*r*(*R*)”;直径的尺寸数字前,应标注“φ”或“*d*(*D*)”。当圆的直径较小时,半径与直径可按图 1-27(b)标注;当圆的直径较大时,半径尺寸的起点可不从圆心开始,如图 1-27(c)所示。标注球体的尺寸时,应在直径和半径数字前加“*SD*”或“*SR*”。

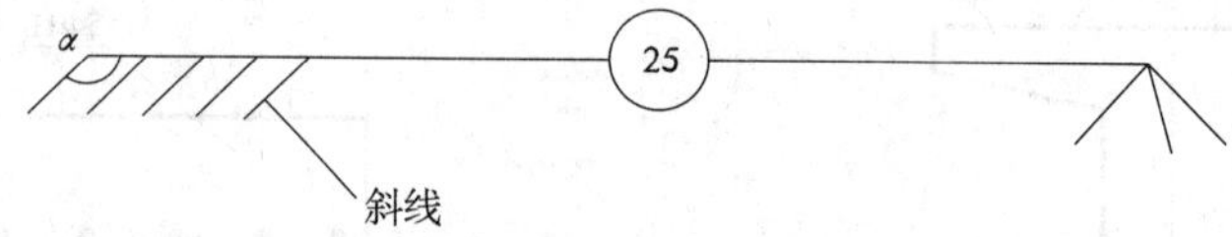

图 1-26　引出线的标注

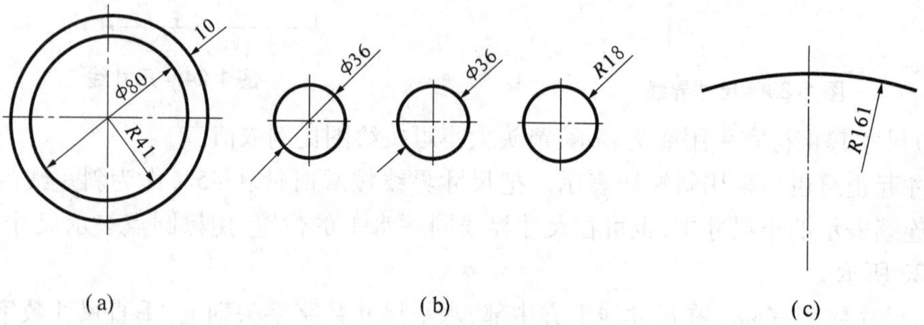

图 1-27　半径与直径的标注

(5)圆弧尺寸宜按图 1-28(a)标注,当弧长分为数段标注时,尺寸界线也可沿径向引出,如图 1-28(b)所示。弦长的尺寸界线应垂直该圆弧的弦,如图 1-28(c)所示。

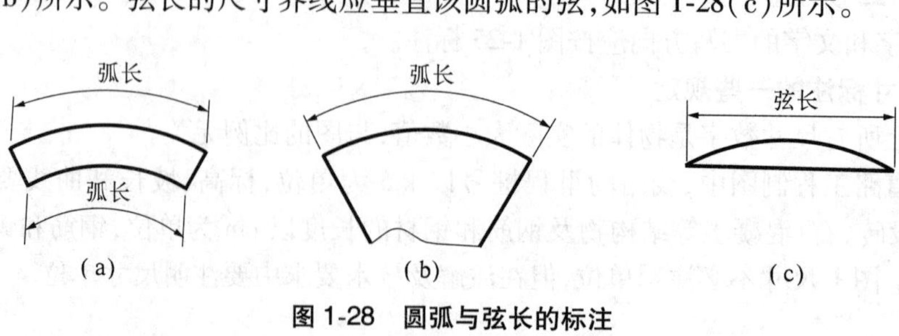

图 1-28　圆弧与弦长的标注

(6)角度尺寸线应以圆弧表示。角的两边为尺寸界线。角度数值宜写在尺寸线上方中部。当角度太小时,可将尺寸线标注在角的两条边的外侧。角度数字宜按图 1-29 标注。

(7)标高符号应采用细实线绘制的等腰三角形表示,高为 2~3 mm,底角为 45°。顶角应指至被注的高度,顶角向上、向下均可。标高数字宜标注在三角形的右边。负标高应冠以“-”号,正标高(包括零标高)数字前不应冠以“+”号。当图形复杂时,也可采用引出线形式标注,如图 1-30(a)所示。水位标注如图 1-30(b)所示。

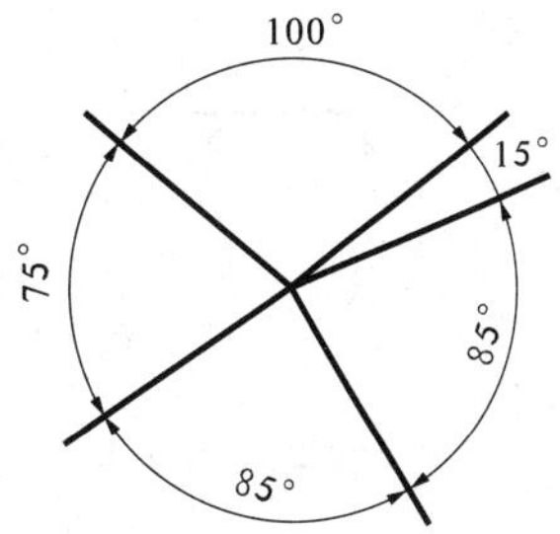

图 1-29　角度尺寸标注

(8)当坡度值较小时,坡度的标注宜用百分率表示,并应标注坡度符号。坡度符号应由细实线、箭头及在其上标注的百分数表示,坡度符号的箭头应指向下坡。当坡度值较大时,坡度的标注宜用比例的形式表示,例如 1∶*n*,如图 1-31 所示。

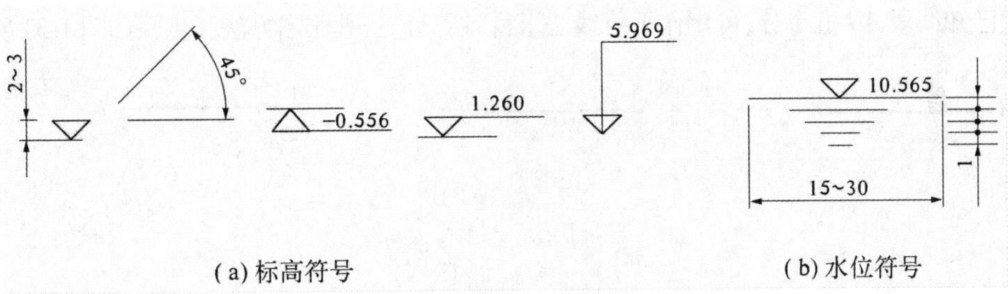

图 1-30　标高符号和水位符号

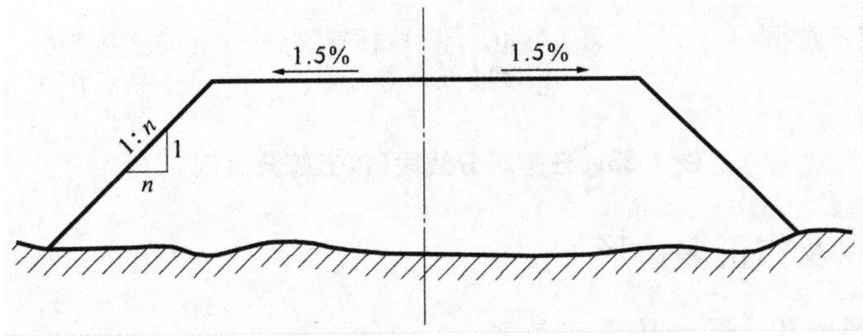

图 1-31　坡度的标注

第三节　几何作图

在工程图样中,无论物体的结构和形状怎样复杂,其图形轮廓均是由一些基本图形按一定规律组成的。因此,掌握几何作图的基本作图方法和技能是绘制工程图的基础,本节介绍常用图形的几何作图方法。

一、等分线段

(一)二等分线段

线段的二等分可用平面几何中作垂直平分线的方法来画,其作图方法和步骤如图 1-32 所示。

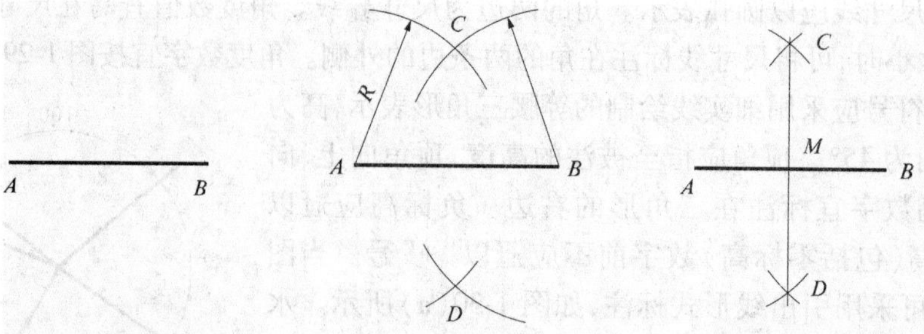

(a)已知线段 AB

(b)分别以 A、B 为圆心,以大于 $\frac{1}{2}AB$ 的长并 R 为半径作弧,两弧交于 C、D 两点

(c)连接 CD 交 AB 于 M, M 即为 AB 的中点

图 1-32 二等分线段

(二)任意等分线段(以五等分为例)

把已知线段 AB 五等分,可用作平行线法求得各等分点,其作图方法和步骤如图 1-33 所示。

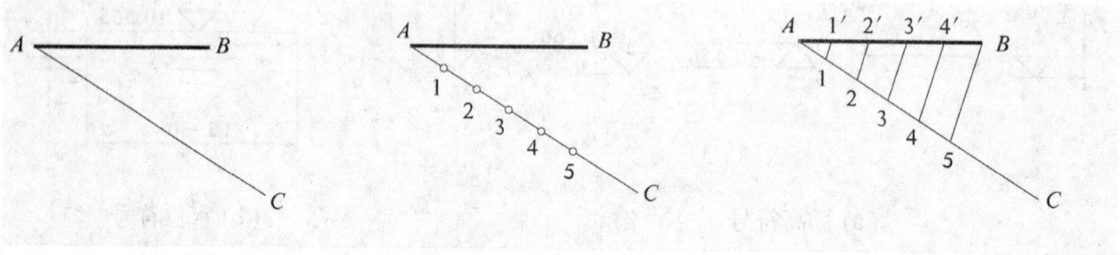

(a)自 A 点任意引一直线 AC

(b)在 AC 上截取任意等分长度的五个等分点

(c)连接 $5B$,分别过 1、2、3、4 各点作 $5B$ 的平行线,即得等分点 1′、2′、3′、4′

图 1-33 任意等分线段(以五等分为例)

二、等分圆周及作正多边形

(一)三等分圆周并作圆内接正三角形

(1)用圆规三等分圆周并作圆内接正三角形,作图方法和步骤如图 1-34 所示。

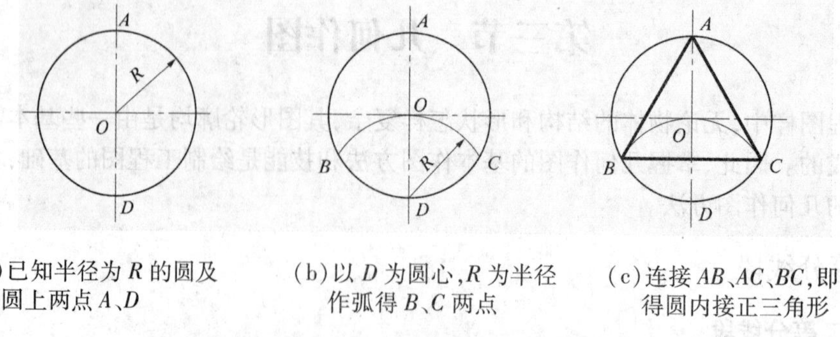

(a)已知半径为 R 的圆及圆上两点 A、D

(b)以 D 为圆心,R 为半径作弧得 B、C 两点

(c)连接 AB、AC、BC,即得圆内接正三角形

图 1-34 用圆规三等分圆周并作圆内接正三角形

(2)用丁字尺和三角板三等分圆周并作圆内接正三角形,作图方法和步骤如图 1-35 所示。

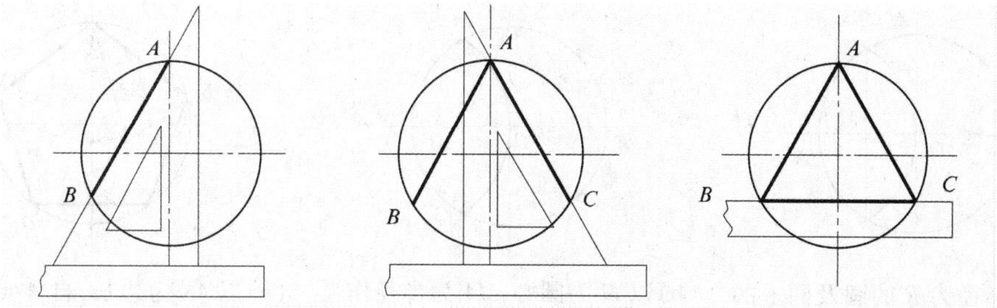

(a)将 60°三角板的短直角边紧靠丁字尺工作边，沿斜边过点 A 作直线 AB　(b)翻转三角板，沿斜边过点 A 作直线 AC　(c)用丁字尺连接 BC，即得圆内接正三角形 ABC

图 1-35　用丁字尺和三角板三等分圆周并作圆内接正三角形

(二)六等分圆周并作圆内接正六边形

(1)用圆规六等分圆周并作圆内接正六边形，作图方法和步骤如图 1-36 所示。

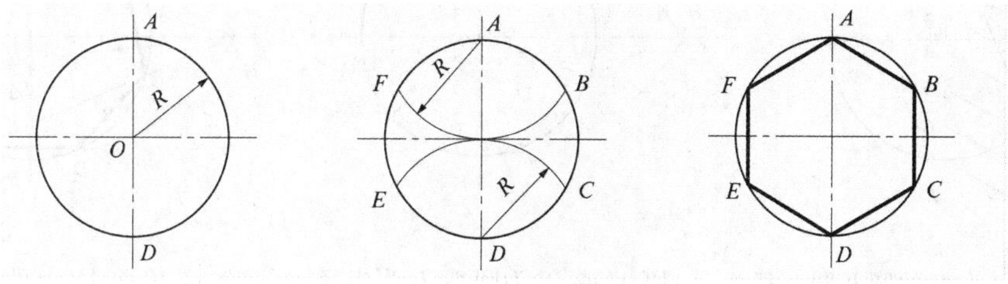

(a)已知半径为 R 的圆及圆上两点 A、D　(b)分别以 A、D 为圆心，R 为半径作弧得 B、F、C、E 各点　(c)依次连接各点即得圆内拉正六边形 ABCDEF

图 1-36　用圆规六等分圆周并作圆内接正六边形

(2)用丁字尺和三角板六等分圆周并作圆内接正六边形，作图方法和步骤如图 1-37 所示。

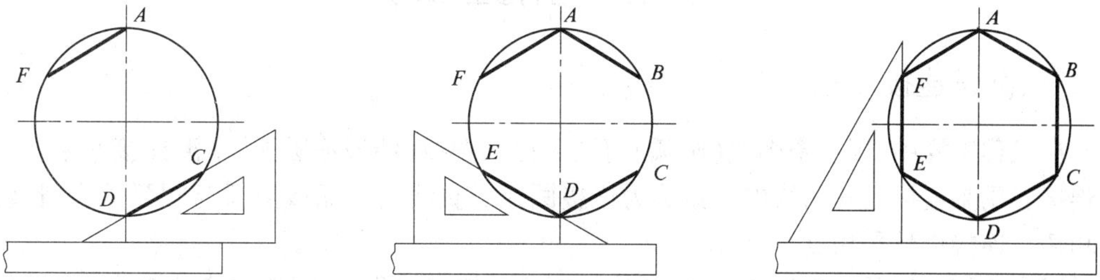

(a)以 60°三角板的长直角边紧靠丁字尺，沿斜边分别过 A、D 点，作直线 AF、DC　(b)翻转三角板，沿斜边分别过 A、D 点，作直线 AB、DE　(c)用三角板的直角边连接 FE、BC，即得圆内接正六边形 ABCDEF

图 1-37　用圆规六等分圆周并作圆内接正六边形

(三)五等分圆周并作圆内接正五边形

已知圆的半径 R，作圆内接正五边形的方法和步骤如图 1-38 所示。

(四)任意等分圆周并作圆内接 n 边形(以圆内接正七边形为例)

作圆内接正七边形的方法和步骤如图 1-39 所示。

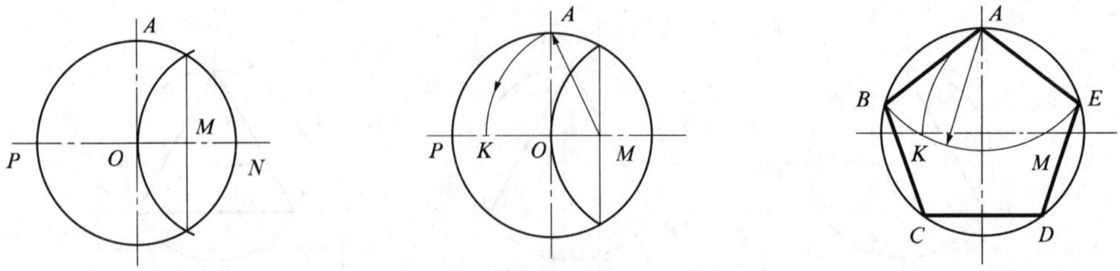

(a)已知半径为 R 的圆及圆上的点 P、N,作 ON 的中点 M

(b)以 M 为圆心,MA 为半径作弧交 OP 于 K,AK 即为圆内接正五边形的边长

(c)以 AK 为边长,自 A 点起,五等分圆周得 B、C、D、E 点,依次连接各点,即得圆内接正五边形 $ABCDE$

图 1-38　五等分圆周并作圆内接正五边形

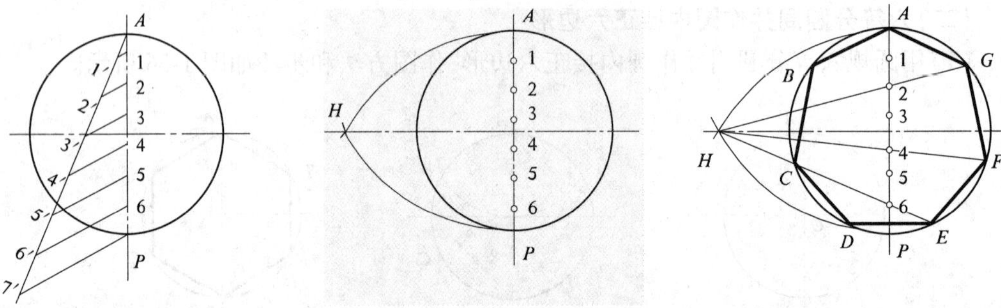

(a)已知直径为 D 的圆及圆直径 AP,将直径 AP 七等分得 1、2、3、4、5、6 各点

(b)以 A(或 P)为圆心,D 为半径作弧,与圆的中心线的延长线交于 H 点

(c)连接 H 及 AP 上的偶数点,并延长与圆周相交得 G、F、E 点,在另一半圆上对称地作出点 B、C、D,依次连接各点,即得圆内接正七边形 $ABCDEFG$

图 1-39　作圆内接正七边形

三、圆弧连接

在工程图样中,用一条图线(圆弧)将两条已知图线(线段或圆弧)平滑连接起来称为圆弧连接。用来连接已知图线的圆弧称为连接圆弧。直线与圆弧或圆弧与圆弧的光滑连接,即相切。连接点就是切点。

图线连接有三种基本形式:用圆弧连接两条已知直线段,用圆弧连接已知的一条直线和已知的一条圆弧,用圆弧连接两条已知圆弧。

(一)两直线间的圆弧连接

(1)用圆弧连接锐角的两边的方法和步骤如图 1-40 所示。

(2)用圆弧连接钝角的两边或用圆弧连接直角的两边时,作法如图 1-41 所示。

(二)直线和圆弧间的圆弧连接

1. 连接弧与圆外切

当连接弧与圆外切时,用圆弧连接直线和圆弧的方法与步骤如图 1-42 所示。

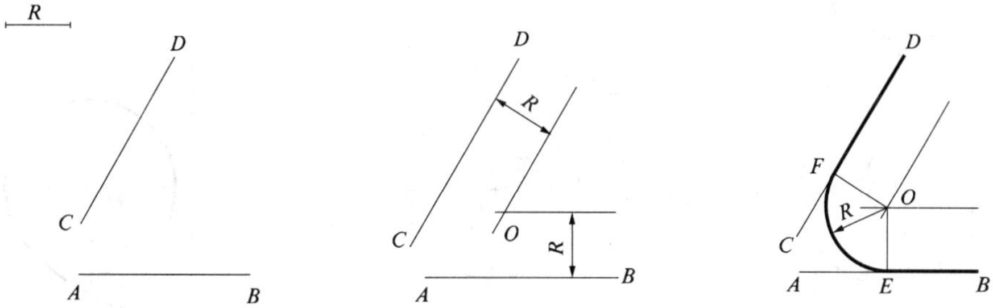

(a) 已知直线*AB*、*CD*，连接弧半径*R*

(b) 以连接弧半径*R*为间距，分别作两已知直线的平行线交于*O*点

(c) 过*O*点作已知直线的垂线，垂足*E*、*F*点即为切点，以*O*为圆心，*R*为半径，过*E*、*F*作弧，即为所求

图 1-40 圆弧连接锐角的两边

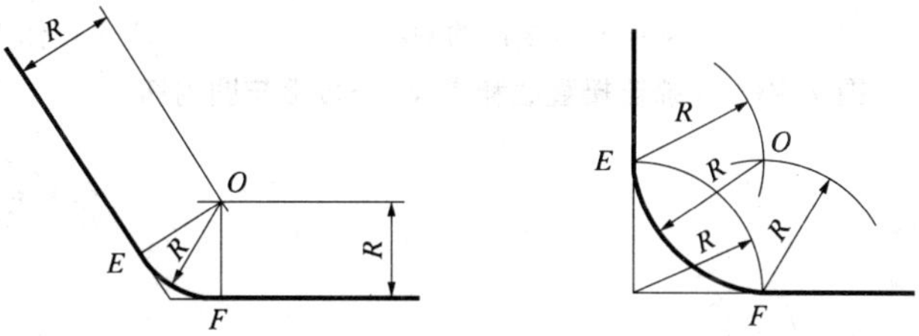

(a) 圆弧连接钝角的两边　(b) 圆弧连接直角的两边

图 1-41 圆弧连接钝角和直角的两边

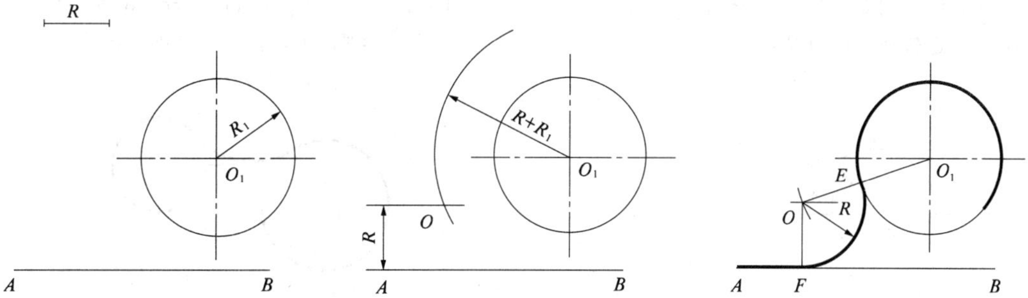

(a) 已知直线 *AB*，半径为 R_1 的圆 O_1，连接弧半径 *R*

(b) 以 *R* 为间距，作 *AB* 直线的平行线与以 O_1 为圆心，$R+R_1$ 为半径所作的弧交于 *O*，*O* 即为所求连接弧圆心

(c) 连 OO_1 交圆于 *E* 点，过 *O* 作 *OF* 垂直直线 *AB*，*F* 为垂足，以 *O* 为圆心，*R* 为半径，过 *E*、*F* 作弧，即为所求

图 1-42 圆弧连接直线和圆弧（连接弧与圆外切）

2. 连接弧与圆内切

当连接弧与圆内切时，用圆弧连接直线和圆弧的方法和步骤如图 1-43 所示。

（三）两圆弧间的圆弧连接

1. 连接圆弧与圆弧外切

当连接圆弧与圆弧外切时，连接的方法和步骤如图 1-44 所示。

2. 连接圆弧与圆弧内切

当连接圆弧与圆弧内切时，连接的方法和步骤如图 1-45 所示。

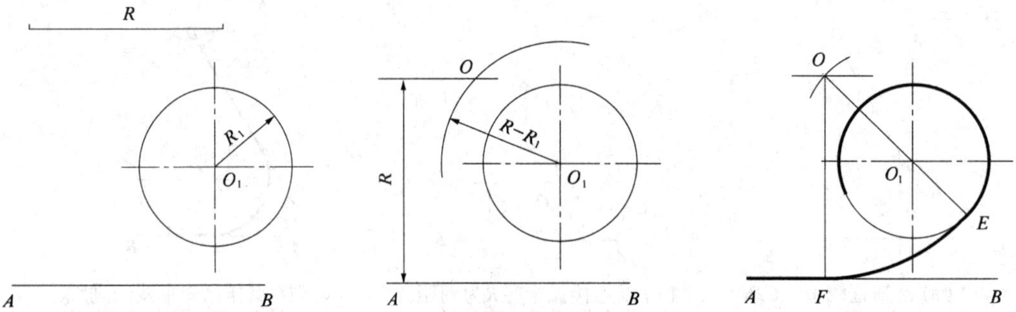

(a)已知直线 AB,半径为 R_1 的圆 O_1,连接弧半径 R

(b)以 R 为间距作 AB 直线的平行线与以 O_1 为圆心,$R-R_1$ 为半径所作的弧交于 O,O 即为所求连接弧的圆心

(c)连 OO_1 并延长交圆于 E 点,过 O 作 OF 垂直于直线 AB,F 为垂足,以 O 为圆心,R 为半径过 E、F 点作弧,即为所求

图 1-43　圆弧连接直线和圆弧(连接弧与圆内切)

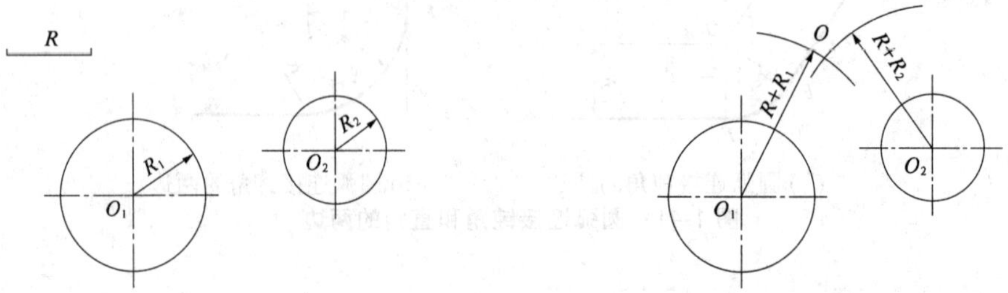

(a)已知圆 O_1、O_2,半径分别为 R_1、R_2,连接弧半径为 R

(b)分别以 O_1、O_2 为圆心,$R+R_1$、$R+R_2$ 为半径作弧,并交于点 O,O 即为连接弧圆心

(c)连接 OO_1、OO_2 与两圆的圆周分别交于 E、F 点,E、F 点即为切点

(d)以 O 为圆心,R 为半径,自切点 E、F 作弧,即为所求

图 1-44　圆弧与圆弧外切连接

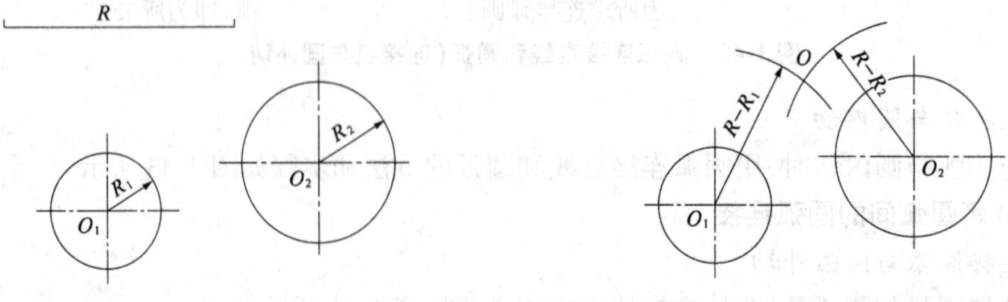

(a)已知圆 O_1、O_2,半径分别为 R_1、R_2,连接弧半径为 R

(b)分别以 O_1、O_2 为圆心,$R-R_1$、$R-R_2$ 为半径作弧,并交于点 O,O 即为连接弧圆心

图 1-45　圆弧与圆弧内切连接

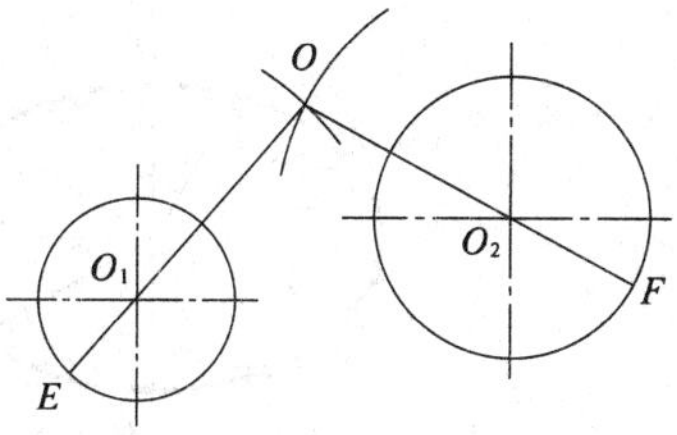

(c)连 OO_1、OO_2 并延长与两圆的圆周分别交于 E、F 点，E、F 点即为切点

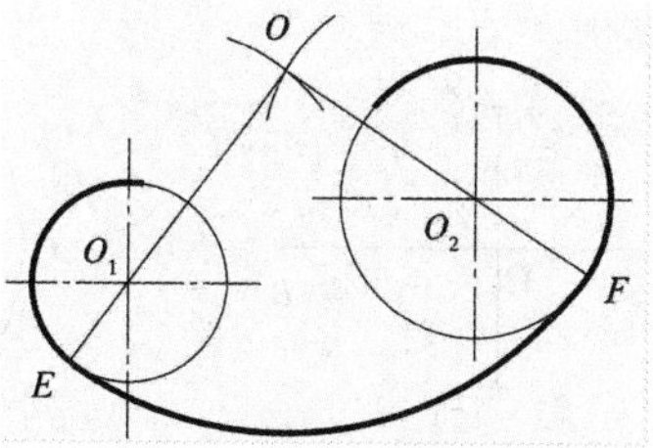

(d)以 O 为圆心，R 为半径，自切点 E、F 作弧，即为所求

续图 1-45

3. 连接圆弧与圆弧内、外切

当连接圆弧与一条圆弧内切，与另一条圆弧外切时，连接的方法和步骤如图 1-46 所示。

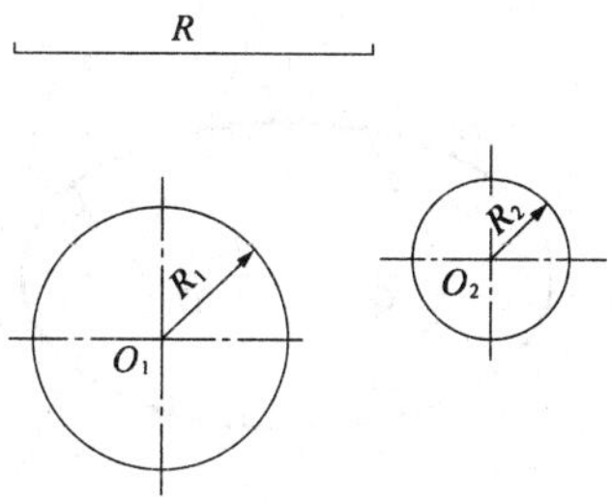

(a)已知圆 O_1、O_2，半径分别为 R_1、R_2，连接弧半径为 R

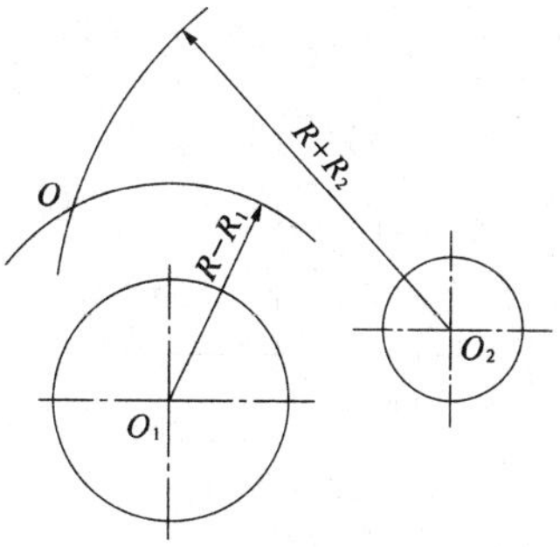

(b)分别以 O_1、O_2 为圆心，$R-R_1$、$R+R_2$ 为半径作弧，并交于点 O，O 即为连接弧圆心

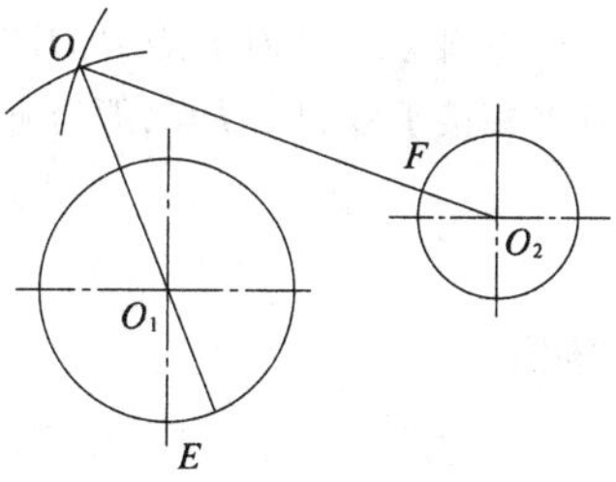

(c)连 OO_1、OO_2 与两圆的圆周分别交于 E、F 点，E、F 点即为切点

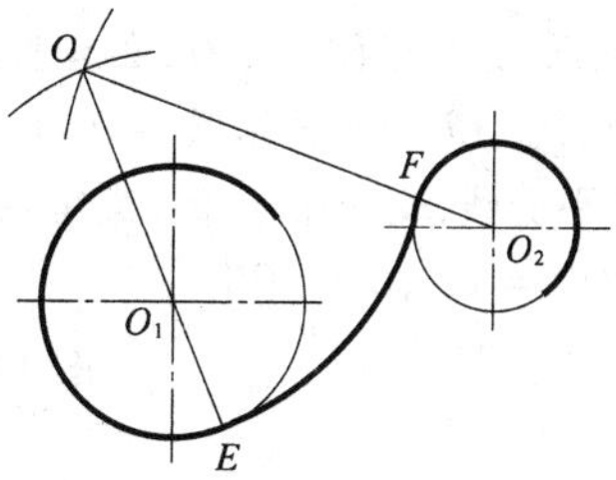

(d)以 O 为圆心，R 为半径，自切点 E、F 作弧，即为所求连接弧

图 1-46　圆弧与圆弧内、外切连接

四、椭圆的画法

(一)同心圆法

用同心圆法作椭圆的方法和步骤如图 1-47 所示。

(二)四心圆弧近似法

用四心圆弧近似法作椭圆的方法和步骤如图 1-48 所示。

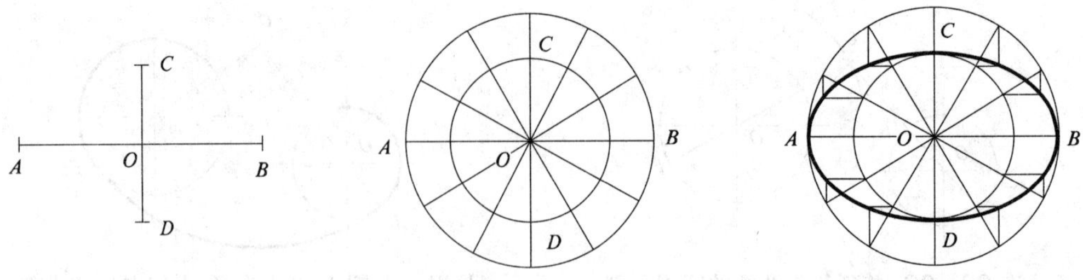

(a)已知椭圆的长轴 AB 及短轴 CD

(b)以 O 为圆心,分别以 OA、OC 为半径作圆,并将圆12等分

(c)分别过小圆上的等分点作水平线,过大圆上的等分点作竖直线,其各对应的交点,即为椭圆上的点,依次相连即可

图 1-47　同心圆法作椭圆

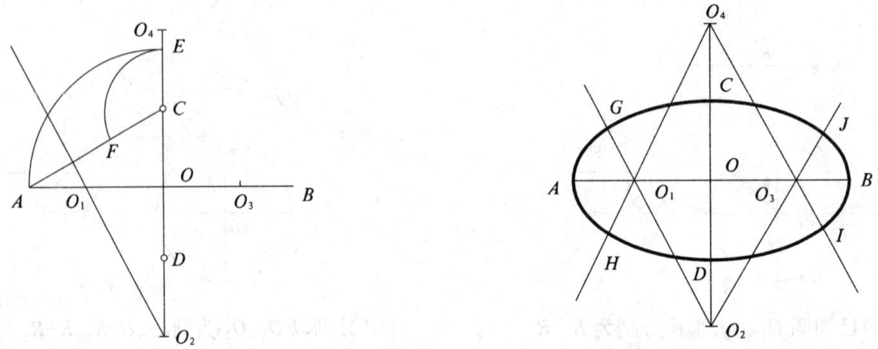

(a)已知椭圆的长轴、短轴 AB、CD。连接 AC,以 O 为圆心,OA 为半径作弧交 OC 的延长线于点 E,以 C 为圆心,CE 为半径作弧交 AC 于点 F,作 AF 的垂直平分线,交长轴于 O_1,交短轴延长线于 O_2,作 $OO_3=OO_1$,$OO_4=OO_2$

(b)连 O_1O_2、O_1O_4、O_2O_3、O_3O_4 并延长,分别以 O_1、O_2、O_3、O_4 为圆心,O_1A、O_2C、O_3B、O_4D 为半径作弧,使各弧相接于 G、H、I、J 点,即为所求

图 1-48　四心圆弧近似法作椭圆

第四节　平面图形的画法

一、尺寸分析

(一)基准

所谓基准,就是标注尺寸的起点。平面图形的尺寸有水平和垂直两个方向,因而就有水平和垂直两个方向的基准。图形中有很多尺寸都是以基准为出发点的。一般的平面图形常用以下的线为基准线。

(1)对称中心线。如图 1-49 所示的手柄是以水平轴线作为垂直方向的尺寸基准的。

(2)主要的垂直轮廓直线或水平轮廓直线。如图 1-49 所示的手柄就是以中间铅垂线作为水平方向的尺寸基准。

(3)较大的圆的中心线,较长的直线等。

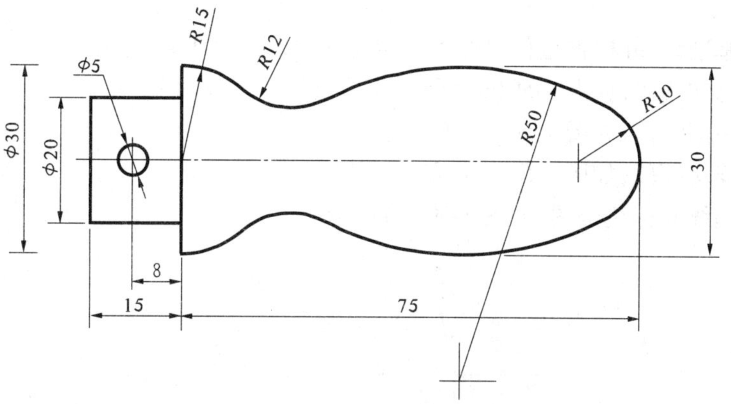

图 1-49 手柄

(二)定形尺寸

凡确定图形中各部分几何形状大小的尺寸,称为定形尺寸,如直线段的长度、倾斜线的角度、圆或圆弧的直径和半径等。

(三)定位尺寸

凡确定图形中各个组成部分(圆心、线段等)与基准之间相对位置的尺寸,称为定位尺寸。

分析尺寸时,常会见到同一尺寸既是定形尺寸,又是定位尺寸,在图 1-49 中,尺寸 75 既是确定手柄长度的定形尺寸,也是间接确定尺寸 *R*10 圆弧圆心的定位尺寸。

二、平面图形的线段分析

平面图形中的线段一般可分为三种不同性质的线段,现具体分析如下。

(一)已知线段

凡是定位尺寸和定形尺寸均齐全的线段,称为已知线段。已知线段能直接画出,如图 1-49 中的 *R*10、φ5、*R*15 及所有的直线均为已知线段。画图时应先画出已知线段。

(二)中间线段

定形尺寸齐全,但定位尺寸不齐全的线段,称为中间线段。中间线段必须根据与相邻已知线段的连接关系才能画出,如图 1-49 中的 *R*50 圆弧,其圆心的一个定位尺寸 30 为已知,但另一个定位尺寸则需根据其与 *R*10 圆弧相内切的关系来确定,故 *R*50 圆弧为中间线段。中间线段需在其相邻的已知线段画完后才能画出。

(三)连接线段

只有定形尺寸,而无定位尺寸的线段,称为连接线段。连接线段必须根据与相邻中间线段或已知线段的连接关系才能画出,如图 1-49 中的 *R*12 圆弧即为连接线段。连接线段须最后画出。

三、画图步骤

画平面图形时,必须首先进行尺寸分析和线段分析,按先画已知线段,再画中间线段和

连接线段的顺序依次进行,才能顺利进行制图。例如,要画图1-49所示手柄的平面图形,应按下列步骤进行:

(1)画出基准线,并根据定位尺寸画出定位线,如图1-50(a)所示。

(2)画出已知线段,如图1-50(b)所示。

(3)画出中间线段,如图1-50(c)所示。

(4)画出连接线段,如图1-50(d)所示。

(5)加深图线并标注全图,如图1-50(e)所示。

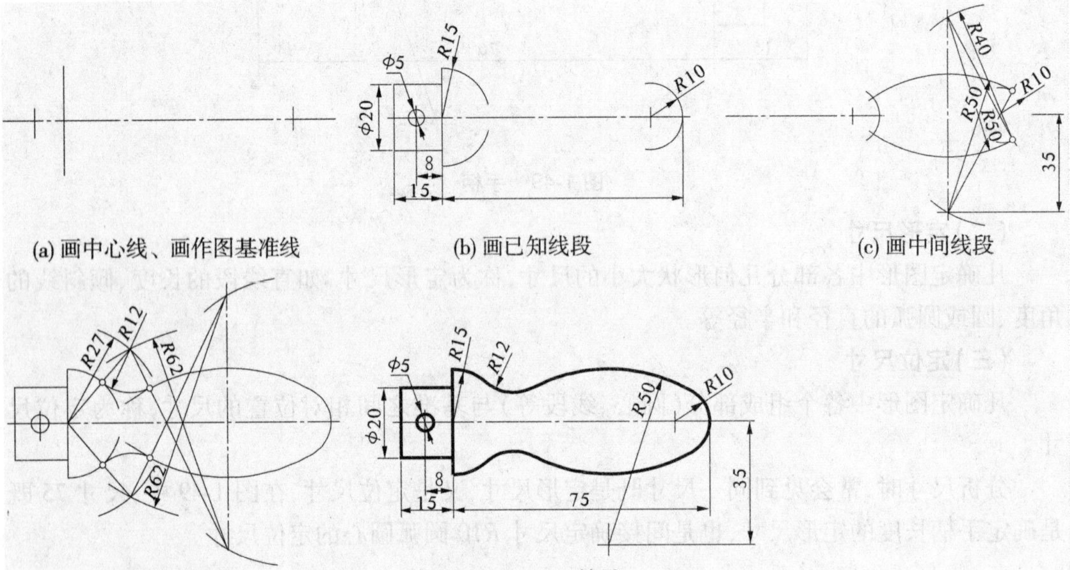

(a) 画中心线、画作图基准线　(b) 画已知线段　(c) 画中间线段

(d) 画连接线段　(e) 结果

图1-50

第五节　绘图的一般步骤

一、准备工作

(1)对所绘图样进行阅读了解,在绘图前尽量做到心中有数。

(2)准备好必需的绘图仪器、工具、用品,并且把图板、一字尺、丁字尺、三角板、比例尺等擦洗干净,把绘图工具、用品放在桌子的右边,但不能影响丁字尺的上下移动。

(3)选好图纸,将图纸用胶带纸固定在图板的适当位置,此时必须使图纸的上边对准丁字尺的上边缘,然后下移使丁字尺的上边缘对准图纸的下边。

二、画底稿

(1)根据制图标准的要求,画图幅线、图框线、标题栏外框线(一般用H或HB的铅笔先画出定位稿线)。

(2)依据所画图形的大小、多少及复杂程度选择好比例,然后安排各个图形的位置,定好图形的中心线,图面布置要适中、匀称,以便获得良好的图面效果。

(3)首先画图形的主要轮廓线,其次由大到小,由外到里,由整体到局部,画出图形的所有轮廓线。

(4)画出尺寸线及尺寸界线等。

(5)最后检查修正底稿,改正错误,补全遗漏,擦去多余线条。

三、铅笔加深

(1)加深图线时,必须是先曲线,其次直线,最后斜线,各类线型的加深顺序为:细点画线、细实线、中实线、粗实线、粗虚线。

(2)同类图线要保持粗细、深浅一致,按照水平线从上到下、垂直线从左到右的顺序依次完成。

(3)画出起止符,注写尺寸数字、说明,填写标题栏,加深图框线。

四、注意事项

(1)画底稿的铅笔用2H或3H,所有的线应轻而细,不可反复描绘,能看清就可以了。

(2)加深粗实线的铅笔用HB或B、2B;加深细实线的铅笔用H或HB;加深圆弧时所用的铅芯,应比加深同类直线所用的铅芯软一号。

(3)修正时,如果是铅笔加深图,可用擦图片配合橡皮进行,尽量缩小擦拭的面积,以免损坏图纸。

小　结

《道路工程制图标准》(GB 50162—92)对图纸幅面做了规定,图纸幅面的长边是短边的$\sqrt{2}$倍,且A0幅面的面积为1 m^2,A0幅面为841 mm×1189 mm。A1幅面是沿A0幅面长边的对裁,其他幅面依此类推。

《道路工程制图标准》(GB 50162—92)规定,图框右下角应绘标题栏,规定的标题栏格式有三种,图1-13(a)在工程图中应用最广。

《道路工程制图标准》(GB 50162—92)规定,工程图样一般使用三种线宽,即粗线、中粗线和细线,其线宽规定为b、$0.5b$和$0.25b$。粗实线用于可见轮廓线,中虚线用于不可见轮廓线,细点画线表示对称中心线,细实线用于尺寸线、尺寸界线和剖面线等。

比例是指图形与其实物相应要素的线性尺寸之比。一般应优先选用表1-3中规定的常用比例。

图样上一个完整的尺寸应由尺寸界线、尺寸线、尺寸起止符和尺寸数字组成,尺寸界线应采用细实线,与被标注长度垂直。尺寸线应采用细实线,必须与被标注长度平行。尺寸起止符宜采用箭头表示,箭头在尺寸界线的右边时,应标注在尺寸线之上;反之,应标注在尺寸线之下。尺寸数字宜标注在尺寸线上方中部。水平尺寸数字字头朝上,垂直尺寸数字字头朝左,倾斜尺寸的尺寸数字都应保持字头仍有朝上趋势。

道路制图中经常用到圆弧与直线连接或圆弧与圆弧连接,圆弧连接的关键是根据已知条件,准确地求出连接圆弧的圆心和切点。

复习思考题

1-1 《道路工程制图标准》(GB 50162—92)规定图纸幅面有哪几种？A0图幅的尺寸是多少？如何得到A1、A2 、A3 、A4图幅。

1-2 《道路工程制图标准》(GB 50162—92)关于图纸加长有什么规定？

1-3 《道路工程制图标准》(GB 50162—92)中规定字体高度有哪几种？字号是如何规定的？汉字应采用什么字体？其宽高比如何？

1-4 地形图上用什么表示方向？根据坐标网格如何确定东、西、南、北？坐标值应保留几位小数？

1-5 《道路工程制图标准》(GB 50162—92)关于尺寸界线、尺寸线、尺寸起止符和尺寸数字有哪些规定？

1-6 绘图的步骤有哪些？

思政园地

为统一我国道路工程的制图方法，保证图面质量，提高工作效率，便于技术交流，我国制定了《道路工程制图标准》(GB 50162)(简称《标准》)。该标准是我国道路工程图样绘制唯一的行业标准；是绘图、读图的“行为准则”，是工程技术人员判断图样中相应要素的依据。《标准》中对图纸的图幅、比例、字体、图线和尺寸标准等内容做了相应的规定，所有工程人员在设计、施工和管理过程中必须严格遵守和执行。《标准》也是学生学习制图的依据，绘图时必须严格遵守。

俗话说“国有国标、行有行规”，各行各业都有自己的标准，作为共同遵守的准则和依据。做人也是一样，无规矩不成方圆，引导学生要遵纪守法，遵守学校的规章制度，做任何事情都不能随心所欲，不要逾越界限。如同工程建设一样，正是有了规矩和制度的约束，社会这座高楼大厦才能顺利建成，才能有条不紊地运转。

第二章　投影的基本知识

【学习目标】 了解投影的基本概念和分类；熟悉正投影的基本理论和基本特性；掌握三视图的投影规律。

第一节　投影概念

一、投影法的概念

当阳光或灯光照射物体时，就会在地面或墙壁上出现物体的影子，这是日常生活中常见的投影现象。受此启示，人们根据生产活动的需要，总结出了在平面上表示物体形状的方法，建立了投影法。

所谓投影法，就是投射线通过物体，向选定的平面投射，并在该平面上得到图形的方法。如图 2-1 所示，图中 S 点是投射线发出点，称为投影中心；SAa、SBb、SCc 称为投射线；三角板 ABC 为空间物体；平面 H 为投影面；通过物体上各顶点的投射线与投影面的交点 a、b、c 称为物体上各顶点 A、B、C 在 H 面上的投影；根据投影法所得到的图形 $\triangle abc$，即为三角板 ABC 在 H 面上的投影。

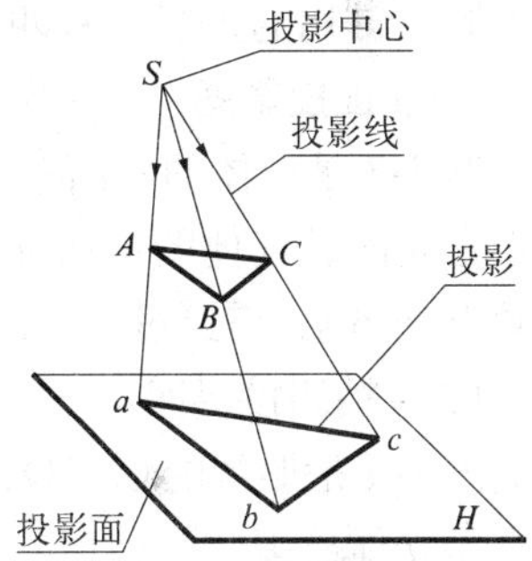

图 2-1　中心投影法

二、投影法的分类

投影法有中心投影法和平行投影法两类。

（一）中心投影法

投影线在有限远处相交于一点（投影中心）的投影法称为中心投影法。所得投影称为中心投影，如图 2-1 所示。如人的视觉、照相、放电影等，都具有中心投影的性质。中心投影法主要应用于绘制建筑物富有逼真感的立体图（也称透视图）。在中心投影中，如改变物体与投影中心或投影面之间的距离，则其投影的大小也随之改变。

（二）平行投影法

假设将投射中心移至无穷远处，这时的投射线可看作相互平行，如图 2-2 所示。这种投射线相互平行的投影法，称为平行投影法。平行投影法中，按投射线与投影面的相对位置（垂直或倾斜），又分为斜投影法和正投影法。

（1）斜投影法。指投射线与投影面相倾斜的平行投影法。根据斜投影法所得到的图形，称为斜投影（斜投影图），如图 2-2（a）所示。

（2）正投影法。指投射线与投影面相垂直的平行投影法。根据正投影法所得到的图形，称为正投影（正投影图），如图 2-2（b）所示。

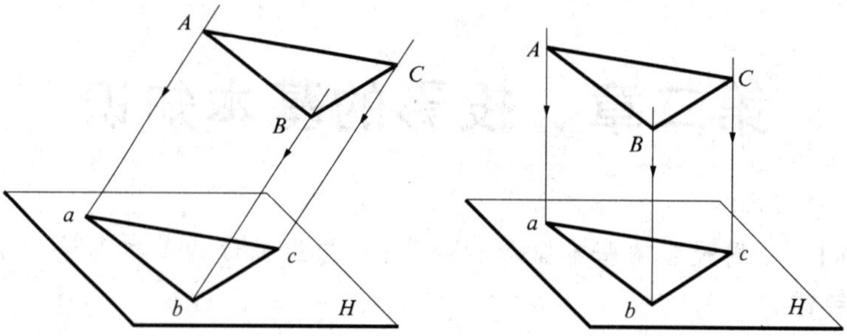

(a) 斜投影　　(b) 正投影

图 2-2　平行投影法

在平行投影中,如改变物体与投影中心或投影面之间的距离,其投影的大小不会随之改变。

三、工程上常用的几种投影图

在实际工程中,由于所表达的对象不同、目的不同,对图样要求所采用的图示方法也随之不同。常用的投影图有四种:正投影图、轴测投影图、透视投影图、标高投影图。

(一)正投影图

图 2-3 是形体的三面正投影图。它是用平行投影法的正投影法绘制的多面投影图。其优点是作图较其他图示法简便,便于度量,工程上应用最广,也是本课程讲述的主要内容。但缺乏立体感,需经过一定的训练才能看懂。

(二)轴测投影图

图 2-4 是形体的轴测投影图,也称立体图。它是用平行投影法绘制的单面投影图。其优点是立体感强,非常直观。缺点是作图较繁,表面形状在图中往往失真,度量性差,只能作为工程上的辅助性图样。

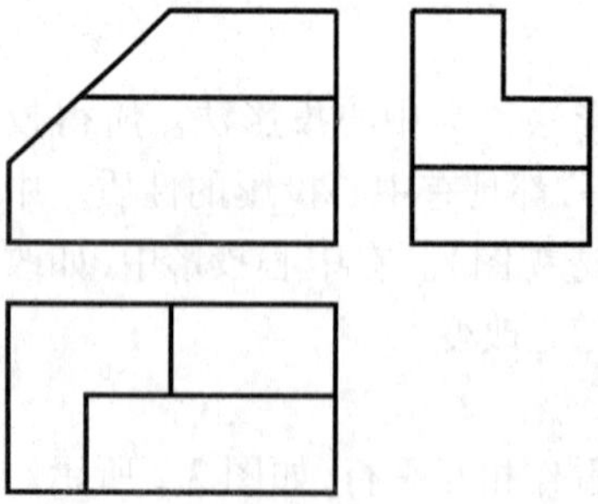

图 2-3　形体的三面正投影图

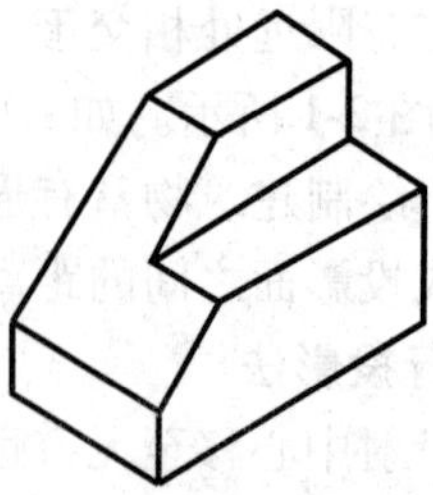

图 2-4　形体的轴测投影图

(三)透视投影图

图 2-5 是形体的透视投影图。它是用中心投影法绘制的单面投影图。这种图与照相原理一致,它是以人眼为投影中心的,故符合人们的视觉形象,其优点是图形逼真,直观性强。缺点是作图复杂,形体的尺寸不能直接在图上度量,故不能作为施工依据,仅用于建筑设计方案的比较及工艺美术和宣传广告画等。

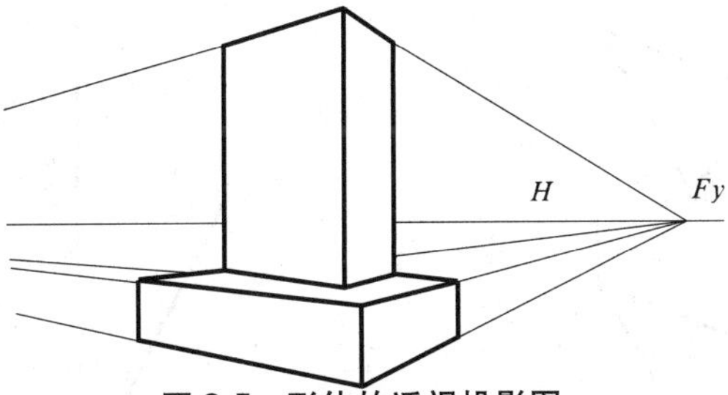

图 2-5 形体的透视投影图

（四）标高投影图

标高投影图是在物体的水平投影上加注某些特征面、线及控制点的高度数值的单面正投影。常用来绘制地形图和道路、水利工程等方面的平面布置图样，是表示不规则曲面的一种有效的图示形式，如图 2-6 所示。用标高投影绘制的地形图主要用等高线表示，并应标注比例和高程。

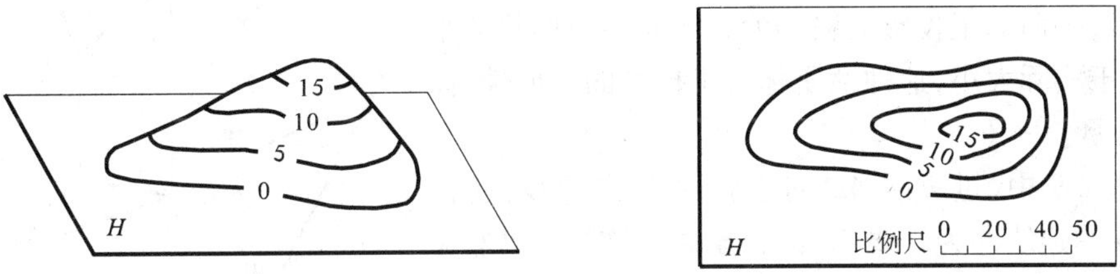

(a) (b)

图 2-6 标高投影图

工程制图中多采用平行投影法，尤其是正投影法。

第二节 正投影的基本性质

在道路工程制图中，最常用的投影法是平行投影法中的正投影法。因此，了解正投影的基本性质，对分析和绘制物体的正投影图至关重要。直线和平面在正投影中具有如下基本性质。

一、全等性

当线段或平面平行于投影面时，其线段的投影长度反映线段的实长；平面的投影与原平面图形全等。这种性质称为正投影的全等性，如图 2-7 所示。

在图 2-7 中，线段 AB 平行于 H 面，则 AB 的正投影 $ab=AB$；平面 CDE 平行于 H 面，则平面 CDE 的正投影 $cde \cong$ 平面 CDE。

二、积聚性

当直线或平面垂直于投影面时，其直线的正投影积聚为一个点；平面的正投影积聚为一条直线。这种性质称为正投影的积聚性，如图 2-8 所示。

在图 2-8 中，直线 AB 垂直于 H 面，则 AB 的正投影 $a(b)$ 积聚为一点；平面 CDE 垂直于 H 面，则平面 CDE 的正投影 cde 积聚为一条直线。

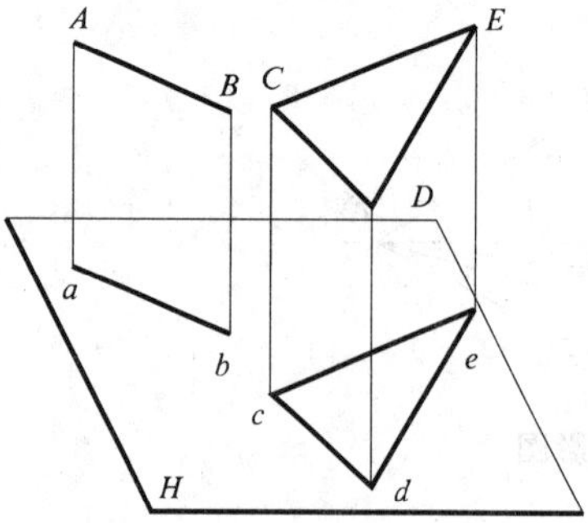

图 2-7　全等性

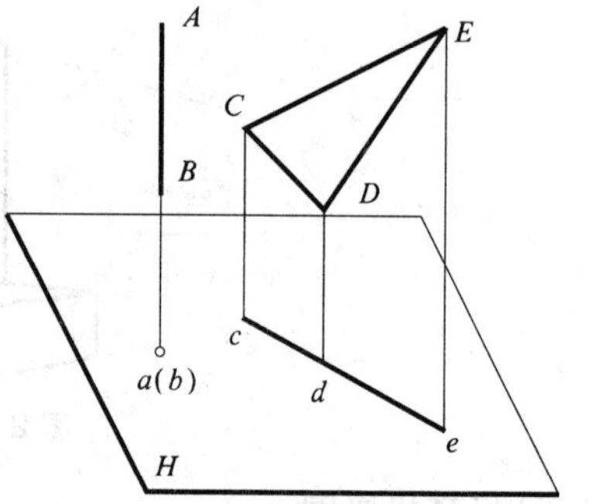

图 2-8　积聚性

三、类似性

当直线或平面倾斜于投影面时，直线的正投影一般仍为直线，平面的正投影一般仍为原空间几何形状的平面，但小于实际大小，这种性质称为正投影的类似性，如图 2-9 所示。

在图 2-9 中，过直线 *AB* 向投影面 *H* 作垂线，所得垂足 *a*、*b* 的连线即为直线 *AB* 的正投影，显然 *ab* 仍然为直线，但 *ab* 的长度小于直线 *AB* 的原长；过平面 *CDE* 的三个顶点向投影面 *H* 作垂线，垂足 *c*、*d*、*e* 连成的三角形即为平面 *CDE* 的正投影，显然 *cde* 仍然为三角形平面，但 *cde* 图形的面积小于空间平面 *CDE* 的面积。

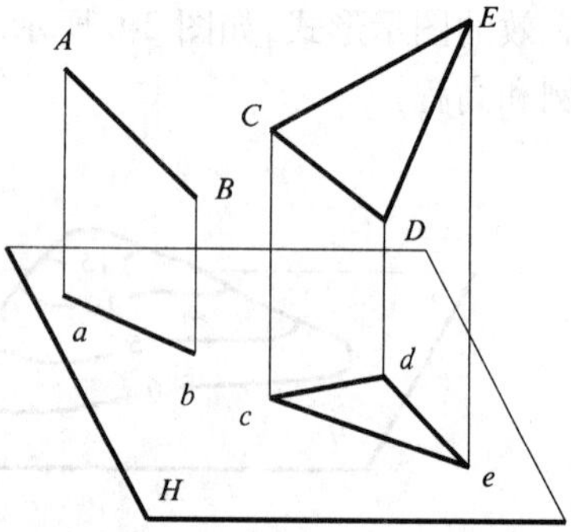

图 2-9　类似性

上述正投影的基本性质，对图示、图解空间几何的各种问题都将起到重要的作用，应熟练掌握。

第三节　物体的三视图

根据有关标准和规定，用正投影法绘制出物体的图形称为视图。一个视图一般不能确定物体的空间形状，如图 2-10 所示，空间三个不同形状的物体，它们在同一个投影面上的正投影却是相同的。由此可以看出：虽然一个投影面能够准确地表现出形体的一个侧面的形状，但不能表现出形体的全部形状。为了完整地表示物体的形状，常采用从几个不同方向进行投射的多面正投影的表示方法，通常是三面正投影图。

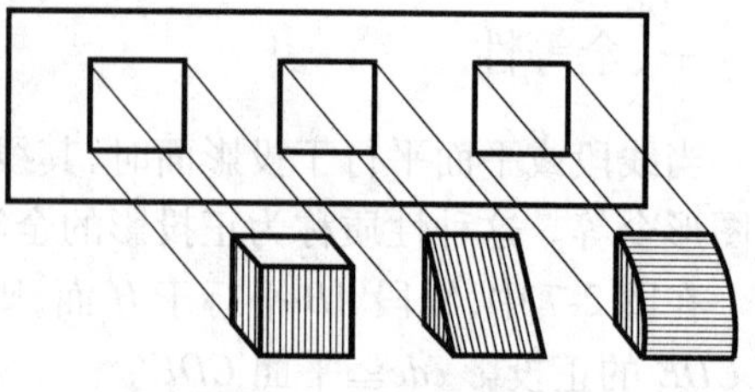

图 2-10　形体的单面视图

一、三投影面体系的建立

通常选用三个相互垂直相交的投影面，组成一个三投影面体系，如图 2-11 所示。三个投影面分别为：正立投影面，简称正面，用 *V* 表示；水平投影面，简称水平面，用 *H* 表示；侧立投影面，简称侧面，用 W 表示。

三个投影面之间的交线称为投影轴，分别用 OX、OY、OZ 表示，简称 X 轴、Y 轴、Z 轴。三根互相垂直的投影轴的交点称为原点，用 O 表示。

为了作图方便，对物体的长、宽、高三个方向及上下、左右、前后方位统一按下述方法确定：X 轴是 V 面与 H 面的交线，代表长度方向，确定左右方位；Y 轴是 H 面与 W 面的交线，代表宽度方向，确定前后方位；Z 轴是 V 面与 W 面的交线，代表高度方向，确定上下方位。

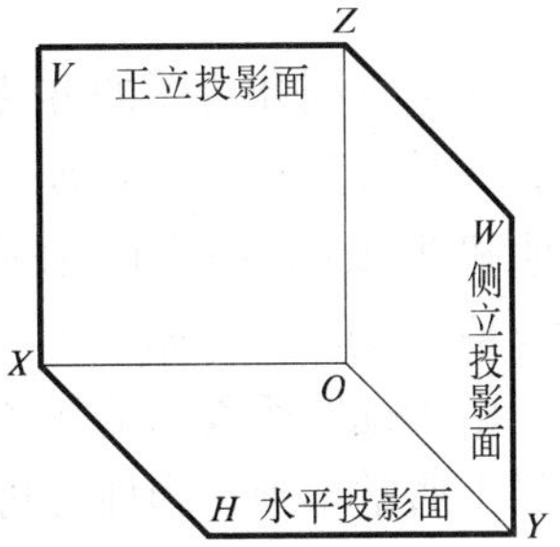

图 2-11　三投影面体系

二、三视图的形成

将形体放置在三投影面体系当中，即放置在 H 面的上方，V 面的前方，W 面的左方，并尽量让形体的表面和投影面平行或垂直。

从前往后对正立投影面进行投射，在正立投影面上得到正立面投影图，简称主视图。

从上往下对水平投影面进行投射，在水平投影面上得到水平面投影图，简称俯视图。

从左往右对侧立投影面进行投射，在侧立投影面上得到侧立面投影图，简称左视图。

如图 2-12(a)所示，这三个视图就能唯一地确定物体的形状。

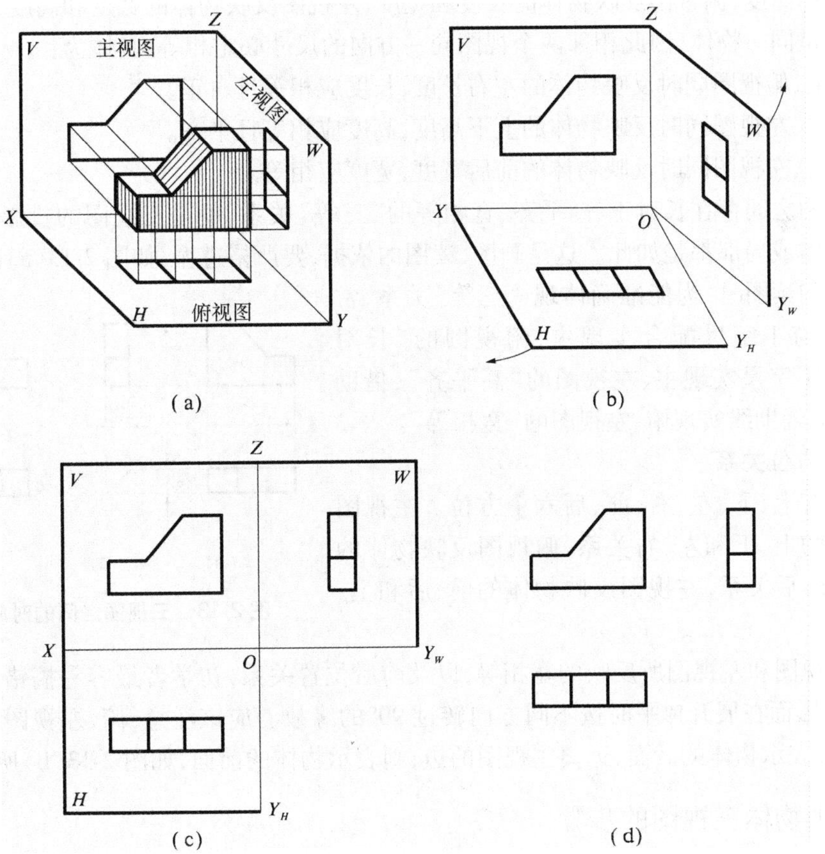

图 2-12　三视图的形成

三、三投影面的展开

为了画图和看图的方便,需将三个相互垂直的投影面展开摊平在同一个平面上。其展开方法是:保持 V 面不动,将 H 面绕 OX 轴向下旋转 90°,W 面绕 OZ 轴向右旋转 90°,使 H 面和 W 面都与 V 面处在同一平面上,如图 2-12(b)、(c)所示。这时 OY 轴分为两条,一条 OY_H 轴,一条 OY_W 轴。

由于视图所表示的物体形状与投影面的大小、物体与投影面之间的距离无关,因此工程图样上通常不画投影面的边框和投影轴,如图 2-12(d)所示。

四、三视图之间的对应关系

将投影面旋转展开到同一平面上后,物体的三视图则呈规则配置,相互之间形成了一定的对应关系。

(一)位置关系

以主视图为准,俯视图配置在它的正下方,左视图配置在它的正右方,如图 2-12(c)、(d)所示。画三视图时,要严格按此位置配置。

(二)尺寸关系

物体有长、宽、高三个方向的尺寸,每个视图都反映物体两个方向的尺寸:主视图反映物体的长度和高度,俯视图反映物体的长度和宽度,左视图反映物体的宽度和高度。由于三视图反映的是同一物体,因此相邻两个视图同一方向的尺寸必定相等,具体为:

(1)主、俯视图同时反映物体的左右长度,长度应相等且对正。

(2)主、左视图同时反映物体的上下高度,高度应相等且平齐。

(3)俯、左视图同时反映物体的前后宽度,宽度应相等。

三视图之间存在长对正、高平齐、宽相等的"三等"关系,就是三视图的投影规律,对于物体的整体或局部都是如此。这是画图、读图的依据,要严格遵循,如图 2-13(a)所示。

画图和读图时,为能准确体现"三等"关系,常用三角板与丁字尺配合实现主、俯视图的"长对正",利用丁字尺实现主、左视图的"高平齐",借助分规或 45°辅助线实现俯、左视图的"宽相等"。

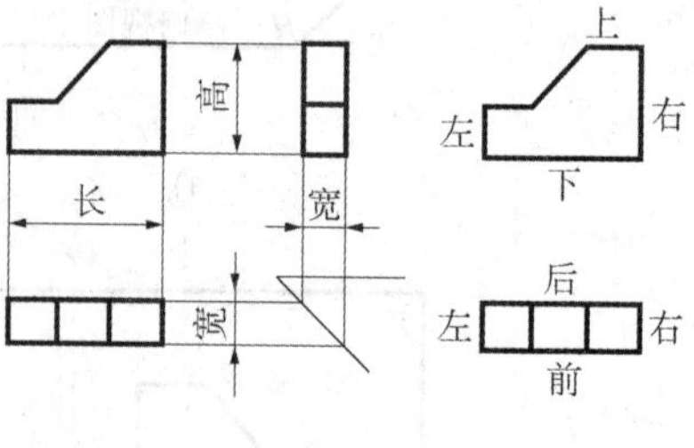

(a)　　(b)

图 2-13　三视图之间的对应关系

(三)方位关系

物体有上、下、左、右、前、后六个方位。主视图反映物体的上、下和左、右关系,俯视图反映物体的左、右和前、后关系,左视图反映物体的前、后和上、下关系。

由俯视图和左视图所反映的宽相等,以及前后位置关系,初学者最容易搞错,这是由于 H、W 两投影面在展开摊平时按不同方向转过 90°的缘故。应该注意,俯、左视图中,靠近主视图的边,表示物体的后面,远离主视图的边,则表示物体的前面,如图 2-13(b)所示。

五、画物体三视图的步骤

首先,选择反映物体形状特征最明显的方向作为主视图的投射方向,将物体在三投影面体系中放正(使物体的主要表面与三投影面平行或垂直);然后,按正投影法向各投影面投射,如图 2-14 所示。画物体三视图的步骤如图 2-15 所示。

初学者画图时应注意:

(1)画俯、左视图时,物体应保持画主视图时的安放位置不动,设想观察者自上而下俯视物体,从左向右观察物体。切勿任意转动物体,造成投影关系的混乱。

(2)物体上的每个尺寸都只测量一次。作图时,相邻视图间相应尺寸应保持“长对正、高平齐、宽相等”的关系。

(3)初学者画简单物体三视图时,可逐个视图单独完成。画较复杂物体三视图时,常需要将几个视图配合起来画,按物体的各个组成部分,从反映形状特征明显的视图入手,依次画出其三视图。

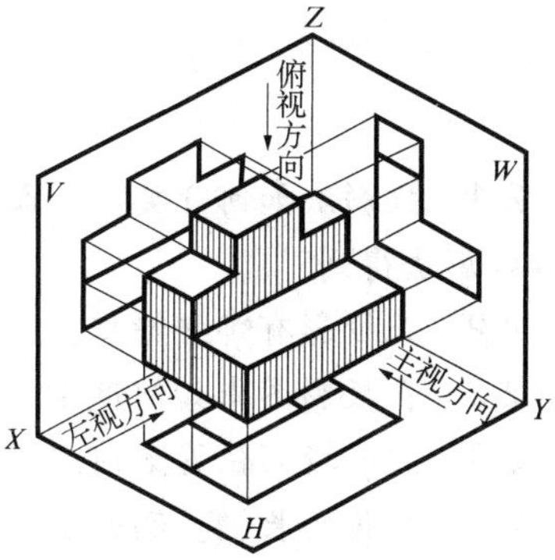

图 2-14　画物体三视图

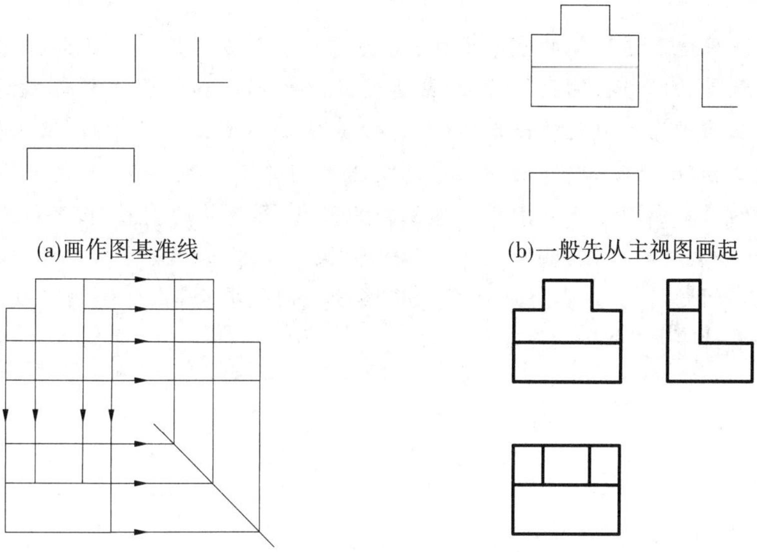

(a)画作图基准线　(b)一般先从主视图画起

(c)画全三个视图　(d)描粗加深,完成三视图

图 2-15　画物体三视图的步骤

小　结

本章从投影现象中得出投影理论,将形体的影子发展成投影。投影法有中心投影法和平行投影法两类。平行投影法又分为斜投影法和正投影法。正投影的基本特性有全等性、积聚性和类似性。

设置三个相互垂直相交的平面作为投影面,即正立投影面、水平投影面、侧立投影面组成一个三投影面体系。将形体放置在三投影面体系当中,从前往后对正立投影面进行投射,在正面上得到主视图。从上往下对水平投影面进行投射,在水平面上得到俯视图。从左往右对侧立投影面进行投射,在侧面上得到左视图。三视图之间存在长对正、高平齐、宽相等的“三等”关系。

复习思考题

2-1 投影法如何分类?三面正投影图、标高投影图、轴测投影图及透视投影图分别由何种投影法得到?

2-2 正投影有哪些特征?

2-3 在投影图中如何度量长、宽、高?如何确定形体的前后位置?

2-4 三面投影位置如何配置?

2-5 形体的长、宽、高分别沿着哪个轴度量?

思政园地

为了准确地表达形体的空间形状,需要建立三面投影体系。三面投影体系中包含水平放置的水平投影面、正对观察者的正立投影面和位于观察者右侧的侧立投影面。三面投影可以反映出形体的长度、宽度和高度三个尺寸,以及上下、前后和左右六个方位。最主要的规律就是三视图之间的三等投影规律,这一规律反映了正投影的基本原理。三视图中并列互补的关系,各有表达重点,但又彼此互相联系,组成一个有机的整体,共同表达物体的形状。通过三面投影的学习,培养学生多角度观察问题的能力,引导告诫学生观察分析问题要全面,学会用多视角、辩证的眼光去看待事物、分析问题。

第三章　点、直线、平面的投影

【学习目标】　熟悉各种位置直线、平面的概念；掌握点的投影规律、特殊位置直线和平面的投影特性。

第一节　点的投影

一、点的位置和空间直角坐标

我们知道，在平面直角坐标系中，平面上任意一点的位置都有唯一的坐标来表示。那么，空间任意一点的位置怎样用坐标来表示呢？

图 3-1 为一个房间的示意图，下面我们探讨用坐标表示电灯位置的方法。

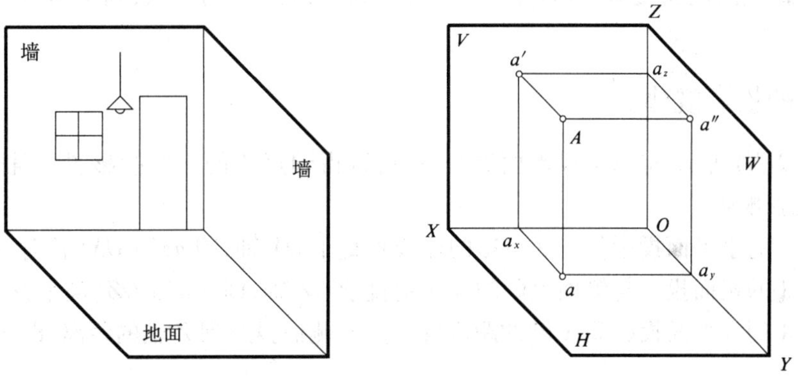

(a) 房间立体示意图　　　(b) 点的空间直角坐标

图 3-1　点的位置和空间直角坐标

由此可见，空间任意一点的位置也可以用坐标来表示，书写形式一般为 $A(x,y,z)$，A 表示空间点。

x 坐标表示空间点 A 到 W 面的距离；

y 坐标表示空间点 A 到 V 面的距离；

z 坐标表示空间点 A 到 H 面的距离。

二、点的三面投影

空间点用大写字母表示，如 A、B、C；水平投影面（H 面）投影用相应的小写字母 a、b、c 表示；正立投影面（V 面）投影用相应的小写字母加一撇表示，如 a'、b'、c'；侧立投影面（W 面）投影用相应的小写字母加两撇表示，如 a''、b''、c''。

过点 A 分别向三个投影面作投影线，在三个投影面上分别得到相应的垂足 a、a'、a''，如图 3-2(a) 所示。

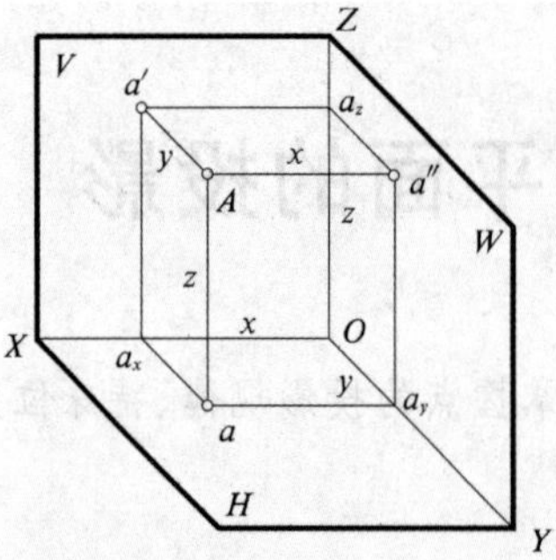

(a)直观图

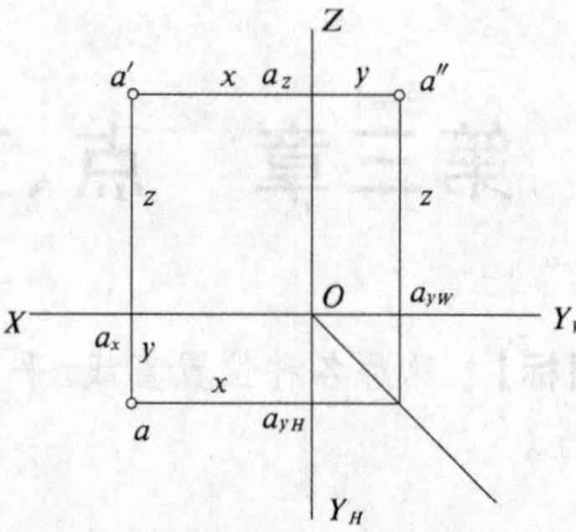

(b)投影图

图3-2 点的三面投影

a 称为 A 点的水平面投影,位置由坐标(x,y)确定,它反映了 A 点到 W、V 两个投影面的距离;

a'称为 A 点的正面投影,位置由坐标(x,z)确定,它反映了 A 点到 W、H 两个投影面的距离;

a''称为 A 点的侧面投影,位置由坐标(y,z)确定,它反映了 A 点到 V、H 两个投影面的距离。

三、点的投影规律

如图3-2(b)所示,将三个投影面展开后,可以得到点 A 的三面投影图。通过分析得出点的三面投影规律:

(1)点 A 的水平面投影与正面投影的连线垂直于 OX 轴,即 $aa' \perp OX$(长对正)。

(2)点 A 的正面投影与侧面投影的连线垂直于 OZ 轴,即 $a'a'' \perp OZ$(高平齐)。

(3)点 A 的水平面投影到 X 轴的距离等于点 A 侧面投影到 Z 轴的距离,即 $aa_x = a''a_z$(宽相等)。

四、两点的相对位置及重影点

(一)两点的相对位置

如图3-3所示,A、B 两点各自的坐标可以确定它们的相对位置。

x 坐标值的大小可以判断两点的左右位置,x 坐标值的大者在左;

y 坐标值的大小可以判断两点的前后位置,y 坐标值的大者在前;

z 坐标值的大小可以判断两点的上下位置,z 坐标值的大者在上。

(二)重影点

如果空间两点位于某一投影面的同一条投射线上,则这两点在该投影面上的投影就会重合为一点,称为对该投影面的重影点。如图3-4所示,A、B 两点的 X、Y 坐标相等,而 Z 坐标不相等,从而它们的水平投影重合为一点,称为对 H 面的重影点。

类似地,也会有 V 面重影点和 W 面重影点。

利用重影点可以判别两点的可见性。对于某面重影点,规定距该面距离较远,即坐标值大者为可见;反之,为不可见。如图3-4所示,因为 $Z_A>Z_B$,故水平投影上 a 可见,b 不可见,对不可见点的投影加上括号。

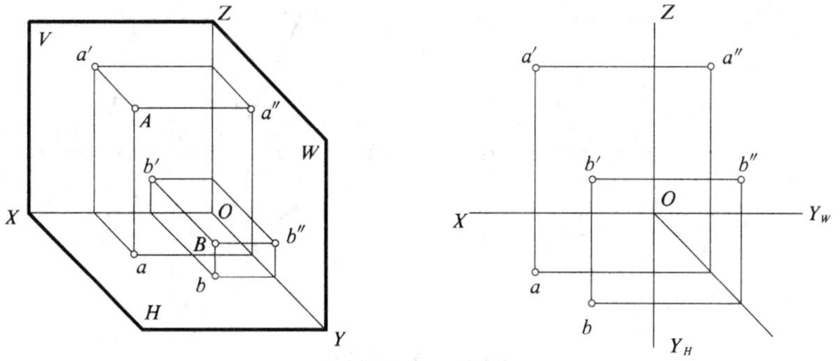

(a) 直观图　　　(b) 投影图

图 3-3　两点的相对位置

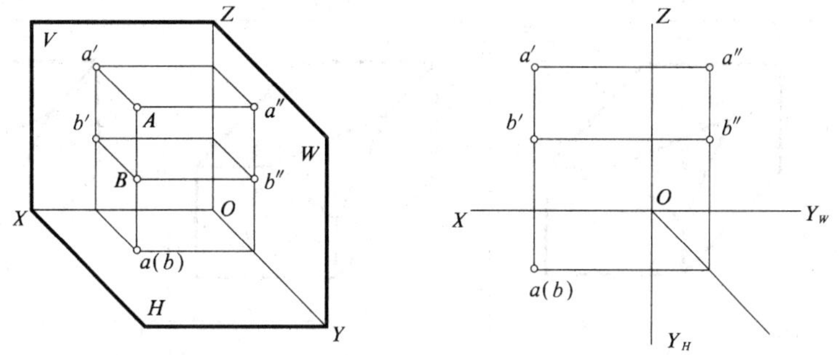

(a) 直观图　　　(b) 投影图

图 3-4　重影点

第二节　直线的投影

直线是无限长的。直线的空间位置可由线上两点确定。直线上两点之间的线段称为直线段。为了叙述方便，本书把直线段简称为直线。

直线的投影可由线上两点在同一个投影面上的投影（同面投影）相连而得。例如，要作出直线 AB 的三面投影，可先作出其两端点 a、a'、a''和 b、b'、b''，如图 3-5(a) 所示，然后将其同面投影相连，即得直线 AB 的三面投影 ab、$a'b'$和 $a''b''$，如图 3-5(b) 所示。直线与投影面的夹角称为直线对投影面的倾角。其对 H 面的倾角用 α 表示，对 V 面的倾角用 β 表示，对 W 面的倾角用 γ 表示。

一、各种位置直线的投影特性

在三面投影体系中，将直线按所处的空间位置不同分为三类：投影面平行线、投影面垂直线和一般位置直线。

（一）投影面平行线

平行于某一投影面，同时倾斜于另外两个投影面的直线称为投影面平行线，如表 3-1 所示。

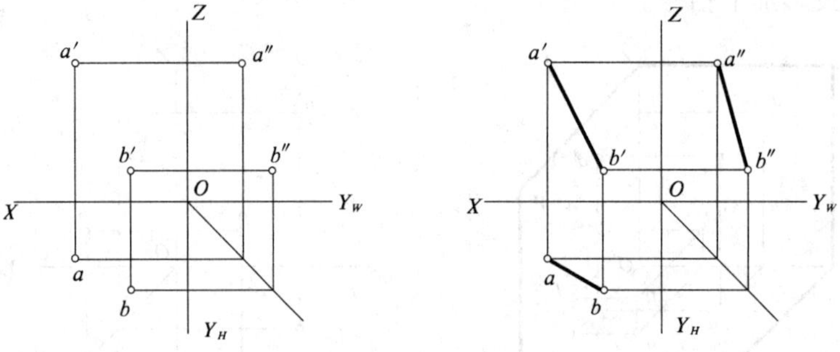

(a)　　　　　　　　　(b)

图 3-5　直线的投影

表 3-1　投影面平行线

名称	水平线	正平线	侧平线
物体上的直线	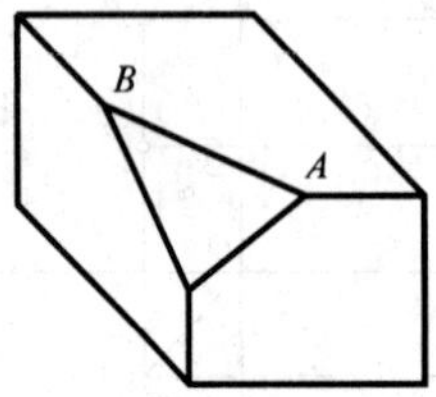	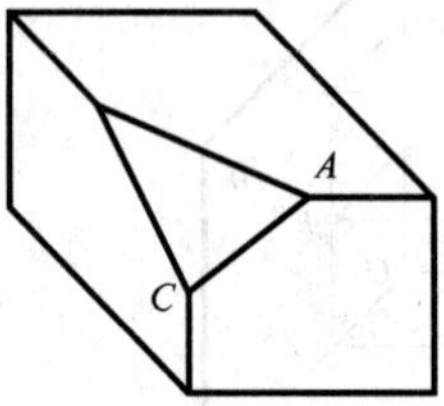	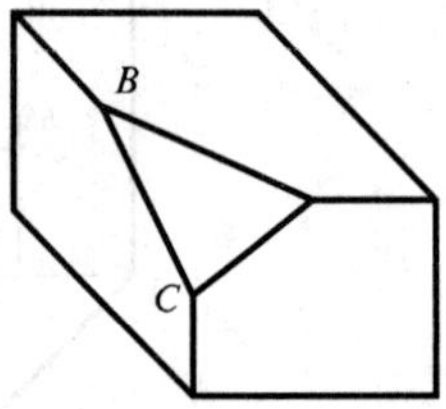
直观图	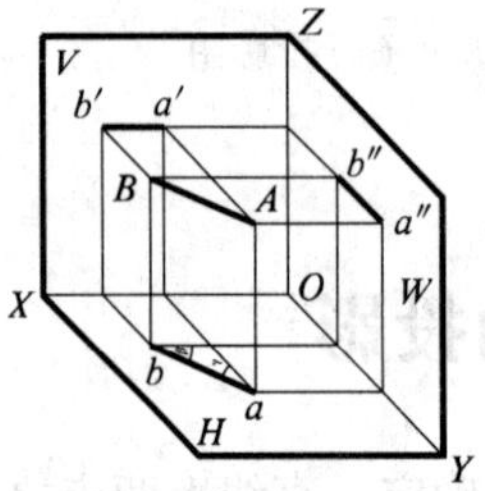	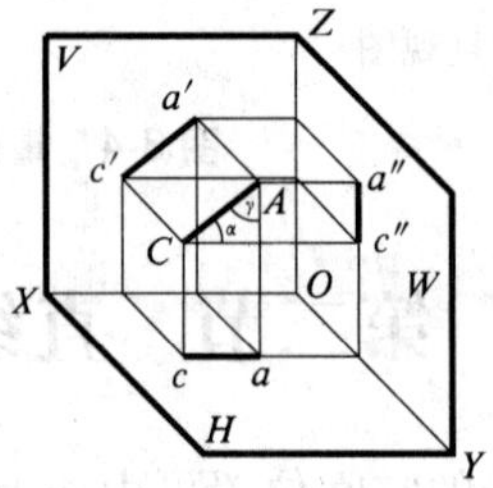	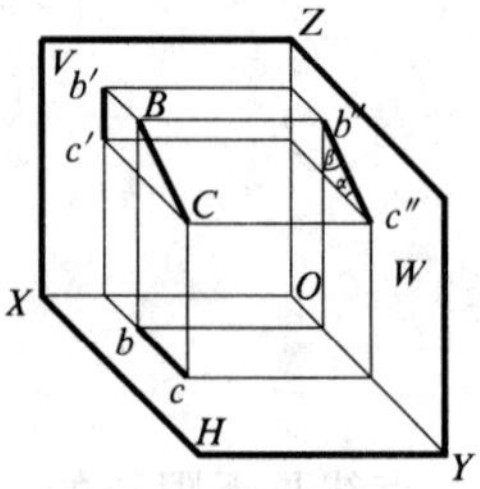
投影图	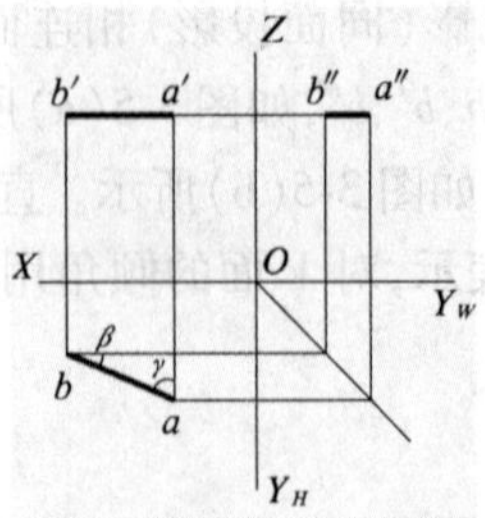	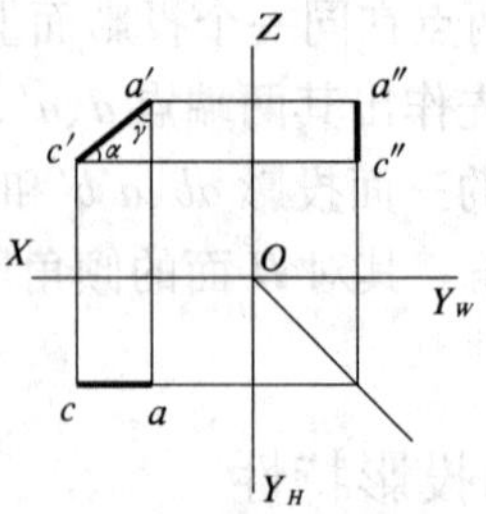	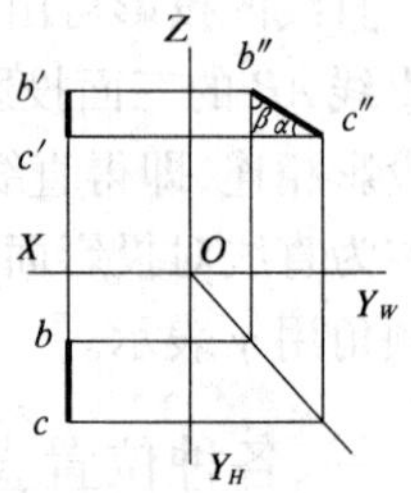

平行于水平面的直线称为水平线。水平线的投影特性:它的水平投影反映实长,即 $ab=AB$;它的正面投影 $a'b'$ 平行于 X 轴,侧面投影 $a''b''$ 平行于 Y_W 轴;它的水平投影与 X 轴的夹角等于该直线对 V 面的倾角 β,与 Y_H 轴的夹角等于该直线对 W 面的倾角 γ。

平行于正面的直线称为正平线。正平线的投影特性:它的正面投影反映实长,即 $a'c'=$

AC；它的水平投影 ac 平行于 X 轴，侧面投影 $a''c''$ 平行于 Z 轴；它的正面投影与 X 轴的夹角等于该直线对 H 面的倾角 α，与 Z 轴的夹角等于该直线对 W 面的倾角 γ。

平行于侧面的直线称为侧平线。侧平线的投影特性：它的侧面投影反映实长，即 $b''c''=BC$；它的水平投影 bc 平行于 Y_H 轴，正面投影 $b'c'$ 平行于 Z 轴；它的侧面投影与 Y_W 轴的夹角等于该直线对 H 面的倾角 α，与 Z 轴的夹角等于该直线对 V 面的倾角 β。

(二)投影面垂直线

垂直于某一投影面，同时平行于另外两个投影面的直线称为投影面垂直线，如表 3-2 所示。

表 3-2　投影面垂直线

名称	铅垂线	正垂线	侧垂线
物体上的直线	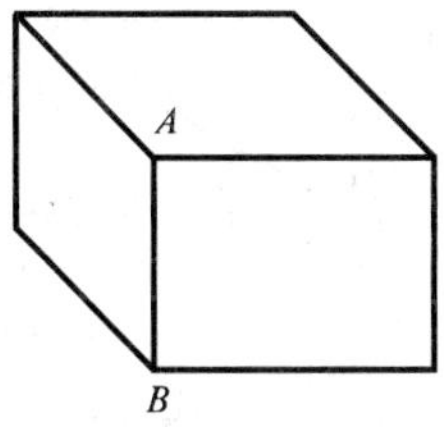	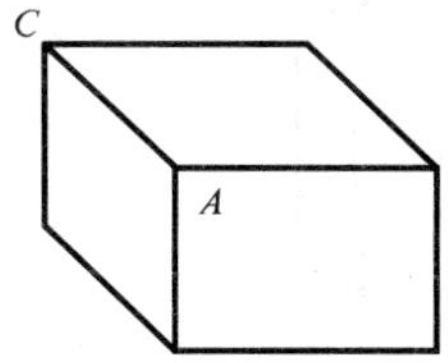	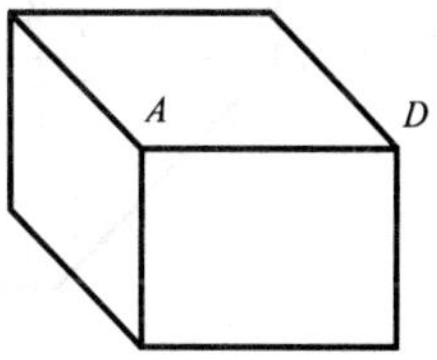
直观图	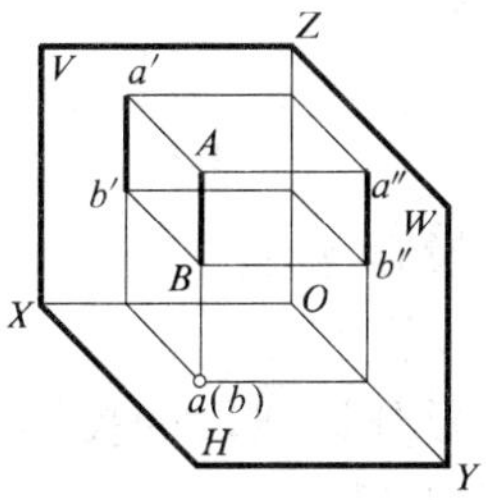	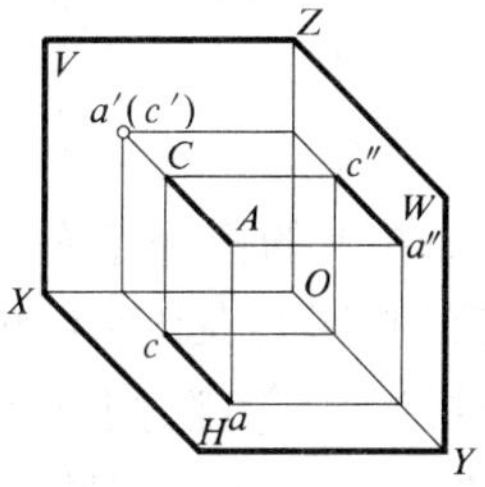	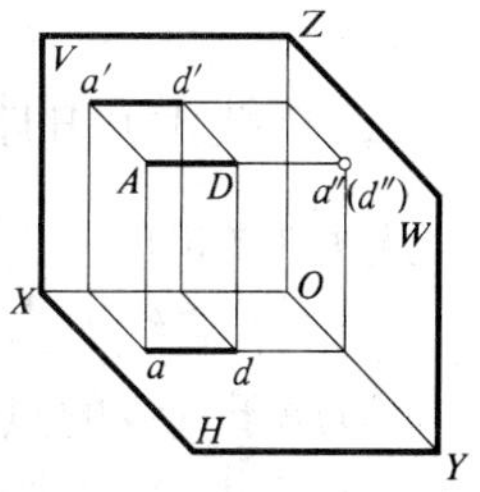
投影图	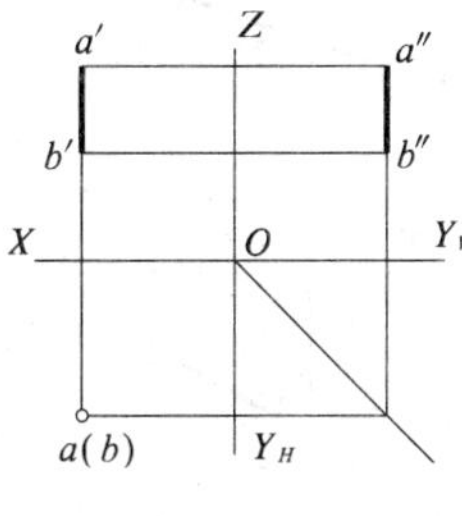	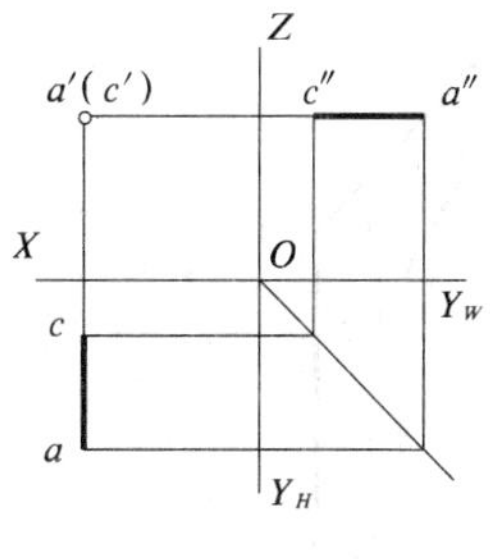	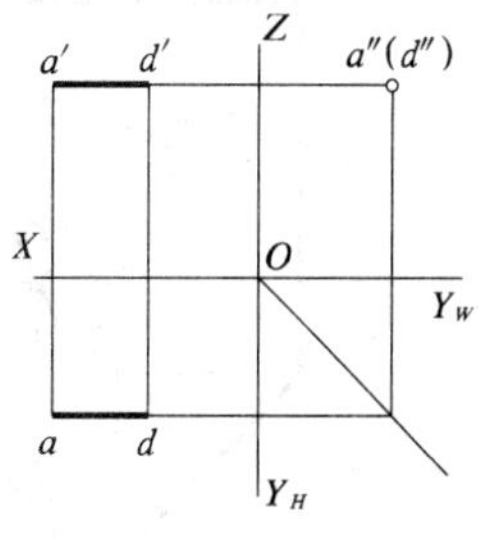

垂直于水平面的直线称为铅垂线。铅垂线的投影特性：它的水平投影积聚为一点，即 $a(b)$；它的另外两个投影都垂直于相应的投影轴，且反映线段的实长，即 $a'b'$ 垂直于 X 轴，$a''b''$ 垂直于 Y_W 轴，$a'b'=a''b''=AB$。

垂直于正面的直线称为正垂线。正垂线的投影特性：它的正面投影积聚为一点，即 $a'(c')$；它的另外两个投影都垂直于相应的投影轴，且反映线段的实长，即 ac 垂直于 X 轴，$a''c''$ 垂直于 Z 轴，$ac=a''c''=AC$。

垂直于侧面的直线称为侧垂线。侧垂线的投影特性：它的侧面投影积聚为一点，即 $a''(d'')$；它的另外两个投影都垂直于相应的投影轴，且反映线段的实长，即 ad 垂直于 Y_H 轴，$a'd'$ 垂直于 Z 轴，$ad=a'd'=AD$。

(三) 一般位置直线

与三个投影面都倾斜的直线称为一般位置直线，如图 3-6(a) 所示。

一般位置直线的三个投影都仍为直线，且都小于线段的实长；三个投影都倾斜于投影轴，且与投影轴的夹角均不反映空间直线与投影面倾角的真实大小。

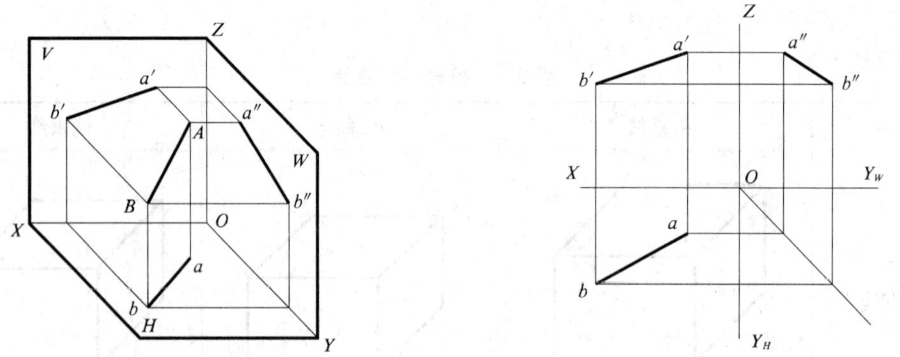

(a) 直观图　　(b) 投影图

图 3-6　一般位置直线

二、直线上点的投影

从图 3-7 可以看出，直线 AB 上的任一点 K 有以下投影特性：

(1) 点在直线上，则该点的投影必在该直线的同面投影上。

(2) 属于直线的点分直线段成定比，则该点的投影分该线段的投影为同一比例。如图 3-7 所示，K 分 AB 为 $AK:KB$，则 $ak:kb=a'k':k'b'=a''k'':k''b''$。

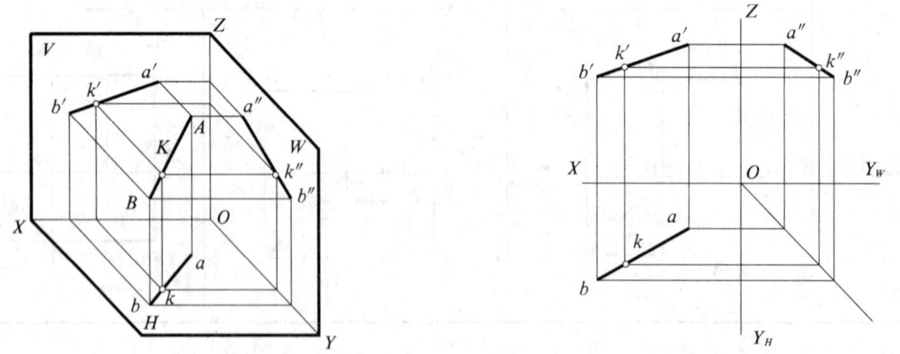

(a) 直观图　　(b) 投影图

图 3-7　直线上点的投影

三、两直线的相对位置

空间两直线的相对位置有平行、相交和交叉三种情况。其中，平行、相交两直线为同面两直线，而交叉两直线为异面两直线。

(一)两直线平行

平行两直线的投影特性为:两直线的三个同面投影都相互平行。如图 3-8 所示,如果 $AB//CD$,则 $ab//cd$,$a'b'//c'd'$,$a''b''//c''d''$;反之,如果两直线的三个同面投影相互平行,则两直线在空间也一定相互平行。

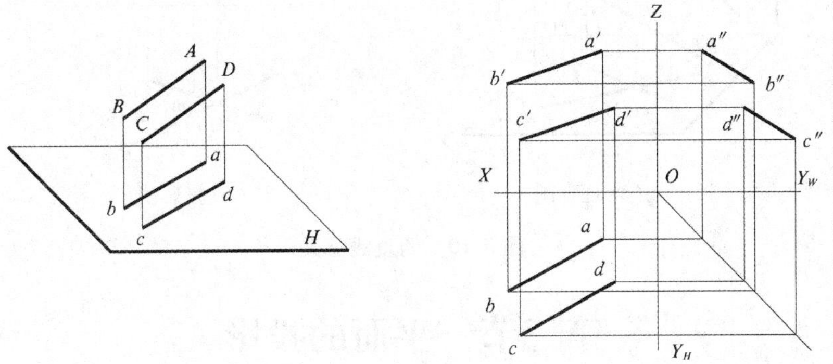

(a) 直观图　　(b) 投影图

图 3-8　两直线平行

(二)两直线相交

相交两直线的所有同面投影都相交,各同面投影的交点之间符合直线上点的投影规律。如图 3-9 所示,AB、CD 两直线相交于点 K,即点 K 为 AB、CD 的共有点,AB、CD 分别向 H、V、W 面投影时,其投影 ab 和 cd、$a'b'$ 和 $c'd'$、$a''b''$ 和 $c''d''$ 的交点 k、k' 和 k'' 必是交点 K 的三面投影。

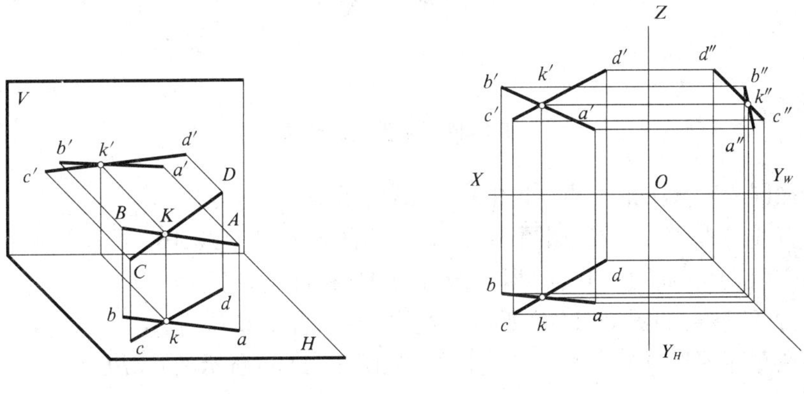

(a) 直观图　　(b) 投影图

图 3-9　两直线相交

(三)两直线交叉

在空间既不平行,也不相交的两直线称为交叉两直线。交叉两直线的投影不具备平行或相交两直线的投影特性。

交叉两直线的所有同面投影可能都相交,如图 3-10 所示,但它们的交点不符合点的投影规律。此时,两直线投影的交点实际上是两直线对投影面的重影点。

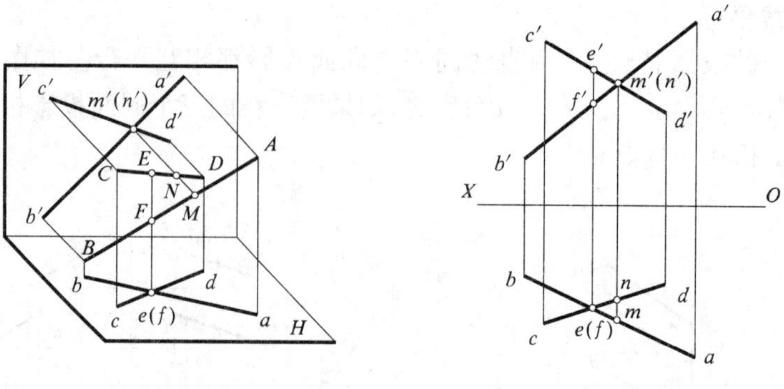

(a) 直观图　　(b) 投影图

图3-10　两直线交叉

第三节　平面的投影

一、平面的表示法

平面的空间位置可由图3-11所示的任何一组元素来确定。

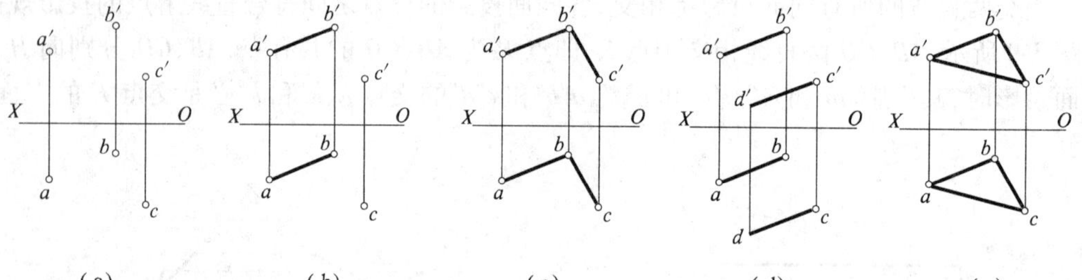

(a)　(b)　(c)　(d)　(e)

图3-11　平面的表示法

(1)不在同一直线上的三点,如图3-11(a)所示的点A、B、C。

(2)一直线与直线外一点,如图3-11(b)所示的点C和直线AB。

(3)相交两直线,如图3-11(c)所示的直线AB和直线BC。

(4)平行两直线,如图3-11(d)所示的直线AB和直线CD。

(5)任意平面图形,如三角形、四边形等,如图3-11(e)所示的$\triangle ABC$。

上述五种表示平面的形式可以互相转换,即从一种形式转换为另一种形式。

二、各种位置平面的投影特性

在三面投影体系中,将平面也按所处的空间位置不同分为三类:投影面垂直面、投影面平行面和一般位置平面。

空间平面与投影面之间的夹角称为平面对投影面的倾角。约定:平面对H面的倾角用α表示,平面对V面的倾角用β表示,平面对W面的倾角用γ表示。

(一)投影面垂直面

垂直于某一个投影面,同时倾斜于另外两个投影面的平面为投影面垂直面,如表3-3所示。

表 3-3　投影面垂直面

名称	铅垂面	正垂面	侧垂面
物体上的平面	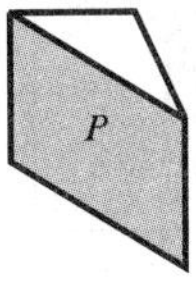		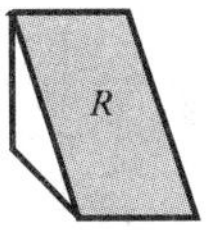
直观图	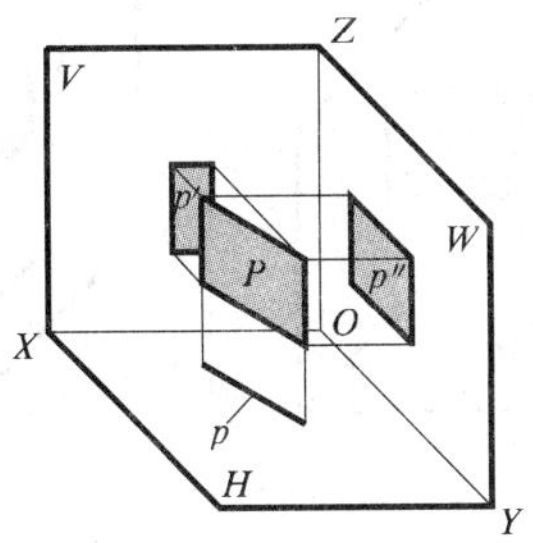	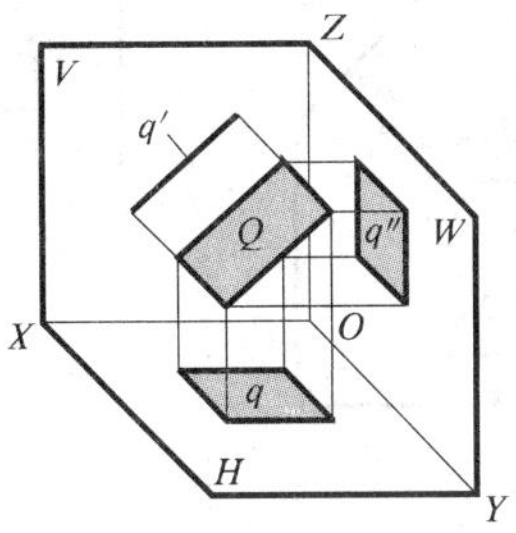	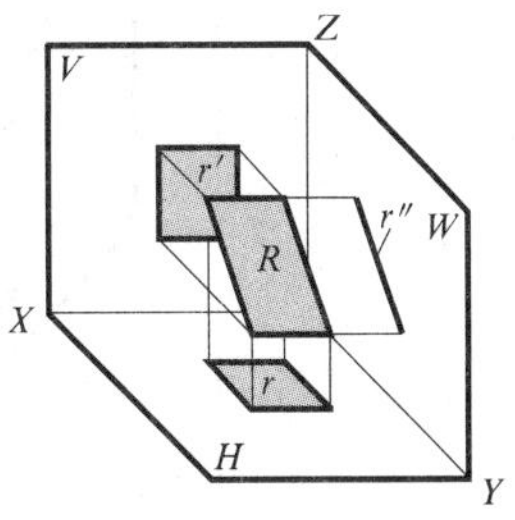
投影图	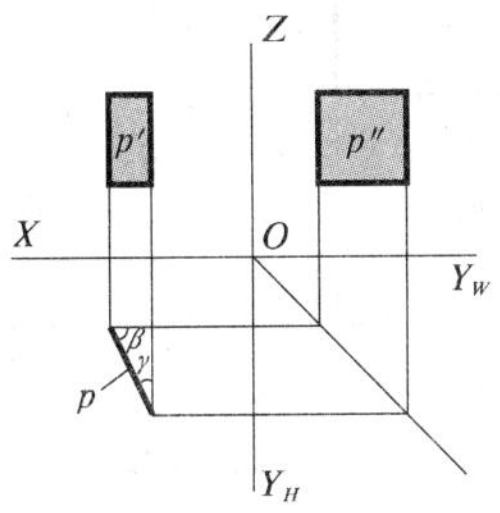	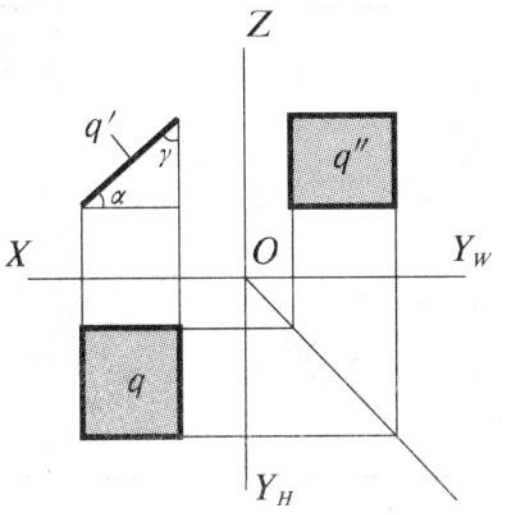	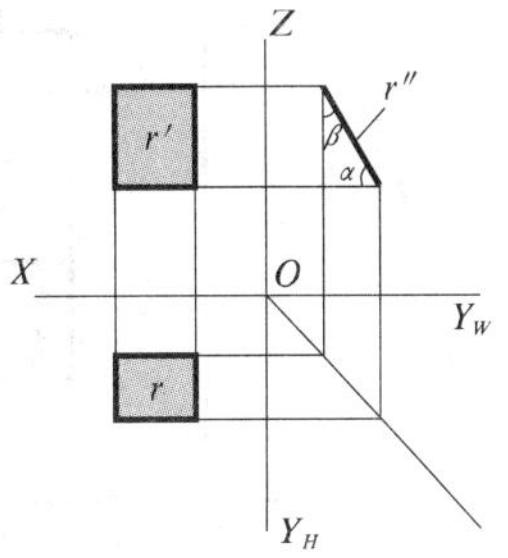

垂直于水平面的平面称为铅垂面。铅垂面的投影特性：铅垂面的水平投影积聚成一直线段，且与该投影面上的 X 轴的夹角等于该平面对 V 面的倾角 β，与 Y_H 轴的夹角等于该平面对 W 面的倾角 γ；铅垂面的另外两个投影为小于实形的类似形。

垂直于正面的平面称为正垂面。正垂面的投影特性：正垂面的正面投影积聚成一直线段，且与该投影面上的 X 轴的夹角等于该平面对 H 面的倾角 α，与 Z 轴的夹角等于该平面对 W 面的倾角 γ；正垂面的另外两个投影为小于实形的类似形。

垂直于侧面的平面称为侧垂面。侧垂面的投影特性：侧垂面的侧面投影积聚成一直线段，且与该投影面上的 Z 轴的夹角等于该平面对 V 面的倾角 β，与 Y_W 轴的夹角等于该平面对 H 面的倾角 α；侧垂面的另外两个投影为小于实形的类似形。

（二）投影面平行面

平行于某一个投影面，同时垂直于另外两个投影面的平面为投影面平行面，如表 3-4 所示。

平行于水平面的平面称为水平面。水平面的投影特性：水平面的水平投影反映平面图形的实形；水平面的另外两个投影积聚为直线段，且分别平行于 X 轴和 Y_W 轴。

平行于正面的平面称为正平面。正平面的投影特性：正平面的正面投影反映平面图形的实形；正平面的另外两个投影积聚为直线段，且分别平行于 X 轴和 Z 轴。

表 3-4 投影面平行面

名称	水平面	正平面	侧平面
物体上的平面	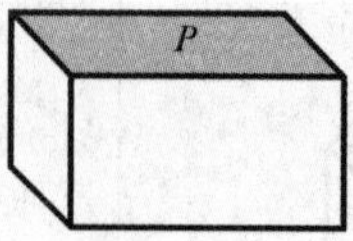	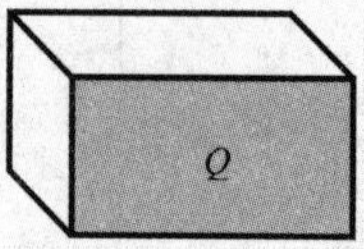	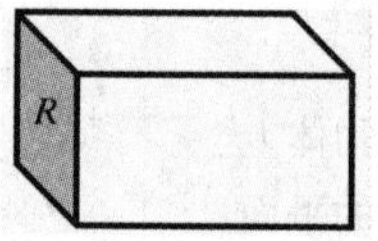
直观图	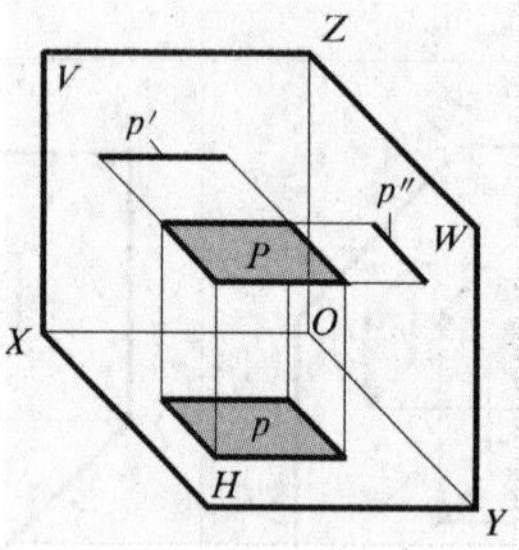	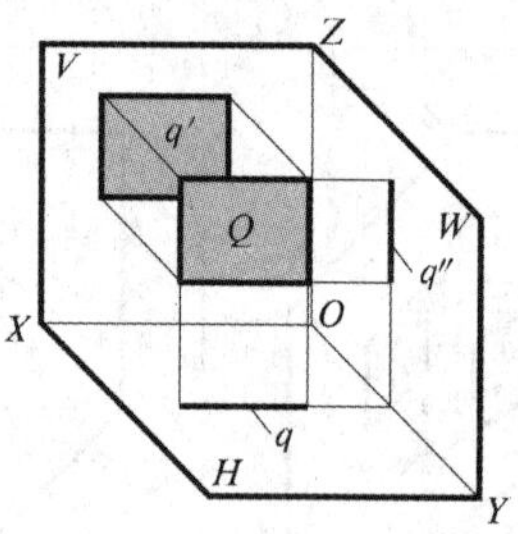	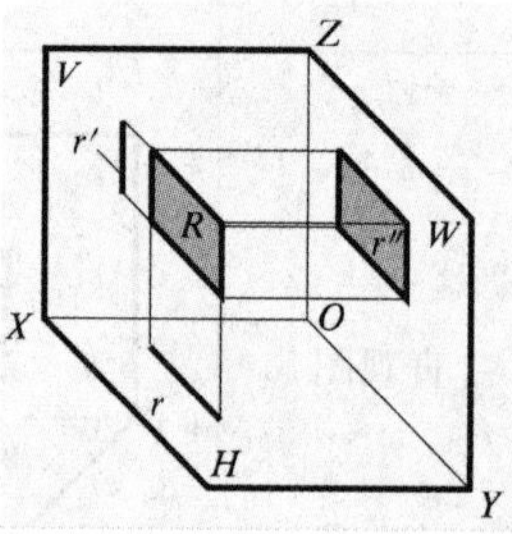
投影图	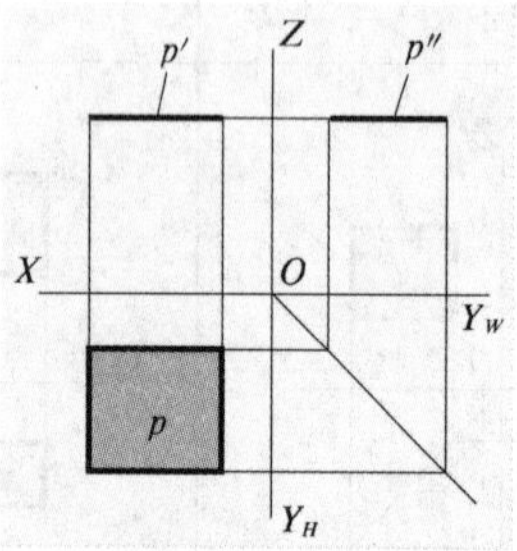	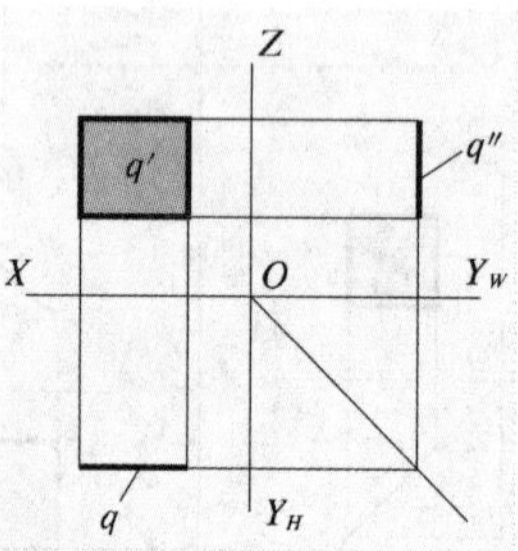	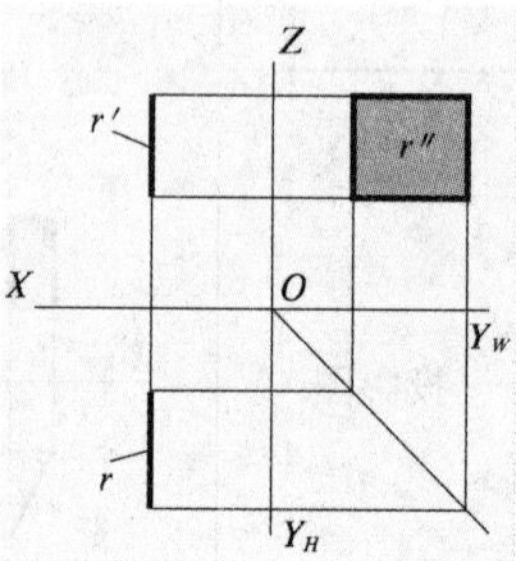

平行于侧面的平面称为侧平面。侧平面的投影特性:侧平面的侧面投影反映平面图形的实形;侧平面的另外两个投影积聚为直线段,且分别平行于 Y_H 轴和 Z 轴。

(三)一般位置平面

倾斜于三个投影面的平面为一般位置平面。

凡与三个投影面都倾斜的平面称为一般位置平面,如图 3-12 所示。它的三个投影既没有积聚性,也不反映实形,而是小于实形的类似形。

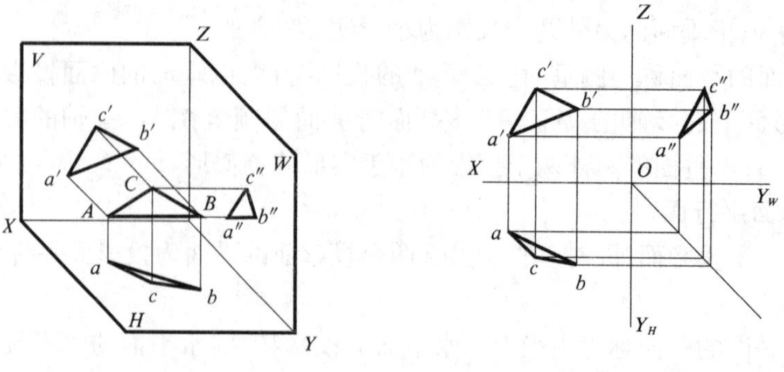

(a) 直观图　　(b) 投影图

图 3-12 一般位置平面

三、平面上的直线和点

(一)平面上的直线

由立体几何知道,直线在平面内的条件是下列两条件之一:①通过平面内的两点;②通过平面内的一点并平行于平面内的另一直线。在平面内取直线,必须先在平面内的已知直线上取点。

如图 3-13 所示,平面 P 由相交两直线 AB 和 BC 所决定。在 AB 和 BC 线上各取一点 D 和 E,则 D、E 两点必在平面 P 内,因此 D、E 连线也必在平面 P 内。

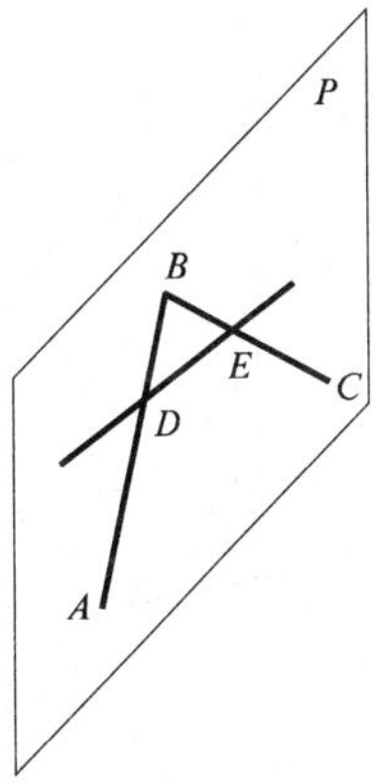

(a) 直观图

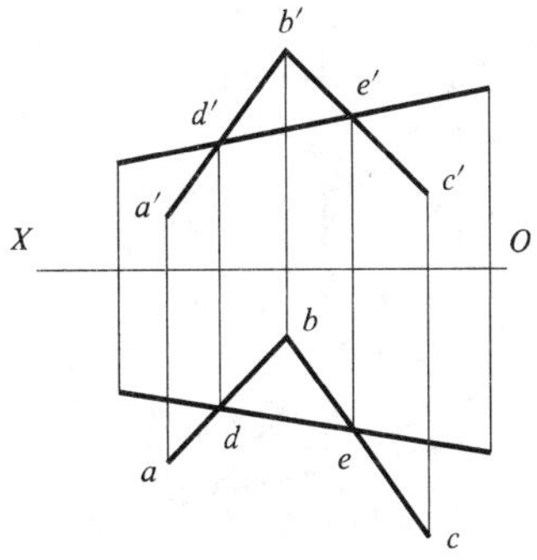

(b) 投影图

图 3-13　平面上的直线

(二)平面上的点

由立体几何知道,点在平面内的条件是:点在平面内的一条直线上。

在平面内取点,可以直接在平面内的已知直线上选取,或先在平面内取一直线(辅助线),然后在该直线上选取符合要求的点。

如图 3-14 (a)所示,点 K 属于平面△ABC,已知点 K 的水平面投影,试求点 K 的正面投影。

连接 a 点和 k 点,其延长线与 bc 交于 1 点,求出其正面投影 $1'$,根据直线上的点的从属性求出 k'。

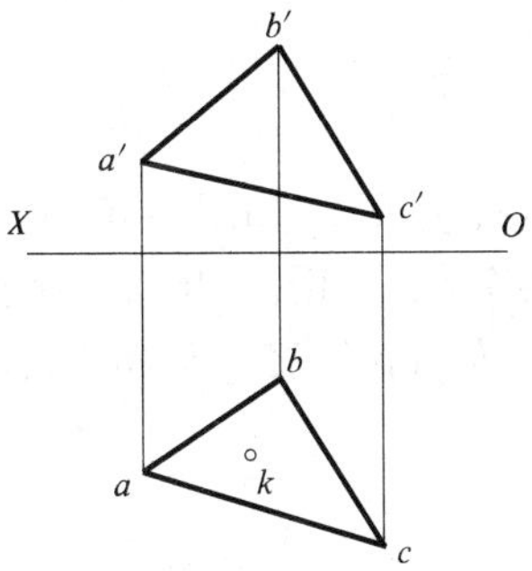

(a)

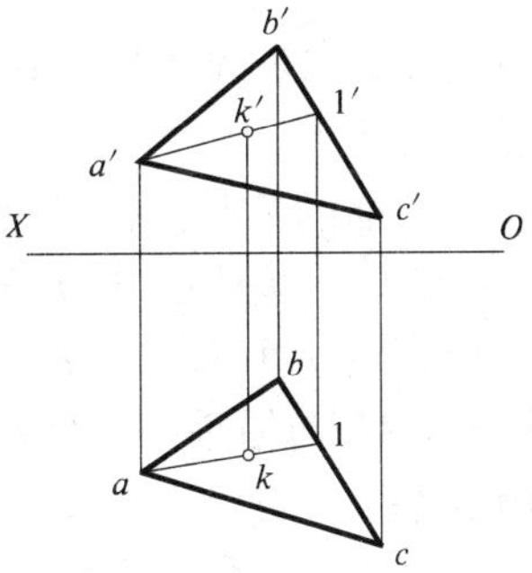

(b)

图 3-14　平面上的点

第四节　直线与平面相交、平面与平面相交

直线与平面相交的交点是直线与平面的公交点,它既在直线上,又在平面上。

两平面相交的交线是两平面的公共线,它既属于第一个平面,又属于第二个平面。

一、投影面垂直线与一般位置平面相交

如图 3-15(a)所示,完成直线 DE 与平面△ABC 相交的投影图。

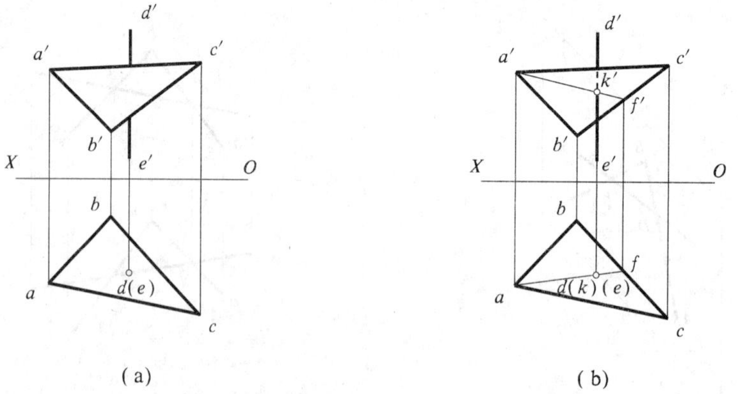

图 3-15　投影面垂直线与一般位置平面相交

(一)求交点

直线 DE 为铅垂线,其水平面投影有积聚性。因为直线 DE 与平面△ABC 的交点在直线 DE 上,故交点 K 的水平面投影 k 必在直线 DE 的水平面投影 $d(e)$ 上。因此,交点的水平面投影是已知的。交点 K 又在平面△ABC 内,故由 K 的水平面投影 k 利用面内取点的方法,即可求得交点 K 的正面投影 k',如图 3-15(b)所示。

可见,求某一投影面垂直线与一般位置平面相交的交点,可归结为在面上取点。

(二)判别可见性

从水平面投影可知 ac 在 $d(k)(e)$ 的前方,所以 $a'c'$ 遮住 $d'k'$,$d'k'$ 与△$a'b'c'$ 的重叠部分不可见(用虚线表示),$e'k'$ 可见。

二、一般位置直线与特殊位置平面相交

如图 3-16 所示,完成直线 AB 与平面 P 相交的投影图。

(一)求交点

由于特殊位置平面的某些投影有积聚性,交点可直接求出,如图 3-16(a)所示,直线 AB 与铅垂面 P 相交,交点 K 即是直线 AB 与平面 P 的共有点。如图 3-16(b)所示,因铅垂面 P 的水平投影积聚成直线 p,所以交点 K 的水平投影为 ab 与 p 的交点 k,由 k 可求出其正面投影 k',即求出了直线 AB 与铅垂面 P 的交点 $K(k,k')$。

(二)判别可见性

正面投影中 $a'b'$ 有一段和铅垂面 P 相重合,这段直线存在可见性问题。可见部分与不可见部分的分界点为交点 K。从水平投影可知,ak 位于 p 的右后方,所以正面投影中 $a'k'$ 与 p' 重叠部分为不可见,应画成虚线。

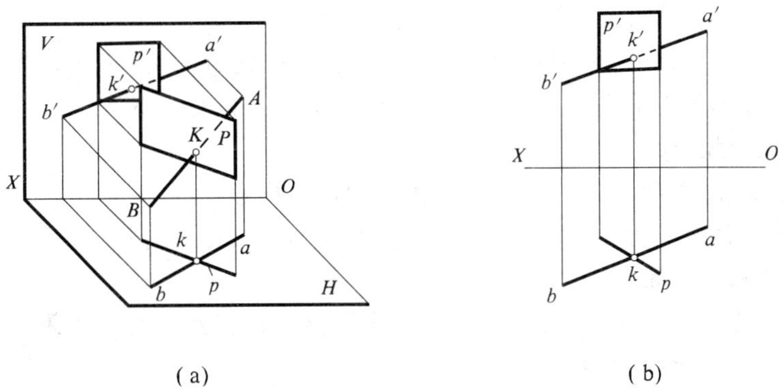

图 3-16 一般位置直线与特殊位置平面相交

三、一般位置平面与特殊位置平面相交

两平面相交必定产生交线,交线是两平面的共有线,只要求出它们的两个共有点,就可确定该交线。

如图 3-17 所示,求平面 P 与平面 $\triangle ABC$ 的交线。

分析:平面 P 和 $\triangle ABC$ 都是铅垂面,其交线必为铅垂线,并且积聚在它们水平投影的交点处。

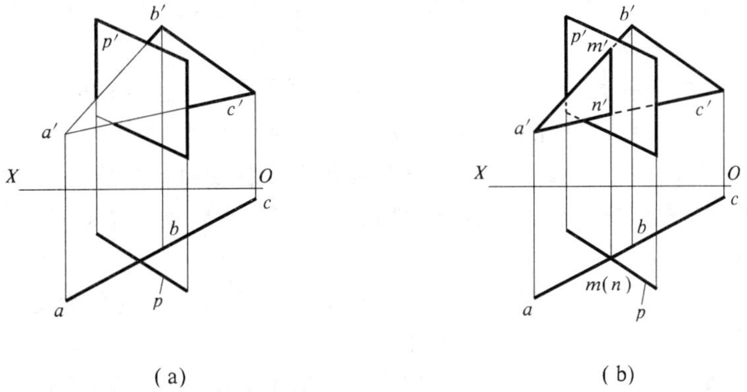

图 3-17 一般位置平面与特殊位置平面相交

小　结

1. 点的三面投影规律

(1)点 A 的水平面投影与正面投影的连线垂直于 OX 轴,即 $aa' \perp OX$(长对正);

(2)点 A 的正面面投影与侧面投影的连线垂直于 OZ 轴,即 $a'a'' \perp OZ$(高平齐);

(3)点 A 的水平面投影到 X 轴的距离等于点 A 侧面投影到 Z 轴的距离,即 $aa_x = a''a_z$(宽相等)。

2. 各种位置直线的投影特性

投影面平行线的投影特性为:在与其平行的投影面上的投影反映实长,另两个投影分别平行于实形所对应的两个轴。

投影面垂直线的投影特性为:在与其垂直的投影面上的投影积聚为一点,另外两个投影都垂直于点相应的投影轴,且反映线段的实长。

一般位置直线的三个投影都仍为直线,且都小于线段的实长;三个投影都倾斜于投影轴,且与投影轴的夹角均不反映空间直线与投影面倾角的真实大小。

3. 直线上点的投影特性

(1)点在直线上,则该点的投影必在该直线的同面投影上。

(2)属于直线的点分直线段成定比,则该点的投影分该线段的投影为同一比例。

4. 两直线的相对位置

平行两直线的投影特性为:两直线的三个同面投影都相互平行。如果直线的三个同面投影相互平行,则两直线在空间也一定相互平行。

相交两直线的所有同面投影都相交,各同面投影的交点之间符合点的投影规律。

交叉两直线的所有同面投影可能都相交,但它们的交点不符合点的投影规律。两直线投影的交点实际上是两直线对投影面的重影点。

5. 各种位置平面的投影特性

投影面垂直面的投影特性:铅垂面的水平投影积聚成一直线段,另外两个投影为小于实形的类似形。

投影面平行面的投影特性:在与其平行的投影面上的投影反映平面图形的实形,另外两个投影积聚为直线段,且分别平行于实形所对应的两轴。

一般位置平面的三个投影既没有积聚性,也不反映实形,而是小于实形的类似形。

6. 平面上的直线和点

直线在平面内的条件是下列两条件之一:①通过平面内的两点;②通过平面内的一点并平行于平面内的另一直线。在平面内取直线,必须先在平面内的已知直线上取点。

点在平面内的条件是:点在平面内的一条直线上。在平面内取点,可以直接在平面内的已知直线上选取,或先在平面内取一直线(辅助线),然后在该直线上选取符合要求的点。

7. 直线与平面相交、平面与平面相交

对于投影面垂直线与一般位置平面相交,利用积聚性求某一投影面垂直线与一般位置平面相交的交点,再根据重影点判断可见性。

对于一般位置直线与特殊位置平面相交,由特殊位置平面的某些投影有积聚性,可直接求出交点,再根据重影点判断可见性。

对于一般位置平面与特殊位置平面相交,两平面相交必定产生交线,交线是两平面的共有线,只要求出它们的两个共有点,就可确定该交线。

复习思考题

3-1　点的投影和坐标有什么关系?

3-2　怎样判别两点的相对位置?

3-3　什么是重影点?怎样判别重影点的可见性?

3-4　直线对投影面的相对位置有几种?各有什么投影特性?

3-5　平行、相交、交叉的两直线,各有什么投影特性?

3-6　平面对投影面的相对位置有几种?各有什么投影特性?

3-7　如何在平面上取点和直线?

思政园地

点、直线和平面，是构成立体的基本元素，正如我们的国家由我们每个中国人组成一样。一滴水，无论是何等的晶亮如珠，还是如琼浆玉液，被风一吹、太阳一晒，就会瞬间消逝，然而一滴水如果汇入了江河湖海，则会展示其无限的生命力，会得到生命的永恒。一点余光起不了什么作用，但如果千万缕余光聚集在一起，便足以驱走这世界的黑暗，给人们带来光明。总之，集体离不开个体，个体更离不开集体。当人人都明白这个道理，为社会做出自己应有的贡献时，我们才能从中感受到社会带给自己的温暖，感受到集体力量的壮大。

第四章　立体的投影

【学习目标】 了解平面体、曲面体、简单体的概念;熟悉柱、锥、台、球体的投影规律;掌握简单体视图的绘制和识读。

在道路与桥梁工程中,复杂的建筑物基本上是由基本形体按照不同的方式组合而成的。因此,本章介绍基本体三视图的画法和识读。

基本体分为平面体和曲面体,物体的表面均由平面组成的物体为平面体;组成物体的表面中有一个为曲面,则该物体为曲面体。

第一节　平面体

平面体包括棱柱、棱锥和棱台。

一、概念

(一)棱柱

有两个面互相平行,其余各面都是四边形,并且每相邻两个四边形的公共边都互相平行的几何体叫作棱柱。两个互相平行的平面叫作棱柱的底面,其余各面叫作棱柱的侧面。两个侧面的公共边叫作棱柱的侧棱。

棱柱由一平面图形沿直线路径延伸而形成。如果侧棱与底面垂直,则形成直棱柱(简称棱柱),如图4-1(a)所示;如果侧棱与底面倾斜,则形成斜棱柱,如图4-1(b)所示。棱柱通常按它的底面边数命名,如底面为三边形,称为三棱柱。

(a)直棱柱　　(b)斜棱柱

图4-1　棱柱

(二)棱锥

如果一个多面体的一个面是多边形,其余各面是有一个公共顶点的三角形,那么这个多面体叫作棱锥。平面多边形为棱锥的底面,各侧面为三角形,所有的侧棱相交于一点,称为锥顶,两个侧面的公共边叫作棱锥的侧棱。棱锥通常也按底面的边数命名,如底面为四边形,称为四棱锥,如图4-2所示。

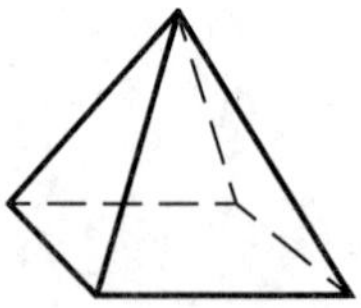

图4-2　四棱锥

(三)棱台

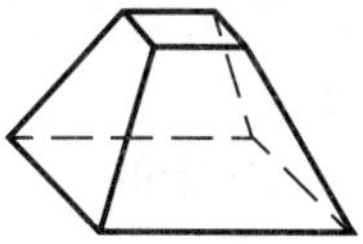

图 4-3　四棱台

用一个与棱锥底面平行的平面将棱锥的锥顶切去形成一个多面体,其两个面是相互平行的多边形,其余各面是梯形,那么这个多面体叫作棱台。平面多边形为棱台的底面,各侧面为梯形,所有的侧棱的延长线相交于一点,两个侧面的公共边叫作棱台的侧棱。棱台通常也按底面的边数命名,如底面为四边形,称为四棱台,如图 4-3 所示。

二、棱柱

如图 4-4 (a)所示的六棱柱由上、下两个平行的六边形平面和六个矩形侧面组成。它有六条互相平行的侧棱。它在三投影面体系中的位置为:顶面和底面与水平投影面平行,其水平投影反映实形,为正六边形;其正面、侧面投影各积聚成水平直线。前棱面和后棱面与正立投影面平行,其正面投影反映实形,为长方形;其水平面、侧面投影积聚成直线。其他四个侧棱面与水平投影面垂直,因而它们的水平面投影都各积聚成直线;正面、侧面投影则为类似形。

画棱柱的三视图时,先画出它的俯视图,然后画它的主视图和左视图,如图 4-4 (b)所示。

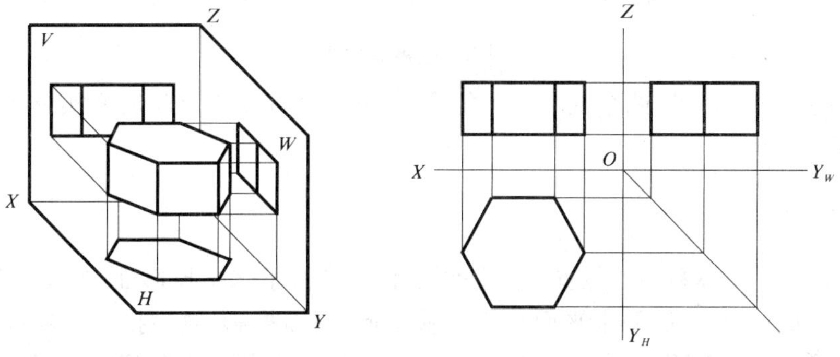

(a) 直观图　　(b) 三面投影图

图 4-4　棱柱的投影

由棱柱的三视图可见:两个视图为矩形线框,第三个视图为反映底面实形的多边形,如图 4-5 所示。

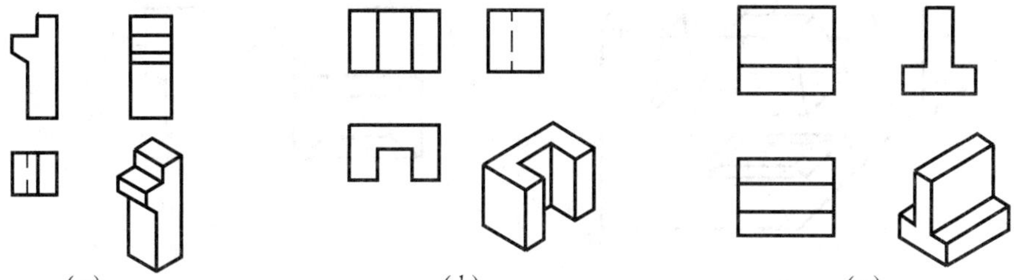

(a)　　(b)　　(c)

图 4-5　直棱柱的三视图

三、棱锥

三棱锥在三投影体系中的位置仍然是底面平行于水平投影面,如图 4-6(a)所示,即底面△*ABC* 是水平面,它的水平投影为△*abc*,反映实形;正面投影、侧面投影积聚成水平直线。

后棱面△*SAC* 是侧垂面，其侧面投影积聚成直线，其余两个投影△*sac*、△*s′a′c′*为类似形。左、右两个侧棱面为一般位置平面，因而它们的三个投影均为类似形。锥顶 *S* 的三个投影分别是 *s*、*s′*、*s″*。

画棱锥的三视图时，先画出它的俯视图，然后画它的主视图和左视图，如图 4-6(b)所示。

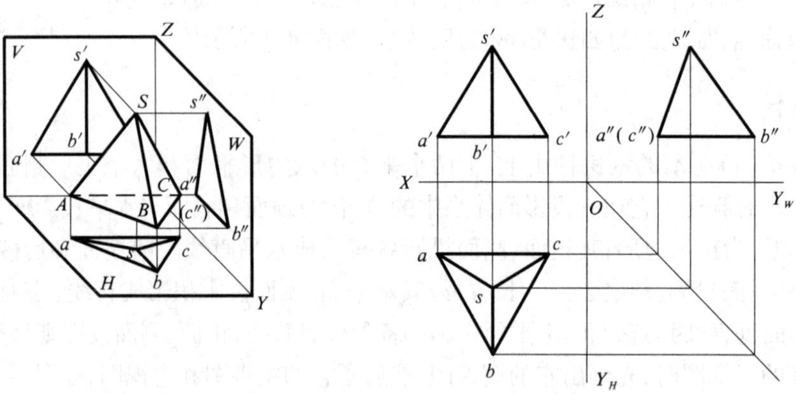

(a) 直观图　　(b) 三面投影图

图 4-6　棱锥的投影

由棱锥的三视图可见：两个视图为三角线框，第三个视图为反映底面实形的多边形，如图 4-6(b)所示。

四、棱台

四棱台在三投影体系中的位置仍然是两个底面平行于水平投影面，如图 4-7(a)所示，即上下底面是水平面，它们的水平面投影反映实形；正面投影、侧面投影积聚成水平直线。四个侧面中两个为正垂面，两个为侧垂面，正垂面在正面上的投影积聚为直线，侧垂面在侧面上的投影积聚为直线，其余两个投影为类似形。

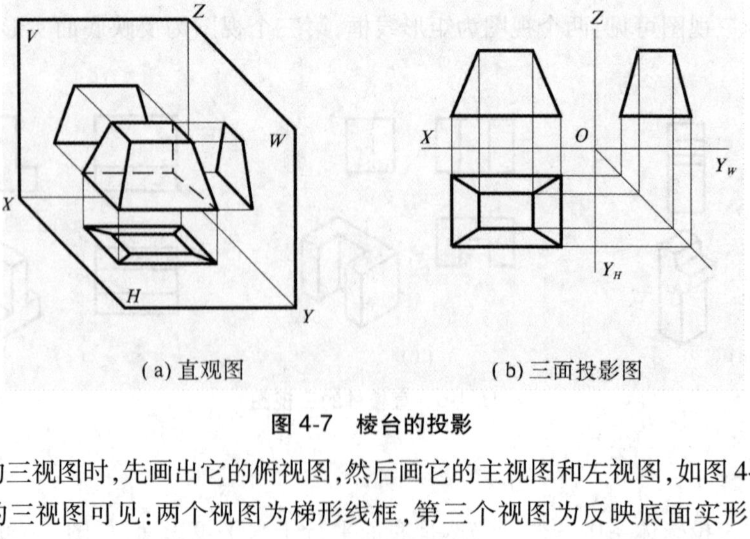

(a) 直观图　　(b) 三面投影图

图 4-7　棱台的投影

画棱台的三视图时，先画出它的俯视图，然后画它的主视图和左视图，如图 4-7(b)所示。

由棱台的三视图可见：两个视图为梯形线框，第三个视图为反映底面实形的多边形，如图 4-7(b)所示。

第二节　曲面体

曲面体是由曲面或曲面和平面所围成的几何体。曲面体的投影就是组成曲面立体的曲面和平面的投影的组合。常见的曲面体包括圆柱、圆锥、圆台和球。

一、概念

曲面体的曲表面可看作是一条固定的线绕固定的轴线旋转而形成的，这类曲面体称为回转体，其曲表面称为回转面。动线称为母线，母线在旋转过程中的任一具体位置称为曲面的素线，如图 4-8 所示。

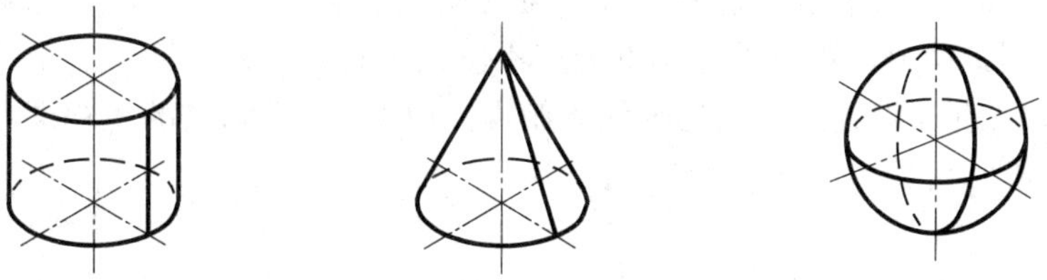

图 4-8　回转面的形成

二、圆柱

如图 4-9(a) 所示，圆柱在三投影体系中的位置是圆柱的轴线垂直于水平投影面。其视图由圆柱面及上、下底面的投影组成。由于圆柱的轴线垂直于水平投影面，因此它的顶面和底面均是水平面，其水平面投影反映实形，为圆；正面、侧面投影各积聚成水平直线。圆柱面的水平面投影积聚为圆，与顶面和底面的水平面投影重合。圆柱面的正面投影是轮廓素线 AA_1、BB_1 的投影 $a'a'_1$、$b'b'_1$，AA_1、BB_1 将圆柱面分成可见的前半部分与不可见的后半部分。圆柱面的侧面投影是轮廓素线 CC_1、DD_1 的投影 $c''c''_1$、$d''d''_1$，CC_1、DD_1 将圆柱面分成可见的左半部分与不可见的右半部分。

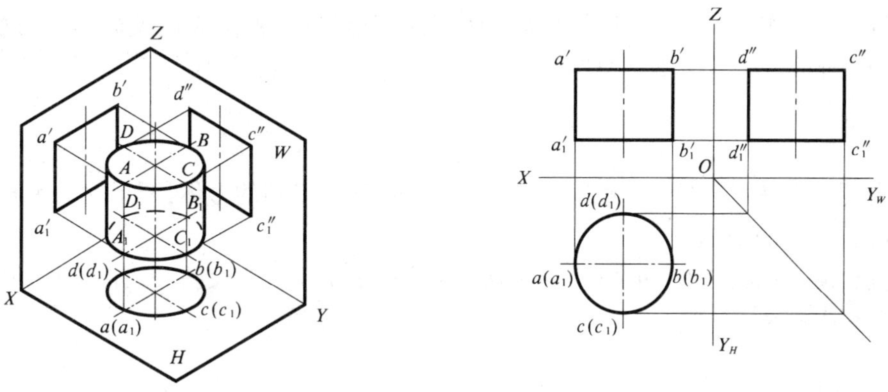

(a) 直观图　　(b) 三面投影图

图 4-9　圆柱的投影

画圆柱的三视图时,先画出它的轴线和俯视图(圆),然后画它的主视图和左视图(两个一样大小的矩形),如图4-9(b)所示。

由圆柱的三视图可见:两个视图为矩形线框,第三个视图为反映底面实形的圆,如图4-9(b)所示。

三、圆锥

如图4-10(a)所示,圆锥在三投影体系中的位置是圆锥的轴线垂直于水平投影面。其视图由圆锥面及底面的投影组成。由于圆锥的轴线垂直于水平投影面,故底圆是水平面,水平面投影反映实形,为圆;正面投影、侧面投影各积聚成水平直线。圆锥面的水平面投影与底圆重影。圆锥面的正面投影是轮廓素线 SA、SB 的投影 s′a′、s′b′, SA、SB 将圆锥面分成可见的前半部分与不可见的后半部分。圆锥面的侧面投影是轮廓素线 SC、SD 的投影 s″c″、s″d″,SC、SD 将圆锥面分成可见的左半部分与不可见的右半部分。

画圆锥的三视图时,先画出它的轴线和俯视图(圆),然后画它的主视图和左视图(两个一样大小的三角形),如图4-10(b)所示。

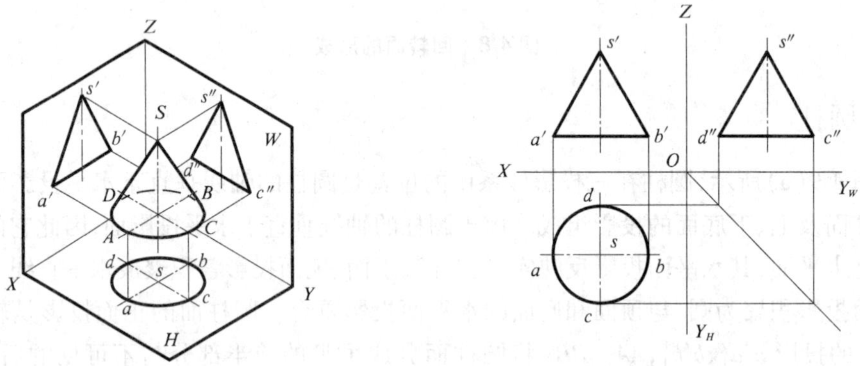

(a)直观图　　(b)三面投影图

图4-10　圆锥的投影

由圆锥的三视图可见:两个视图为三角形线框,第三个视图为反映底面实形的圆,如图4-10(b)所示。

四、圆台

圆台可看作是用平行于圆锥底面的平面截切锥顶后得到的形体,两个底面为相互平行的圆,如图4-11(a)所示。

由圆台的三视图可见:两个视图为梯形线框,第三个视图为反映两底面实形的同心圆,如图4-11(b)所示。

五、圆球

球无论怎样放置,它的三个投影都是一样大小的圆,但这三个圆并不是球上某一个圆的三个投影,而是球上三个不同方向的轮廓纬圆的投影,如图4-12(a)所示。

画球的三视图时,先画出各圆的中心线,然后画出三个一样大小的圆,如图 4-12 (b)所示。

由球的三视图可见:三个视图均为圆,如图 4-12(b)所示。

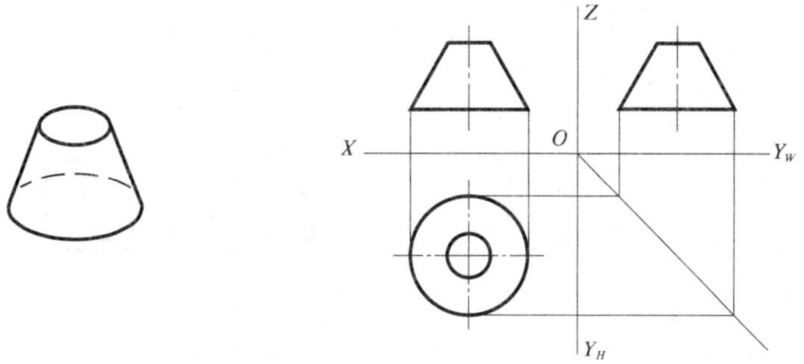

(a) 直观图 (b) 三面投影图

图 4-11 圆台的投影

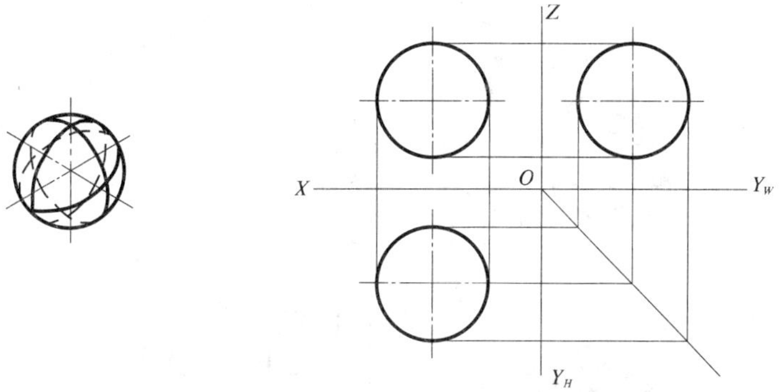

(a) 直观图 (b) 三面投影图

图 4-12 球的投影

第三节 简单体

现实生活中的一些物体,不都是基本体,而是由较少的基本体进行简单的叠加或切割形成的简单体。

一、画法

对于叠加式简单体,在绘制三视图之前,首先分析形体是由哪些基本体叠加而成的,其次分析各基本体之间的相对位置关系,最后逐个画出各基本体的三视图,如图 4-13 所示。

对于切割式简单体,在绘制三视图之前,首先分析形体在被切割之前的原体和切去的部分各是什么基本体,其次画出原体的三视图,再次画出切去部分的三视图,最后将不存在的部分擦掉即可,如图 4-14 所示。

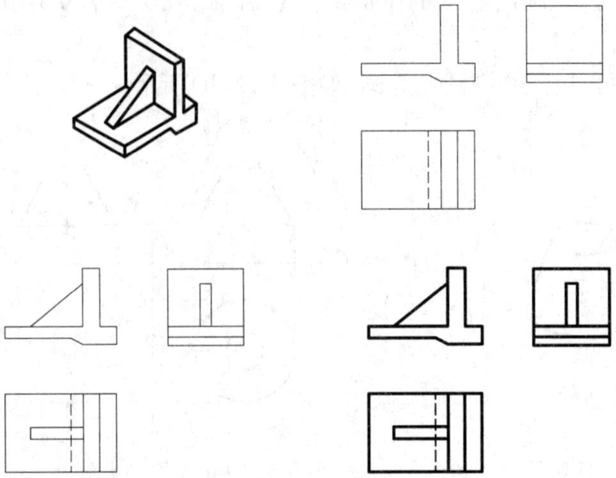

图 4-13　叠加式简单体的投影

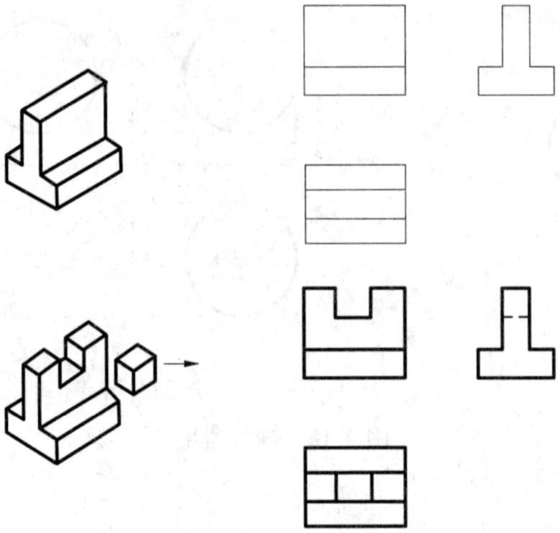

图 4-14　切割式简单体的投影

二、识读

看图与画图的基本方法和投影理论是相同的,画图是把空间的形体在平面上绘制成视图,即由物到图;看图则是由给定的视图来识别物体的形状,即由图到物。

(1)必须把几个视图联系起来看图。

一个视图只能反映物体的一个方向的形状,因此一个视图或两个视图通常不能确定物体的形状。看图时,必须将几个视图联系起来进行分析、联想构思,才能想出空间物体的形状。

(2)善于找出特征视图。

所谓特征视图,就是能充分反映物体形状特征的那个视图。由画组合体的视图可知,主视图能较多地反映物体的形状特征。因此,看图时一般先从主视图看起。但组成物体的各个部分的形状特征,并非总是集中在一个视图上,可能每一个视图都有一些。

对于叠加式简单体,在物体的三视图中,凡有投影联系的三个封闭线框,一般表示构成简单体某一简单部分的三个投影。因此,看图的要领是以特征视图为主,按封闭线框分解成几个部分,再与其他视图对应,想象各部分的基本体形状、相对位置和组合方式,最后组合为物体整体形状,如图 4-15 所示。

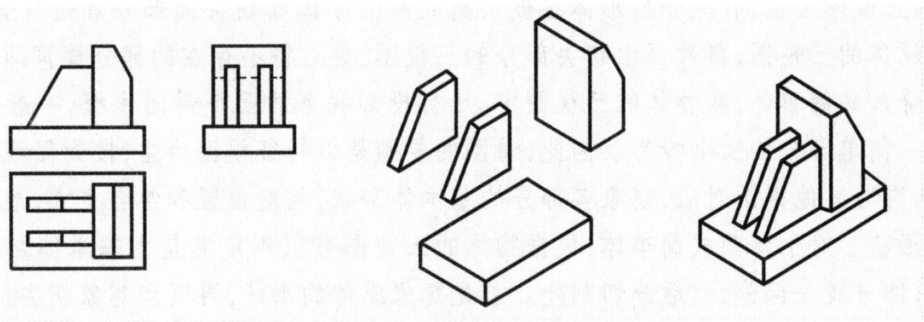

图 4-15 叠加式简单体的三视图的识读

对于切割式简单体,根据物体的三视图可以判定它是由基本体切割形成的物体,将原体分成一部分,然后分切割处。首先想象原体的形状,再逐步想象切去的部分,最后组合为物体整体形状,如图 4-16 所示。

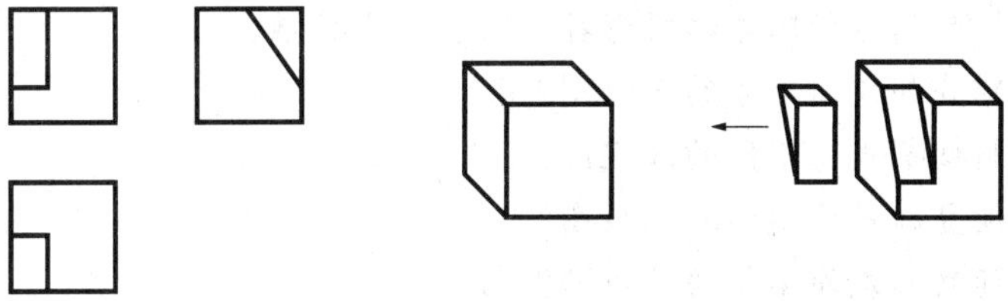

图 4-16 切割式简单体的三视图的识读

小 结

1. 柱体三视图

凡是柱体(圆柱和棱柱),当它们的轴线垂直于其中一个投影面(底面平行该投影面)时,其三视图的特征如下:两个视图的外形轮廓是矩形,另一个视图反映该柱体的两个底面的实际形状和大小。

2. 锥体三视图

锥体(圆锥和棱锥),当它们的轴线垂直于其中一个投影面(底面平行于该投影面)时,两个视图的外形轮廓是三角形,另一个视图反映锥体底面的实际形状和侧面的水平面投影。圆锥在两个视图中要画出它的轴心线,在另一个视图上要画出中心线。

3. 台体三视图的特征

两个视图的外形轮廓是梯形,另一个视图反映了台体两个底面的实际形状和侧面的投影。注意:在圆台的三视图中应分别画出轴心线和中心线。

4. 球体三视图的特征

球体向任一方向进行投影,其投影总是圆形,所以它的三视图是三个直径相等的圆,表示不同方向的外形轮廓线的投影。

5. 简单体的三视图的画法与识读

对于叠加式简单体,在绘制三视图之前,首先分析形体是由哪些基本体叠加而成的,其次分析各基本体之间的相对位置关系,最后逐个画出各基本体的三视图;对于切割式简单体,在绘制三视图之前,首先分析形体在被切割之前的原体和切去的部分各是什么基本体,其次画出原体的三视图,再次画出切去部分的三视图,最后将不存在的部分擦掉即可。

对于叠加式简单体,在物体的三视图中,凡有投影联系的三个封闭线框,一般表示构成简单体某一简单部分的三个投影。因此,看图的要领是以特征视图为主,按封闭线框分解成几个部分,再与其他视图对应,想象各部分的基本体形状、相对位置和组合方式,最后组合为物体整体形状。对于切割式简单体,根据物体的三视图可以判定它是由基本体切割形成的物体,将原体分成一部分,然后分切割处。首先想象原体的形状,再逐步想象切去的部分,最后组合为物体整体形状。

复习思考题

4-1 棱柱、棱锥、棱台的投影各有哪些投影特性?

4-2 圆柱、圆锥、圆台和球体的投影各有哪些投影特性?

4-3 怎样绘制叠加式简单体的三视图?

4-4 怎样绘制切割式简单体的三视图?

4-5 怎样识读叠加式简单体的三视图?

4-6 怎样识读切割式简单体的三视图?

思政园地

立体的投影与物体的摆放位置有关。如果物体摆放位置合理,则投影的数量少,而且线条简洁明晰,虚线少。通过本章学习,引导学生树立正确的人生观,坦诚做人,踏实做事,摆正自己在社会中的位置,作好国家的“螺丝钉”。

第五章　立体表面的交线

【学习目标】 掌握在平面体上用积聚性法、辅助直线法取点；掌握平面体截交线及相贯线的求法；掌握在曲面体上用纬圆法、素线法取点；掌握曲面体截交线及相贯线的求法。

建筑物立体表面的交线分为截交线和相贯线两大类。平面截切立体所产生的表面交线称为截交线，两立体相交所产生的表面交线称为相贯线，如图5-1所示。本章将研究立体表面交线的特性和画法。

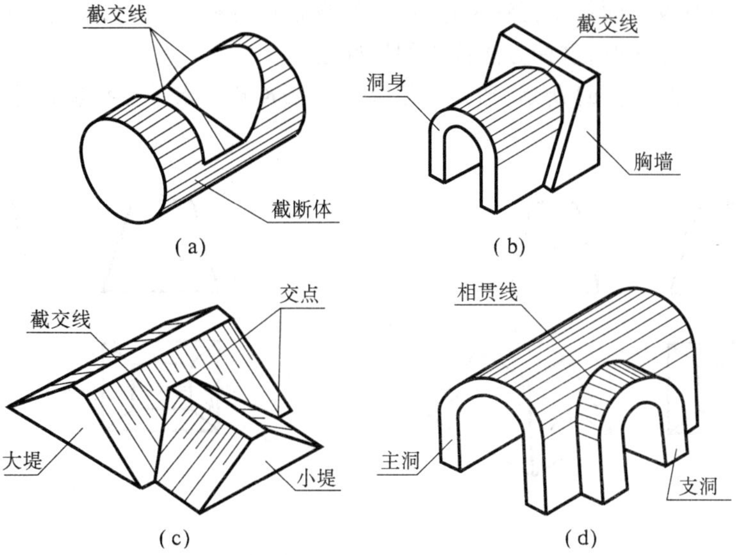

图5-1　立体表面交线实例

第一节　平面体截交线

如图5-2所示，基本体被平面截断后的部分称为截断体，截断基本体的平面称为截平面，截平面与基本体表面的交线称为截交线。掌握截交线的画法是画截断体的关键。

基本体有平面体和曲面体两类。截平面截切不同的立体或截平面对基本体的截切位置不同，所产生的截交线形状也不相同。但无论是什么形状，截交线都具有一个共同的基本性质：截交线是截平面与基本体表面的共有线（共有性）。截交线上的每一点都是截平面与立体表面的共有点，这些共有点的连线就是截交线。所以求画截交线，首先要掌握立体表面取点的方法。

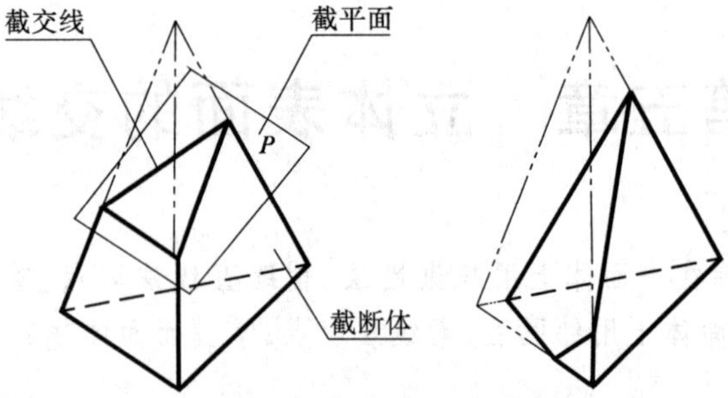

图 5-2　截交线、截平面、截断体的概念

一、平面体表面取点

(一)积聚性法

当立体表面对投影面处于特殊位置时,它的投影具有积聚性,求表面上点的投影,可利用积聚性的投影直接求取,这种方法称为积聚性法。

【例 5-1】 如图 5-3(a)所示,已知四棱台侧面上 K 点的水平面投影 k,求 K 点的正面投影和侧面投影。

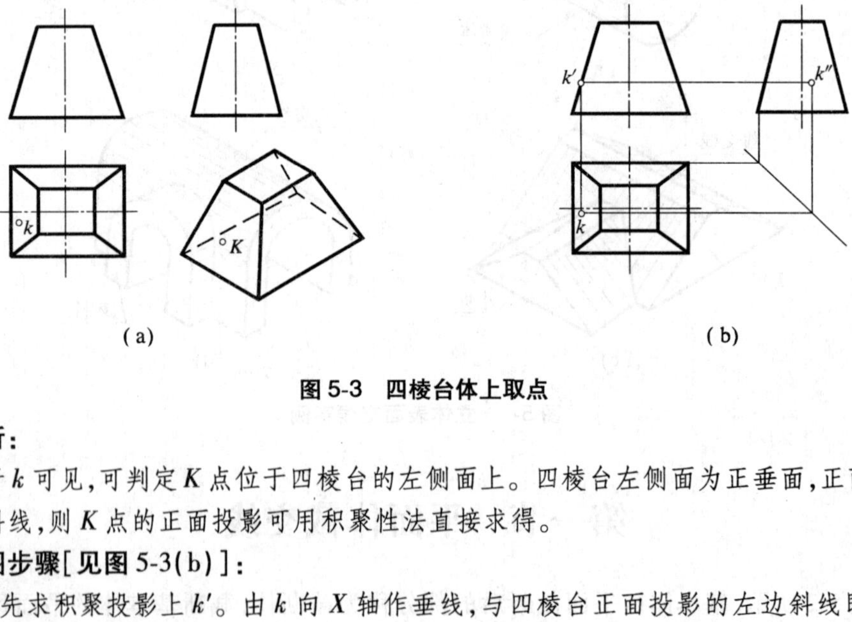

图 5-3　四棱台体上取点

分析:

由于 k 可见,可判定 K 点位于四棱台的左侧面上。四棱台左侧面为正垂面,正面投影积聚为一斜线,则 K 点的正面投影可用积聚性法直接求得。

作图步骤[见图 5-3(b)]:

(1)先求积聚投影上 k'。由 k 向 X 轴作垂线,与四棱台正面投影的左边斜线即点所在面的积聚投影相交得 k'。

(2)再根据投影规律,由 k 和 k' 求出侧面投影 k''。

(3)判定可见性。K 点所在的面在 W 面上的投影可见,所以 K 点的侧面投影也可见;积聚性投影上的点不可见,但可省略括号。

注意:判定可见性时,在投影图中,点所在的面可见,则点可见。

【例 5-2】 如图 5-4(a)所示,已知三棱柱表面上点 A 和 B 的正面投影 a'和(b'),求它们的水平面投影和侧面投影。

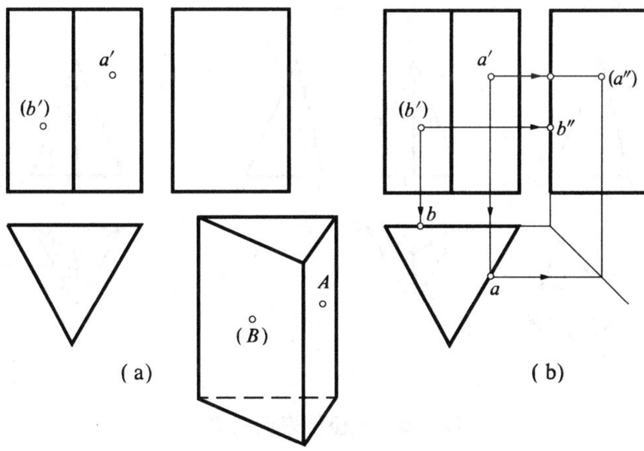

图 5-4　三棱柱表面取点

分析：

点 *A* 的正面投影 *a*′可见，又位于右侧，可知点 *A* 在三棱柱的右前侧面内。点 *B* 的正面投影(*b*′)为不可见，可知点 *B* 在后侧面内。三棱柱上这两个侧面均为特殊面，其投影在 *H* 面上有积聚性。所以，*A*、*B* 点的水平投影可利用积聚性直接求出。

作图步骤[见图 5-4(b)]：

(1)求积聚性投影 *a*。由 *a*′作 *X* 轴垂线与水平面投影的前边斜线相交得 *a*，再由 *a*′和 *a* 根据点的投影规律求得 *a*″。

(2)同理，由 *b*′作 *X* 轴的垂线，直接求得 *B* 的水平面投影 *b*，再由 *b*′和 *b* 求得侧面投影 *b*″。

(3)判定可见性。由于右侧面的侧面投影为不可见，因此该面上 *A* 点的侧面投影 *a*″也不可见，应标记为(*a*″)。

(二)辅助直线法

当立体表面为一般位置平面时，它的三面投影都没有积聚性，在这些面上取点用辅助直线法。

【例 5-3】　如图 5-5(a)所示，已知三棱锥表面上 *K* 点的正面投影 *k*′，求 *K* 点的水平面投影和侧面投影。

分析：

由于 *k*′可见，可判定 *K* 点在 *SBC* 侧面上，*SBC* 侧面的三投影都是线框，无积聚性，为一般位置平面，该面上的点要用辅助直线法求得。

作图步骤：

(1)作辅助线的三投影。过 *k*′作辅助直线平行于 *b*′*c*′并与 *s*′*c*′交于 *d*′，再由 *d*′分别向 *X* 轴和 *Z* 轴作垂线，过 *sc* 和 *s*″*c*″的交点 *d* 和 *d*″分别作 *bc* 和 *b*″*c*″的平行线，即得辅助线的水平面投影和侧面投影，如图 5-5(b)所示。

(2)求 *K* 点的另两面投影。由 *k*′作 *X* 轴的垂线与辅助线的水平面投影相交得 *k*，再由 *k* 求出 *k*″，如图 5-5(c)所示。

(3)判定可见性。因为侧面 *SBC* 位于三棱锥的右侧，它的侧面投影是不可见的，所以该

面上点的侧面投影 k'' 也不可见,应标记为(k'')。

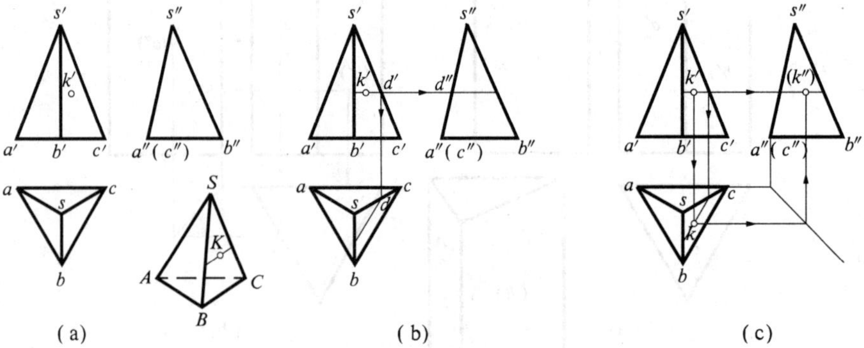

(a)　　(b)　　(c)

图 5-5　三棱锥表面取点

二、平面体截交线的形状

平面体表面都是平面,它被平面所截而得的截交线都是平面多边形。对单一截平面而言,截面多边形的顶点是平面体上各棱线(包括底边线)与截平面的交点,有几个交点即为几边形,如图 5-2 所示。

三、平面体截交线的画法

求平面体截交线的方法就是求出被截切形体上各棱线与截平面的交点,然后依次连成多边形。求作截交线的思路为:首先根据截切位置判断出截交线的空间形状,再分析截交线的投影情况,然后动手画图。

【例 5-4】 图 5-6(a)为三棱柱与平面相交,求其截交线。

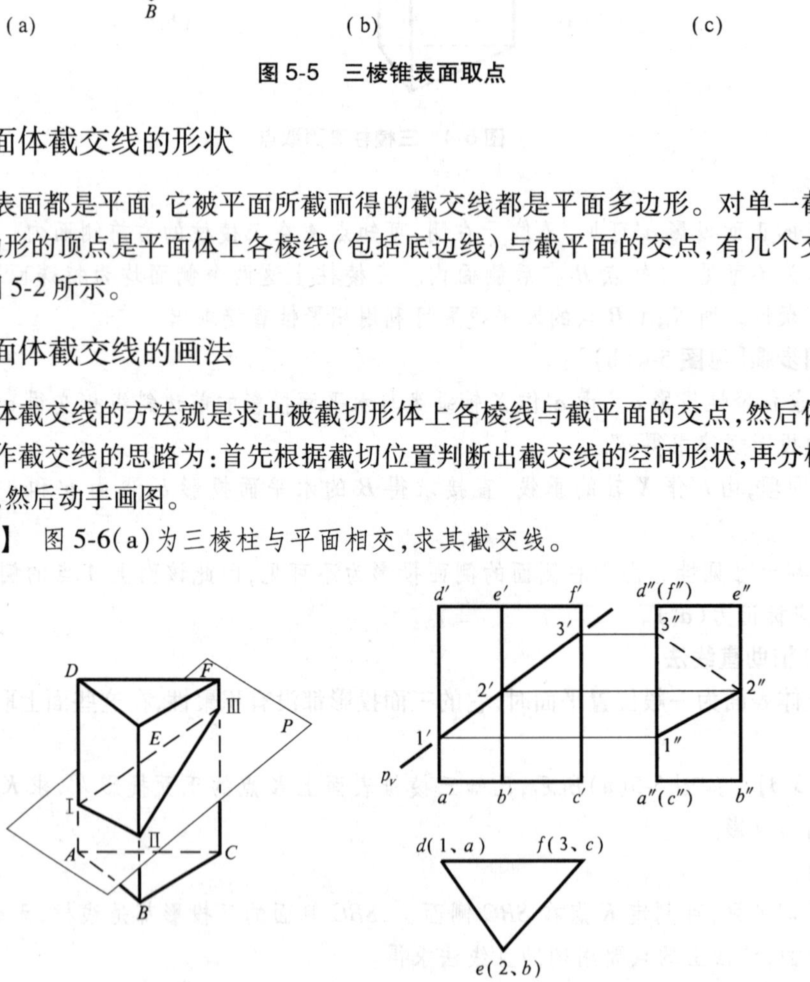

(a)立体图　　(b)投影图

图 5-6　三棱柱与平面的截交线

分析:

由于截平面 P 是正垂面,因此位于正垂面上的截交线正面投影必然位于截平面的积聚性投影 P_V 上,而且三条棱线与 P_V 的交点 1′、2′、3′就是截交线的三个顶点。由于三棱柱的棱面都是铅垂面,其水平面投影有积聚性,因此位于三棱柱面上的截交线水平面投影必然落在棱面的积聚性投影上。

作图步骤[见图 5-6(b)]：

(1)在正面投影上标出截交线顶点 1′、2′、3′。

(2)截交线的水平面投影落在棱柱的三条棱线的积聚性投影上得到 1、2、3。

(3)根据投影规律求出截交线的侧面投影 1″、2″、3″。

(4)根据点所在的面是否可见，连接截交线的各顶点，加深完成作图。

【例 5-5】 如图 5-7 所示，求四棱柱被截割后的 *H* 面投影和 *W* 面投影。

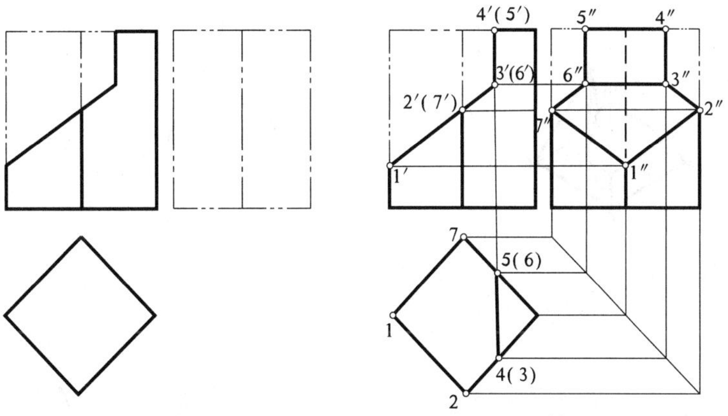

图 5-7　四棱柱被切割后截交线

分析：

由图 5-7 可知，该四棱柱被两个平面同时截割，其中一个为侧平面，一个为正垂面。两个截平面相交，交线为正垂线。

作图步骤：

(1)在四棱柱正面投影的切口处，标出切口的各交点 1′、2′(7′)、3′(6′)、4′(5′)。

(2)根据四棱柱表面的积聚性，找出各交点的水平面投影：点 1、2、7 在对应棱线上，点 4(3)、5(6)落在棱面的积聚性投影上。

(3)利用交点的 *V* 面投影和 *H* 面投影，作出各交点的 *W* 面投影点 1″、2″、3″、4″、5″、6″、7″。

(4)求出三棱柱被切割后的截交线，根据截交线的连线原则，将在同一表面上的各点依次连接成闭合的空间折线。

(5)将各截面之间的交线连接，判断可见性；由前面已判断出点Ⅲ和点Ⅵ的连线为截平面间的交线，在 *W* 面内为一条可见的直线，用实线表示。

(6)补充完整形体的投影，将切掉部分的图线擦掉(或用双点画线表示)，左棱线及前后两条棱线由于被切割，只有下方一段棱线的投影；而右棱线被遮挡，所以用虚线表示，与前方棱线重合部分仍用实线表示。

【例 5-6】 图 5-8(a)为一四棱锥被两相交平面截切，完成俯视图和左视图。

分析：

水平面和一个侧平面组合起来截切，四棱锥与水平面的截交线可看作是与底边平行的正四边形的一部分，水平面投影反映实形，正面投影和侧面投影均积聚为水平线。四棱锥与侧平面的截交线为三边形，正面投影和水平面投影积聚为一直线，侧面投影为实形，如

图5-8(b)所示。

作图步骤:

(1)先求作水平面与四棱锥的截交线五边形,然后根据主视图中水平截面的长度取所截的部分,得截交线ⅠⅡⅢⅣⅤ的水平面投影和侧面投影,如图5-8(c)所示。

(2)求作侧平面与四棱锥的截交线三边形ⅣⅤⅥ,擦去被切掉的线条,画出新产生的不可见棱线,加深完成作图,如图5-8(d)所示。

注意:Ⅳ、Ⅴ点用辅助直线法求得。

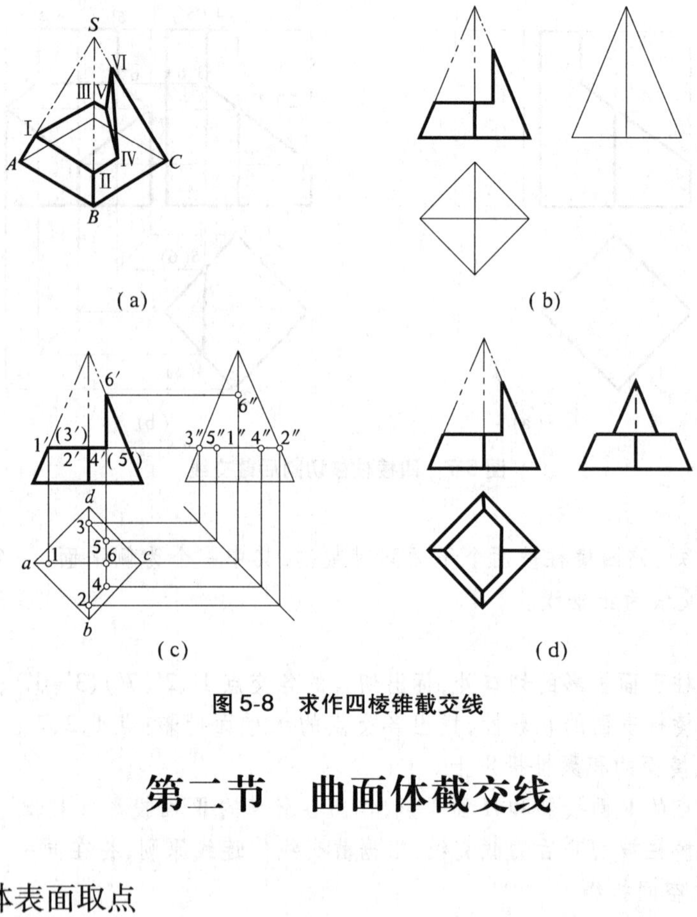

图5-8　求作四棱锥截交线

第二节　曲面体截交线

一、曲面体表面取点

(一)积聚性法

在曲面体表面上取点和在平面上取点的基本方法相同,即当曲面体表面的一个投影具有积聚性时,可利用积聚性投影直接求得点的投影。应指出的是:曲面无论有没有积聚性,轮廓素线上的点均可以直接求得。

【例5-7】　如图5-9(a)所示,已知圆柱面上K和A两点的正面投影k'、a',求作K和A点的水平面投影和侧面投影。

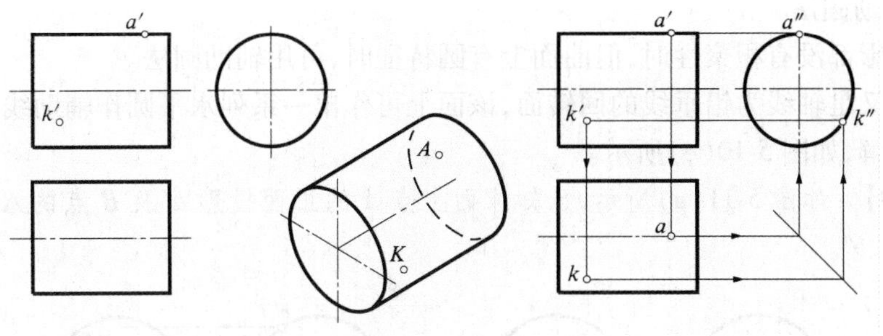

(a)　　　　　　　　　　　　(b)

图 5-9　圆柱体表面取点

分析：

圆柱面的侧面投影积聚为一圆，因此 *K*、*A* 两点的侧面投影 *k*″、*a*″必在该圆周上，可以直接求得。由于 *k*′、*a*′可见，因此 *K* 点位于圆柱的前半圆柱面上，*A* 点位于正向轮廓素线上。

作图步骤[见图 5-9(b)]：

(1) 求积聚投影圆上 *k*″、*a*″。由 *k*′、*a*′向 *Z* 轴作垂线，与侧面投影前半圆周的交点即为 *k*″、*a*″。

(2) 由 *k*′、*a*′及 *k*″、*a*″，求出 *k* 和 *a*。

(二) 辅助直线法

当各投影都没有积聚性，但曲面上有直线特征时，仍可用辅助直线法。

【例 5-8】　如图 5-10(a) 所示，已知圆锥面上 *A* 点的正面投影 *a*′，求 *A* 点的水平面投影和侧面投影。

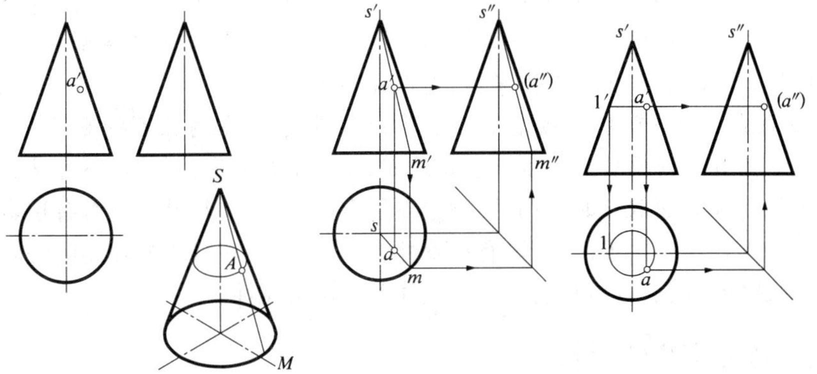

(a)　　　　　　　　(b)　　　　　　　　(c)

图 5-10　圆锥体表面取点

分析：

A 点在圆锥面上，圆锥面无积聚性，但圆锥面是直线面，可利用素线作辅助直线。

作图步骤：

如图 5-10(a) 所示，连接 *SA* 并延长交圆周于 *M* 点。*SM* 即为过点 *A* 的素线，*M* 点在底面上，可根据投影规律由 *m*′直接求出 *m*、*m*″，再连接 *sm* 和 *s*″*m*″，即得辅助线的水平面投影和侧面投影。由直线上点的从属性可以求出 *a* 及 *a*″，*a*″不可见加括号。

(三)辅助圆法

当各投影都没有积聚性时,但曲面上有圆特征时,可用辅助圆法。

圆锥面又是轴线为铅垂线的回转面,该面上可作出一系列水平圆作辅助线,因此还可用辅助圆法求解,如图5-10(c)所示。

【例5-9】 如图5-11(a)所示,已知球面上点A的正面投影a'及B点的水平面投影b,求a、a''及b'、b''。

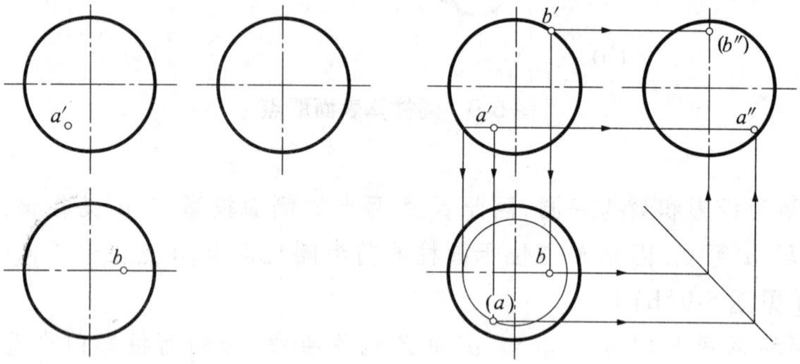

(a) (b)

图5-11 圆球体表面取点

分析:

A点在圆球面的非轮廓素线上,应该用辅助圆法。在圆球面上取点只能采用平行于投影面的圆作辅助线。B点在圆球面的正向轮廓素线上,可直接求得。

作图步骤[图5-11(b)]:

(1)求a及a''。过a'作一水平线,两侧交正向轮廓素线,长度即为辅助圆的直径。在俯视图上画一水平圆即为辅助圆的水平投影,辅助圆的侧面投影也是一条水平线。由直线上点的从属性可求出a及a'',A点在下半球,所以a不可见。

(2)求b'及b''。正向轮廓素线是前后半球的分界线,B点的正面投影及侧面投影均在其相应投影上,由b根据投影规律可求出b'及b'',B点在右半球,所以b''不可见。

综上所述,在体表面取点时,首先要判定点所在面的位置,看投影是否有积聚性,若有积聚性,可利用积聚性法直接求出;若没有积聚性,要采用辅助直线法或辅助圆法求出;棱上的点和曲面轮廓素线上的点均可直接求出。应注意判定可见性。

二、曲面体截交线的形状

(一)圆柱

圆柱被平面截切有三种情况,对应截交线有三种不同的形状,见表5-1。

(1)截平面平行于圆柱轴线截切,截交线形状是矩形。

(2)截平面垂直于圆柱轴线截切,截交线形状是圆。

(3)截平面倾斜于圆柱轴线截切,截交线形状是椭圆。

(二)圆锥

圆锥被平面截切有五种情况,对应截交线有五种不同形状,见表5-2。

表 5-1　圆柱截切的三种情况

截平面位置	平行于轴线	垂直于轴线	倾斜于轴线
截交线形状	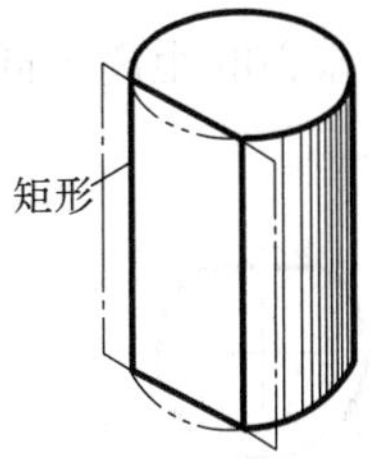	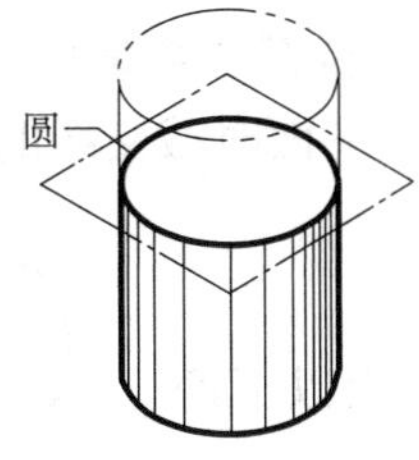	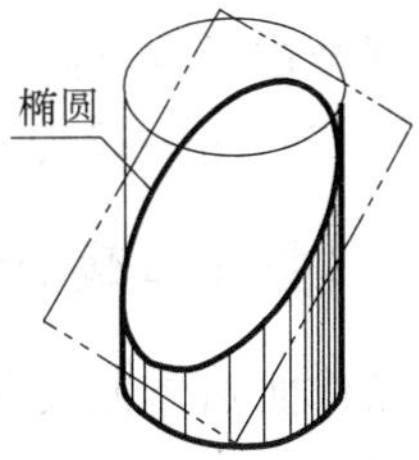
投影情况	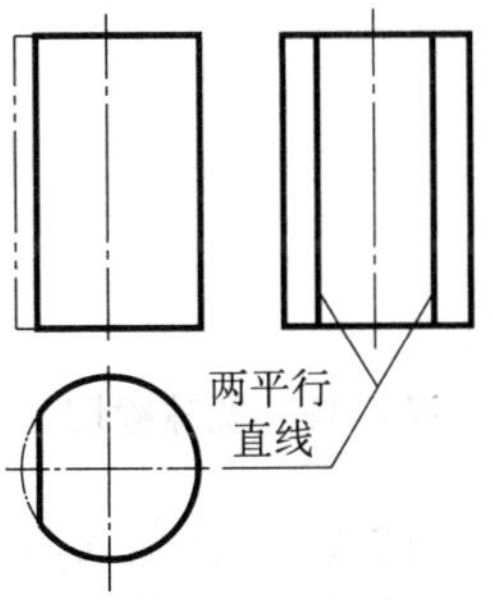	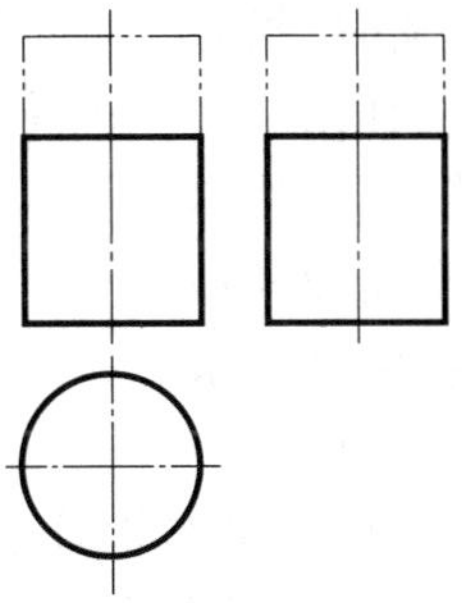	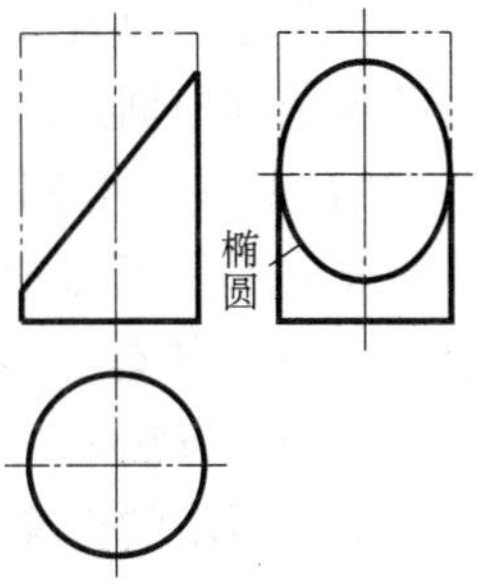

表 5-2　圆锥截切的五种情况

截平面位置	过锥顶	垂直于轴线	倾斜于轴线并与所有素线相交（$\alpha<\theta$）	倾斜于轴线并与一条素线平行（$\alpha=\theta$）	倾斜或平行于轴线或两条素线平行（$\alpha>\theta$）
截交线形状	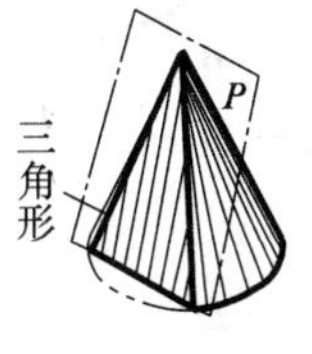	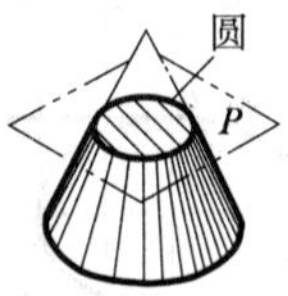		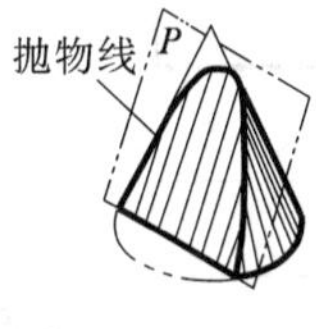	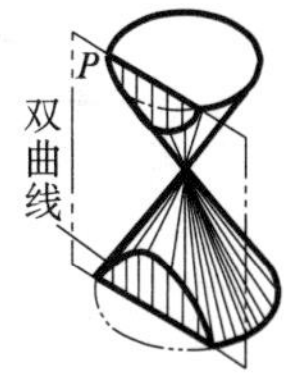
投影情况	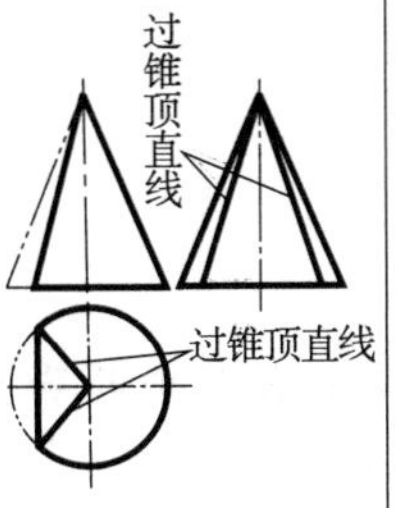	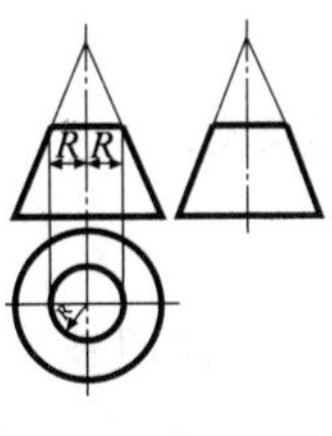	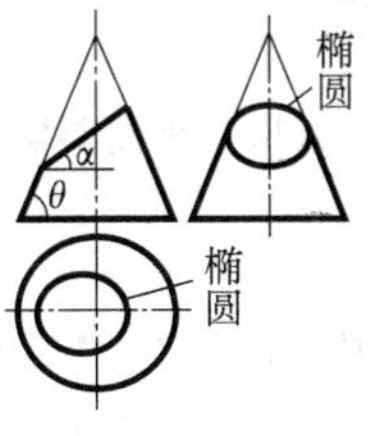	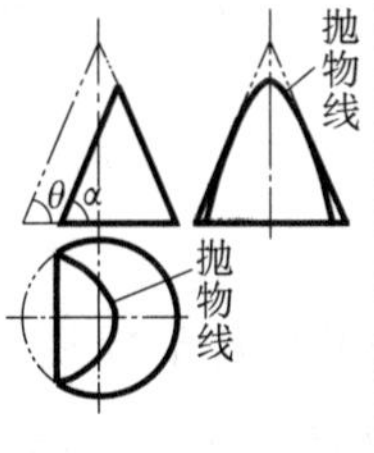	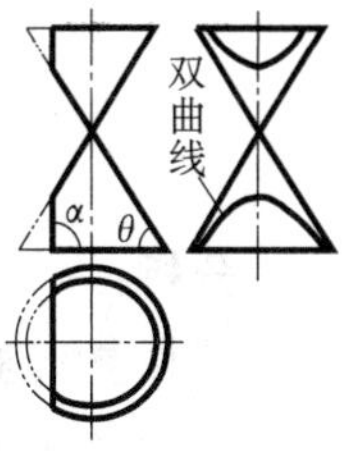

（1）截平面通过圆锥顶点截切，截交线形状是三角形。

（2）截平面垂直于圆锥轴线截切，截交线形状是圆。

(3)截平面倾斜轴线并与所有素线相交截切($\alpha<\theta$),截交线形状是椭圆。

(4)截平面倾斜轴线并与一条素线平行截切($\alpha=\theta$),截交线形状是抛物线。

(5)截平面平行于轴线或任两条素线平行截切($\alpha>\theta$),截交线形状是双曲线。

(三)圆球

圆球被任意方向的平面截切,截交线都是圆。截平面与球心的距离不同时,圆的直径大小也不同。图5-12是截平面为水平面时截交线的投影情况。

三、曲面体截交线的画法

求作曲面体截交线投影,分为以下两种情况:

(1)截交线为直线或平行圆时,投影可由已知条件根据投影规律直接作出。

(2)截交线为椭圆、抛物线、双曲线等非圆曲线或非平行圆时,需求出曲面和截面上的一系列共有点,然后连接完成。求共有点常用的方法是"体表面取点法"。

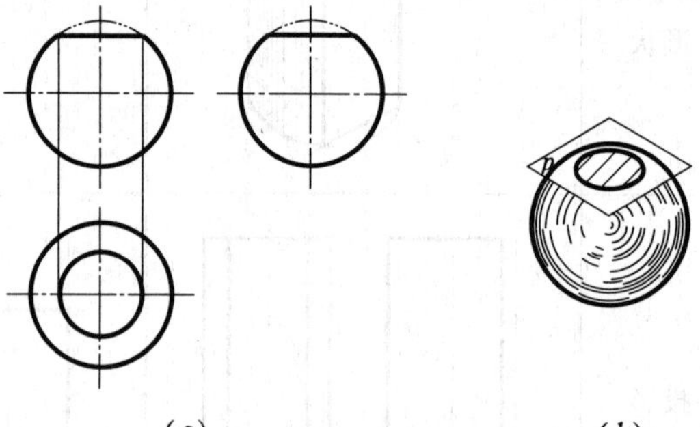

图5-12 圆球截切

为了使所求的截交线形状准确,在求作非圆曲线截交线投影时,应首先求出截交线上最高、最低、最左、最右、最前、最后六方位控制点及截交线与体轮廓素线的交点(转向点),截交线上的六方位控制点及与体轮廓素线的交点(转向点)称为截交线的特殊点,其余的点称为截交线的中间点。

【例5-10】 图5-13(a)为圆柱被正垂面截切,求作截交线的投影。

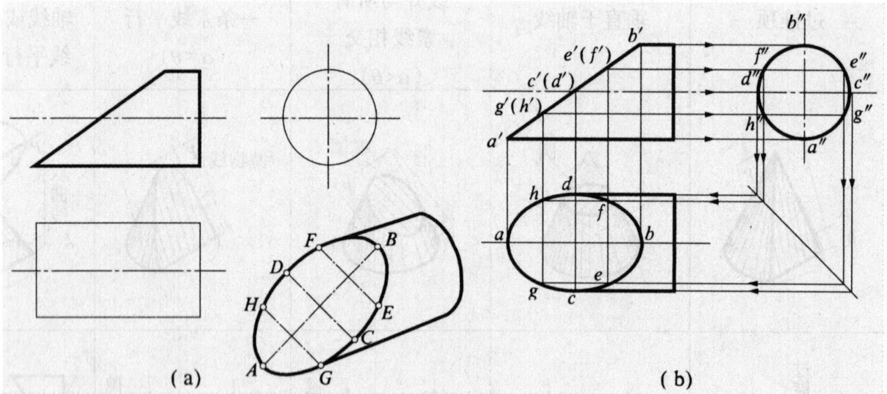

图5-13 平面斜切圆柱截交线

分析:

圆柱被正垂面倾斜于轴线截切,截交线为椭圆。该椭圆截交线上有四个特殊点 A、B、C、D,这四个特殊点就是截交线上六方位控制点及体轮廓素线的交点。

作图步骤[见图5-13(b)]:

(1)求截交线上的特殊点。先在侧面投影圆上标出 a''、b''、c''、d'',再对应在正面投影上标出 a'、b'、c'、(d'),然后根据投影规律求出水平投影 a、b、c、d。

(2)求截交线上中间点。中间点可任意取,但为了作图方便,通常是取几个对称点。如图 5-13(b)所示,首先在侧面投影上标出 e''、f''、g''、h'',再对应在正面投影上标出 e'、(f')、g'、(h'),然后根据投影规律求出水平投影 e、f、g、h 。

(3)分别依次光滑连接各点,形成一个椭圆,擦去被切掉的线条,加深全图。

注意:当正垂面与水平投影面倾斜 45°时,截交线椭圆的水平投影为一圆,直径和圆柱直径相等。

【例 5-11】 如图 5-14(a)所示,圆锥被正垂面截切,求作截交线的投影。

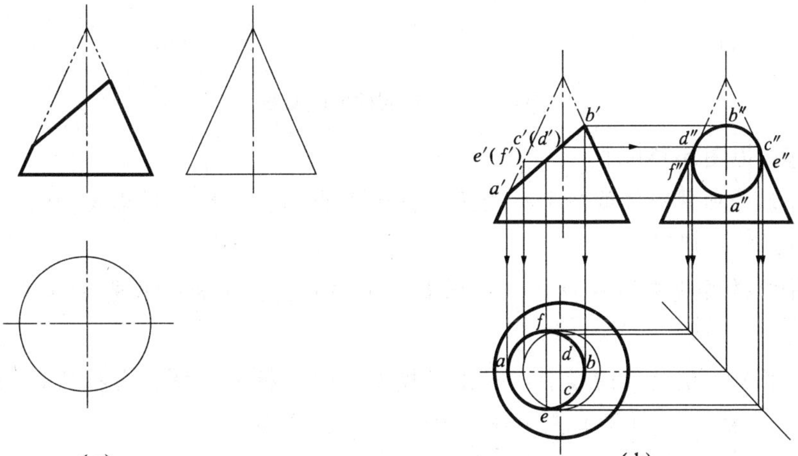

(a)　　　　　　　　(b)

图 5-14　平面截切圆锥的截交线

分析:

圆锥被正垂面切断所有素线,截交线为椭圆。该椭圆截交线上有六个特殊点 A、B、C、D、E、F,其中 E、F 是椭圆的最前点、最后点,其位于截交线正投影的中点。该椭圆的正面投影在正垂面上是一斜直线,为已知;椭圆的水平面投影及侧面投影均为类似形,需求作。

作图步骤[见图 5-14(b)]:

(1)求截交线上的特殊点。首先从积聚投影入手直接求出圆锥四条轮廓素线与截平面的交点 A、B、C、D 的水平面投影和侧面投影;然后从正面投影入手,用辅助圆法求出截交线椭圆的最前点、最后点 E、F 的水平面投影和侧面投影。

(2)用辅助线法求截交线上中间点的水平面投影及侧面投影。

(3)分别依次光滑连接,加深完成作图。

【例 5-12】 求作如图 5-15(a)所示圆柱切槽截交线的投影。

分析:

圆柱被三个面截切,分别为侧平面、水平面、正垂面。侧平面是垂直轴线截切,截交线为圆(因为截切大半部分,故为大半圆),水平面是平行轴线截切,截交线为矩形,正垂面是倾斜于轴线截切,截交线为大半椭圆,椭圆上有五个特殊点 A、B、C、D、E。三条截交线的正面投影均与截平面的积聚投影重合;侧面投影中,圆与椭圆截交线的投影与圆周重合,矩形截交线为一条虚线,需画出;水平投影中,矩形反映实形,圆积聚为一条直线,椭圆为类似形,需求作。切口交线应一个面一个面地求作。

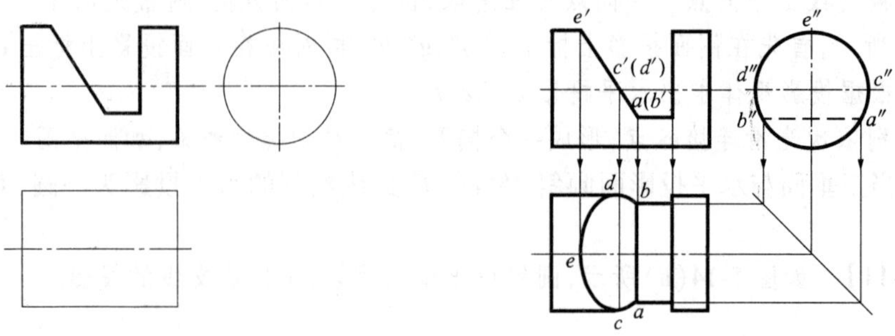

(a) (b)

图 5-15 圆柱切槽的截交线

作图步骤[见图 5-15(b)]:

(1)求作水平面截交线的投影。由正面投影补出侧面投影一条虚线,然后根据投影关系求出水平面投影:矩形。

(2)求作侧平面截交线的投影。由正面投影和侧面投影根据投影规律求出水平面投影:一条直线。

(3)求作正垂面截交线的投影。从正面投影和侧面投影入手求全特殊点,然后画出椭圆截交线的水平面投影:椭圆。擦去被切掉线条,加深全图。

【例 5-13】 如图 5-16 所示,求带缺口圆锥的表面交线。

分析:

圆锥被三个平面所截,形成带缺口的圆锥体。这三个截平面与圆锥的位置分别属于表 5-2 中的第 5 种、第 2 种、第 1 种情况。所以,带缺口圆锥表面的截交线应由双曲线、部分圆曲线、三角形组成。由于三个截平面在 V 面投影中都有积聚性,则截交线在 V 面投影中全部与三个截平面的积聚性投影重合,为已知,带缺口圆锥的截交线就只需求作 H 面投影和 W 面投影。

作图步骤(见图 5-16):

(1)求特殊点:由最下截平面截得的双曲线上的最高点Ⅰ(1、1′、1″),最低两点Ⅱ(2、2′、2″)和Ⅲ(3、3′、3″);最上截平面截得的三角形上的最高点 $S(s、s'、s'')$,最低两点Ⅳ(4、4′4″)和Ⅴ(5、5′、5″),Ⅳ、Ⅴ两点也是两截平面的交线;中间截平面截得的部分圆曲线。

(2)求若干个一般位置点,如图 5-16 所示。

(3)连点成截交线:由于最下截面是侧平面,因此由Ⅰ、Ⅱ、Ⅲ点组成的双曲线在 H 面上的投影积聚为一段直线,W 面上的投影反映实形;中间截平面是水平面,由Ⅰ、Ⅳ和Ⅰ、Ⅴ组成的两段圆曲线在 W 面投影中积聚成一段直线,在 H 面投影中反映实形;最上截平面是正垂面,所以由 S、Ⅳ、Ⅴ组成的三角形在 H 面和 W 面投影中均为类似三角形。

(4)可见性的判别:除在 H 面投影中 4、5 两点的连线为虚线外,其余截交线均为实线。

(5)去掉被切割部分,完成作图。

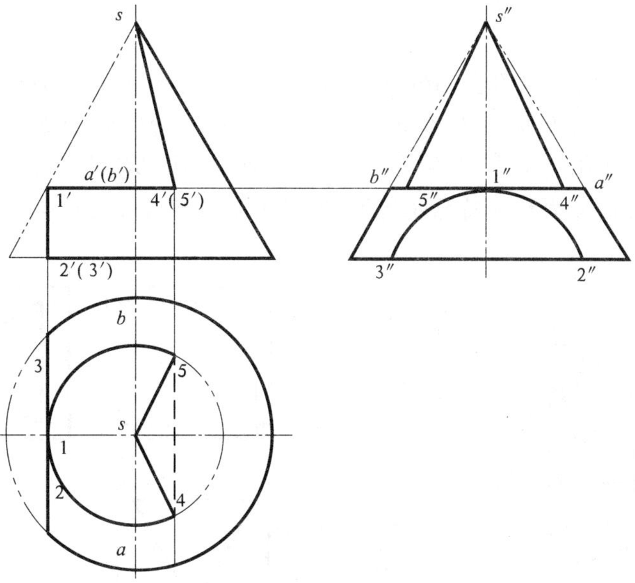

图 5-16 缺口圆锥表面交线

第三节 两平面体相交

两立体相交所产生的表面交线叫相贯线。根据两立体表面形状、相对位置及大小的不同,相贯线的形状也各不相同。但无论是什么形状,相贯线都具有一个共同的基本性质;相贯线是两相交立体表面的共有线,因此说相贯线具有“共有性”。相贯线上每一点都是两相交立体表面的共有点。因此,求相贯线的基本问题是求两相交立体表面上共有点的问题,求作思路与截交线相同。

一、相贯线的形状

平面体与平面体相交所产生的相贯线的形状一般为封闭的空间折线,如图 5-17 所示。

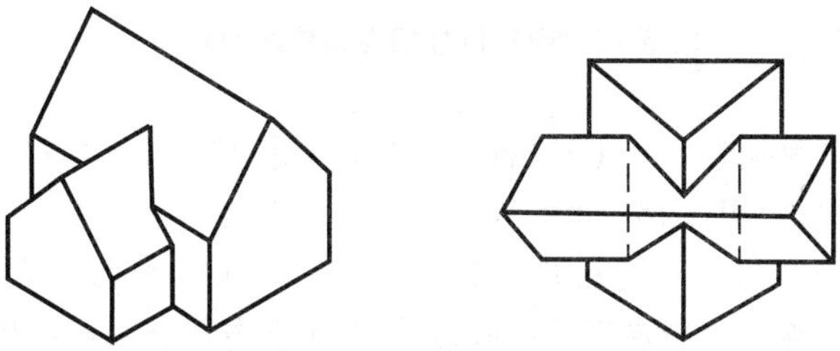

图 5-17 两平面体相交

二、相贯线的画法

相贯线空间折线的转折点均为一个立体上的棱线对另一个立体表面的交点或两立体棱线的交点。因此,求两平面立体相贯线的方法,可以归结为求参与相交的棱线与另一立体棱面(或底面)的交点,然后依次连接各点得相贯线。

【例5-14】 图5-18为两个直三棱柱相交,求作相贯线的投影。

分析:

由图5-18(a)、(b)可以看出,*ABC*棱柱的侧棱均垂直于水平面,*DEF*棱柱的侧棱均垂直于侧面。参与相交的有*B*棱、*E*棱和*F*棱,棱面有*AB*、*BC*和*DE*、*DF*四个棱面。其中,*B*棱分别与*DE*、*DF*棱面相交于Ⅰ、Ⅱ两点,*E*、*F*棱分别与*AB*、*BC*棱面相交于Ⅲ、Ⅳ和Ⅴ、Ⅵ四点。因为参与相交的棱面均为特殊位置面,所以可利用积聚性法求各交点的投影。

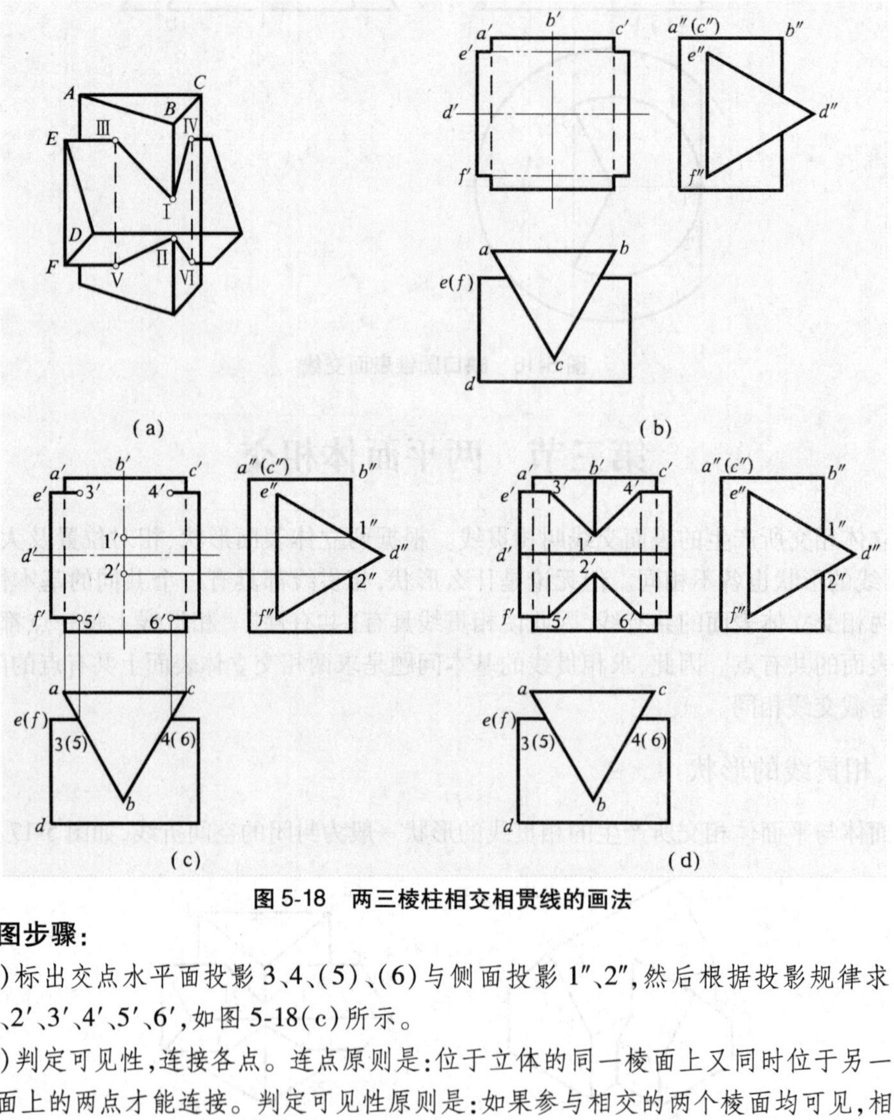

图5-18 两三棱柱相交相贯线的画法

作图步骤:

(1)标出交点水平面投影3、4、(5)、(6)与侧面投影1″、2″,然后根据投影规律求出正面投影1′、2′、3′、4′、5′、6′,如图5-18(c)所示。

(2)判定可见性,连接各点。连点原则是:位于立体的同一棱面上又同时位于另一立体的同一棱面上的两点才能连接。判定可见性原则是:如果参与相交的两个棱面均可见,相贯线亦为可见,如果两棱面中有一个面不可见,则相贯线也不可见。加深完成,如图5-18(d)所示。

【例5-15】 求三棱锥上开方孔的截交线,如图5-19所示。

分析:

从图5-19中可知方孔的*W*面投影积聚,其截交线为已知,而*H*面和*V*面截交线的投影需求作。可利用辅助线求体表面上的点。

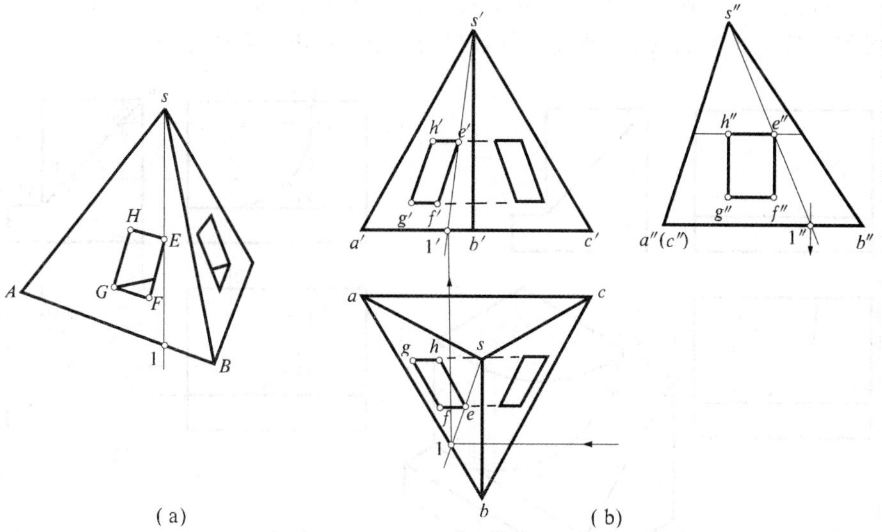

图 5-19　三棱锥上方孔的截交线

作图步骤：

(1)在 W 面投影中，连 s''、e''并延长与 $a''b''$相交于 $1''$。此 $s''1''$为斜面 SAB 上过点 E 的一条辅助线。

(2)按投影关系，求出 $s1$ 和 $s'1'$。因为点 E 为辅助线 SI 上的点，所以不难找出 e 和 e'。

(3)用上述方法再求出 f、g、h 和 f'、g'、h'，连线并判别可见性，即得左侧截交线的 H 面和 V 面投影。由于该截交线的左右对称，右侧交线求法不再详述。

(4)画出方孔四面在 H 面和 V 面上的投影，如图 5-19(b)中的虚线部分。

第四节　平面体与曲面体相交

一、相贯线的形状

平面体与曲面体相交所产生的相贯线形状与平面截切曲面体的截交线形状相同，一般为平面曲线。

二、相贯线的画法

相贯线平面曲线与平面截切立体所产生的交线形状相同，因此求作交线的方法也类同。

【例 5-16】　图 5-20(a)为护坡(直棱柱)与翼墙(组合柱)相交，求作相贯线的投影。

分析：

护坡与翼墙平面段的交线 AB 是直线段，与翼墙曲面段(1/4 圆柱面)的交线 BMC 是平面曲线(1/4 椭圆)，整个交线上共有三个特殊点 A、B、C。直线段相贯线是护坡斜平面与翼墙侧平面的共有线，所以直线段相贯线的水平面投影和侧面投影分别与所在面的积聚投影重合，正面投影为直线，需求作。椭圆段相贯线是护坡斜平面与翼墙圆柱面的共有线，其相贯线的水平面投影和侧面投影也与所在面的积聚投影重合,正面投影为求类似形,需求作。求直线相贯线只需找两端点,求曲线相贯线同上所述,需求一系列点。

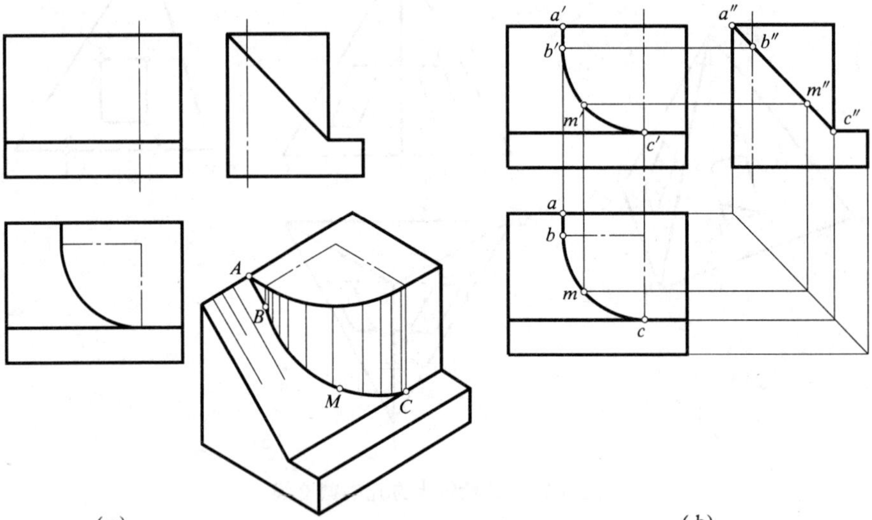

(a) (b)

图5-20 护坡与翼墙相交相贯线的画法

作图步骤[见图5-20(b)]:

(1)求直线段交线 *AB*。在水平面投影和侧面投影中标出直线两端点 *a*、*b* 和 *a*″、*b*″,根据投影规律求出正面投影 *a*′、*b*′,用粗实线连 *a*′*b*′为直线。

(2)求曲线段交线 *BMC*。先求特殊点,在水平面投影和侧面投影中标出 *c* 和 *c*″(*b* 及 *b*″已求出),由投影规律求出 *c*′;再求中间点 *M*,标出 *m* 和 *m*″,由此求出 *m*′。然后利用粗实线依次光滑连接 *b*′、*m*′、*c*′。

【例5-17】 如图5-21所示,求四棱柱与圆锥的相贯线。

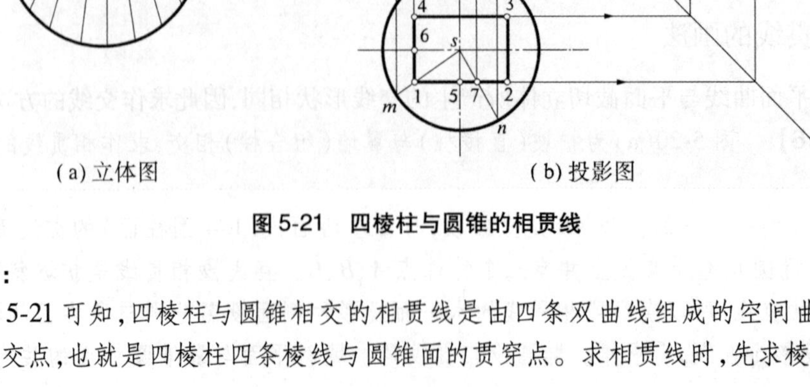

(a)立体图 (b)投影图

图5-21 四棱柱与圆锥的相贯线

分析:

由图5-21可知,四棱柱与圆锥相交的相贯线是由四条双曲线组成的空间曲线,这四条双曲线的交点,也就是四棱柱四条棱线与圆锥面的贯穿点。求相贯线时,先求棱线与曲面体的贯穿点，然后求双曲线的顶点，再利用素线法或纬圆法求双曲线上一般位置点，最后将双曲线上各点光滑连接，并判断可见性。

作图步骤：

(1)求四棱柱棱线与圆锥面的贯穿点：由于四棱柱四条棱线的水平投影有积聚性，因此四条双曲线的交点的水平投影1、2、3、4与各棱线的积聚性投影重合。利用圆锥体表面取点的方法求出它们的其余两投影。

(2)求双曲线的顶点：圆锥面上最前和最后两条素线对四棱柱的贯穿点是前后双曲线的最高点（Ⅴ点），圆锥面上最左和最右两条素线对四棱柱的贯穿点是左右双曲线的最高点（Ⅵ点），根据投影关系，求出它们的三面投影。

(3)求双曲线上的一般位置点：在水平投影上取相贯线上一点7，利用圆锥体表面取点的方法求出它的正面投影。

(4)依次光滑连接同面各点得相贯线。

第五节　两曲面体相交

一、相贯线的形状

两曲面体相交，所产生的相贯线形状一般为封闭的空间曲线，如图5-22所示。

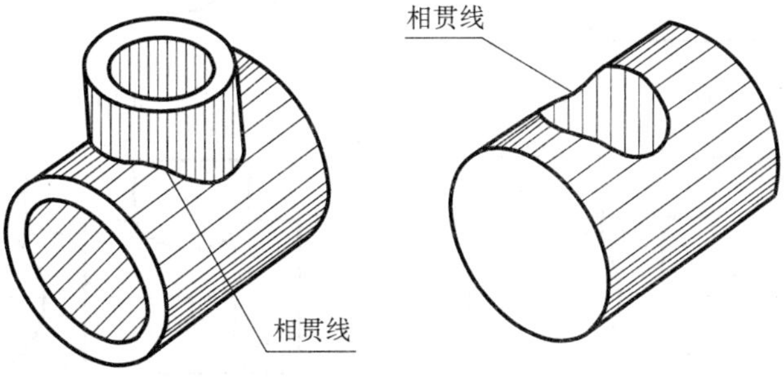

图5-22　两曲面体相交

该相贯线是两曲面的共有点，相贯线的具体形状取决于两立体的形状、大小和它们的相对位置。两曲面立体表面相交的形式有两外表面相交、两内表面相交和外表面与内表面相交三种形式。

求两曲面体相交相贯线常用的方法有体表面取点法和辅助平面法。

二、用体表面取点法求相贯线

因为相贯线是相交两立体表面的共有线，所以当相交立体之一的一个投影有积聚性时，相贯线的同面投影与此重合，为已知，其余投影可利用面上取点的方法求出。

【例5-18】　图5-23(a)为两不等直径圆柱正交，求作相贯线的投影。

分析：

两不等直径圆柱正交，相贯线是一条前后、左右对称的空间曲线，相贯线上有四个特殊点 A、B、C、D（D 点是 C 点的对称点，立体图上没标出），如图5-23(b)所示。因为相贯线既是小圆柱表面的线,又是大圆柱表面的线,由图 5-23(a)可看出,小圆柱表面的水平面投影与大圆柱表面的侧面投影均具有积聚性,所以相贯线的水平面投影与小圆重合,侧面投影与大圆上部(大、小圆柱的公共部分)重合,这些均为已知,只有相贯线的正面投影需求作。相贯线前后对称,正面投影前半部与后半部重影,前半部为可见,后半部为不可见。

作图步骤:

(1)先求特殊点。在已知的水平面投影和侧面投影中标出 a、b、c、d 及 $a''(b'')$、c''、d'',然后根据投影规律求出 a'、b'、$c'(d')$,如图 5-23(c)所示。

(2)求中间点。在水平面投影中标出 e、f(相贯线前后对称重影,可只求前半部的中间点),由"宽相等"标出侧面投影 $e''(f'')$,再根据投影规律"长对正,高平齐"求出 e'、f',依次光滑连接为粗实线即完成,图 5-23(d)所示。

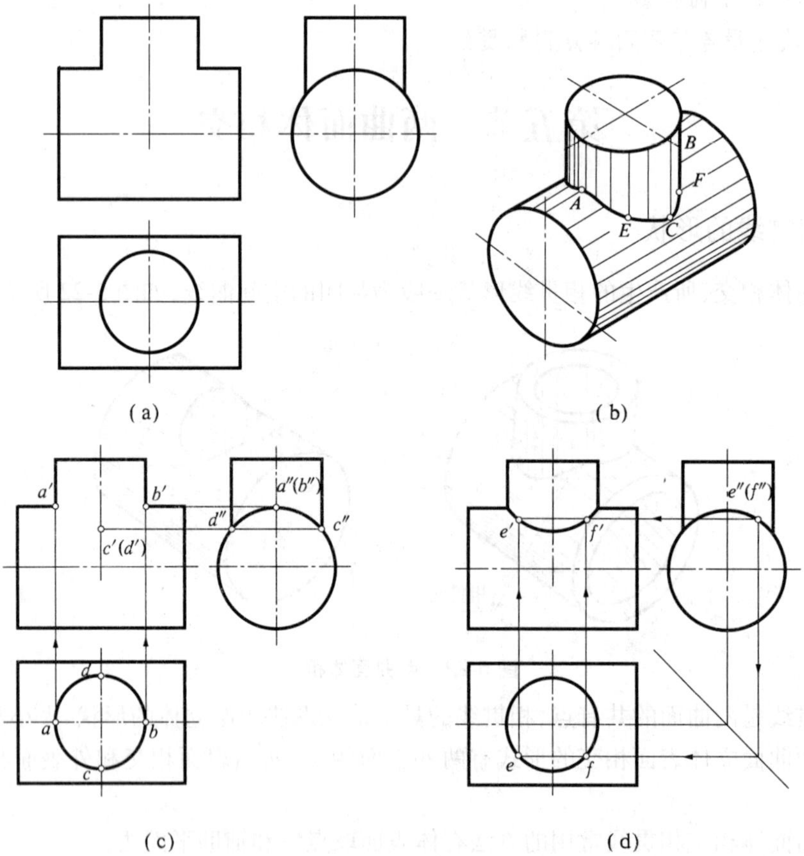

图 5-23 两不等直径圆柱正交相贯线

两不等直径圆柱相交,相交的两曲面无论是外表面还是内表面(孔),只要两圆柱的轴线垂直相交,它们的相贯线形状和作图方法都相同,如图 5-24 所示。

图 5-24(a)表示一个小的圆柱全部贯穿一个大的圆柱(也可看成是上下两个小圆柱分别与一个大圆柱正交),相贯线是上下对称的两条封闭的空间曲线。

图 5-24(b)表示一个水平放置的大圆柱被一个垂直的小圆柱孔全部贯穿,相贯线也是上下对称的两条封闭的空间曲线,即大圆柱表面上、下孔口的两条曲线。

图 5-24(c)表示一个长方体上开挖两个正交的不等直径的圆柱孔,其相贯线是两个圆柱孔表面相交产生的,同样是上下对称的两条封闭的空间曲线,但不可见,应画成虚线。

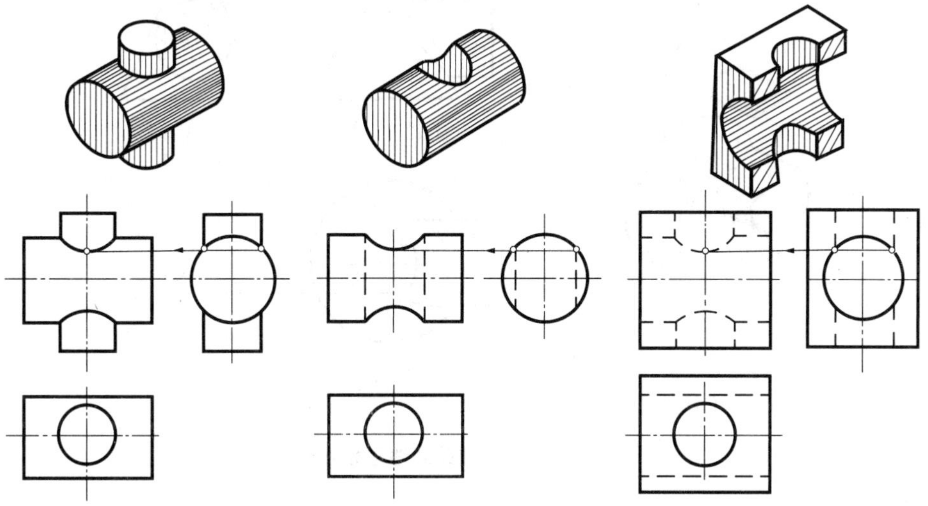

(a) 两外表面相交　　(b) 外表面与内表面相交　　(c) 两内表面相交

图 5-24　两圆柱相交的三种形式

两个不等直径圆柱相交,如轴线相互垂直但不相交,称为偏交,该相贯线空间曲线与正交不同,但求相贯线的方法不变,如图 5-25 所示。

三、用辅助面法求相贯线

如图 5-26 所示,是用辅助面法求圆柱与圆锥的相贯线。

用辅助面法求相贯线的作图方法采用的是三面共点的原理,其作图要点是:

(1)作一个辅助面(通常为特殊位置面)与两曲面体的曲面相交。画出该面有积聚性的投影。

(2)分别求出辅助面与两立体表面的交线。

(3)同一辅助面上两交线的交点是两曲面和辅助面的共有点,因此也是相贯线上的点。

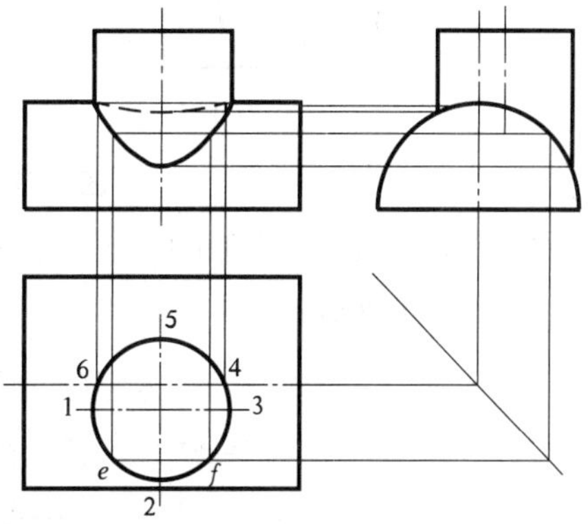

图 5-25　两圆柱偏交

注意:辅助面选择的原则是所截得的交线应是直线或圆。

四、相贯线的简化表示法

为了减少绘图工作量,提高设计效率及图样的清晰度,加快设计进程,在 2012 年发布的《技术制图 简化表示法》(GB/T 16675. 1—2012)中规定:“在不致引起误解时,图形中的过渡线、相贯线可以简化。例如用圆弧或直线代替非圆曲线……”图 5-27 为用直线代替非圆曲线。

在求作非圆曲线相贯线时,关键是求全特殊点。

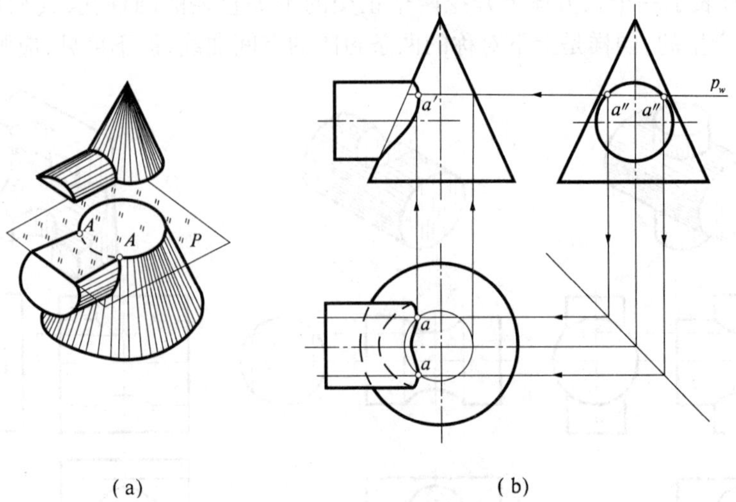

图 5-26 利用辅助面法求相贯线

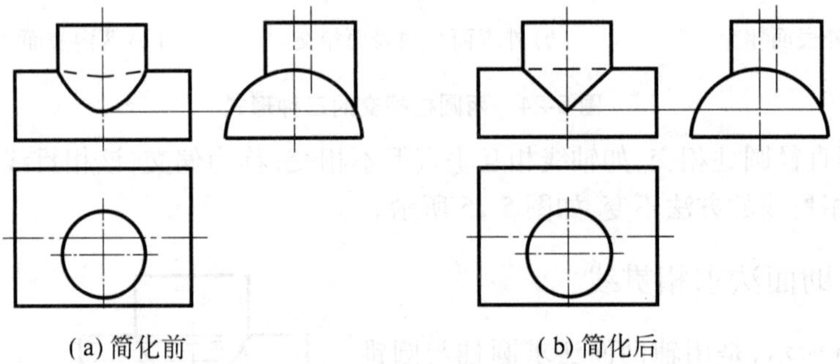

图 5-27 相贯线的简化表示法

在工程图中经常遇到的两个不等直径圆柱正交的相贯线,习惯上常用圆弧代替曲线,其画法如图 5-28 所示。

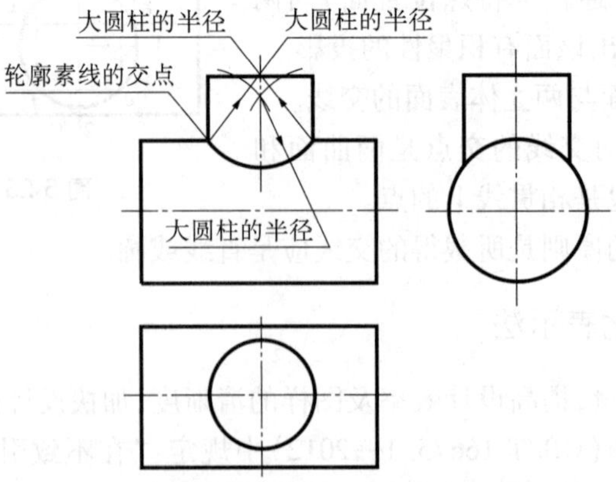

图 5-28 两个不等直径圆柱正交相贯线的简化画法

五、相贯线的特殊情况

两曲面体相交时,相贯线一般为封闭的空间曲线。但在特殊情况下,相贯线是平面曲线或直线。常见相贯线的特殊情况如表 5-3 所示。画相贯线时,如遇到上述特殊情况,可直接画出相贯线。

表 5-3　常见相贯线的特殊情况

相贯情况	轴测图	相贯线投影图	相贯线性质
两圆柱轴线平行		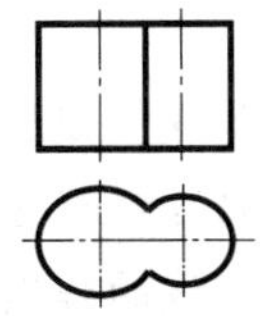	相贯线为平行于轴线的两直线(素线)
两圆锥共顶		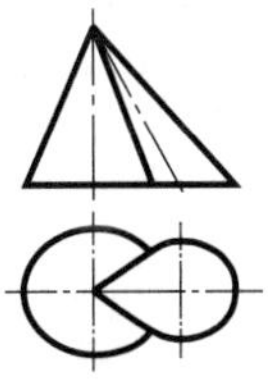	相贯线为过顶点的两直线(素线)
圆柱与圆球共轴		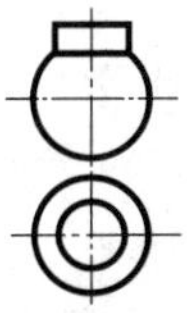	相贯线为垂直于轴线的圆
两等径圆柱正交		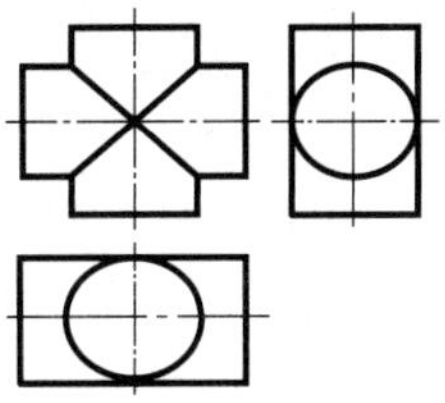	相贯线为两个相等的椭圆
圆柱与圆锥正交共切于一球	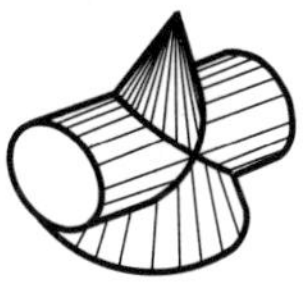	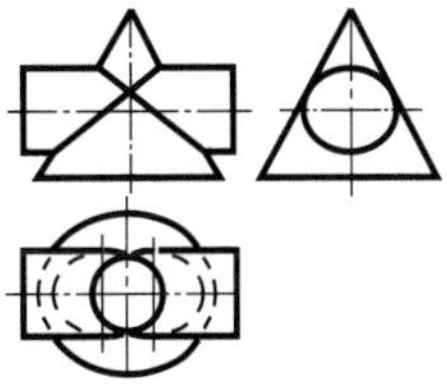	相贯线为两个相等的椭圆

小　结

本章主要介绍了截交线是截平面与立体表面共有线的性质。截交线的形状取决于立体的形状与截平面相对于立体的位置,再求取截交线上的共有特征点,连接成对应的线条。

相贯线是两相交体共有的线,典型交线须熟练掌握。影响相贯线形状的因素主要是相交立体表面的形状、相交立体的相对位置。作相贯线应先求取相贯线上的共有点,最后连线完成作图。

通过对截交线、相贯线内容的学习,主要要求掌握几种常见截交线、相贯线画法,为后续章节的学习打下基础。在截交线和相贯线作图时,应首先分析形体的特征及它们的相对位置,判断交线的形状,选择比较方便的方法进行作图。

复习思考题

5-1 怎样在平面体表面上取点?试述平面体截交线的作图方法与步骤。
5-2 怎样在曲面体表面上取点?试述曲面体截交线的作图方法与步骤。
5-3 试述两平面体相交相贯线的作图方法与步骤。
5-4 试述平面体与曲面体相交相贯线的作图方法与步骤。
5-5 试述两曲面体相交相贯线的作图方法与步骤。

思政园地

立体表面的交线需要从一个个交点做起,要求我们具备认真细致的工作作风。《道德经》中提到:大小多少,报怨以德。图难于其易,为大于其细;天下难事,必作于易;天下大事,必作于细。这段话可解译为:大生于小,多起于少。解决困难,要在它还比较容易的时候就去解决,成就伟大要在它还细微的时候就去努力。天下的难事,一开始一定是由容易的事情演变而成的;天下的大事一定是从细小处开始累积的。

第六章　轴测图

【学习目标】 了解轴测投影的形成、种类和基本性质；掌握各类形体的正等测图、斜二测图的画法。

第一节　轴测图的基本知识

正投影图能够完整、准确地表达形体的形状和大小，且作图简便，所以在工程中被广泛采用。但是，这种图没有立体感，较难看懂。如图 6-1(a)所示，轻型桥台的三面投影，由于一个投影只反映出形体的长、宽、高三个向度中的两个，不易看懂形体的形状。若画出桥台的轴测投影，如图 6-1(b)所示，直观性好且容易看懂。这是因为轴测投影选择的投射方向不平行于桥台的任一坐标轴和任一坐标面，所以能在一个投影中同时反映出形体的长、宽、高三个方向的尺寸及各个侧面的投影。

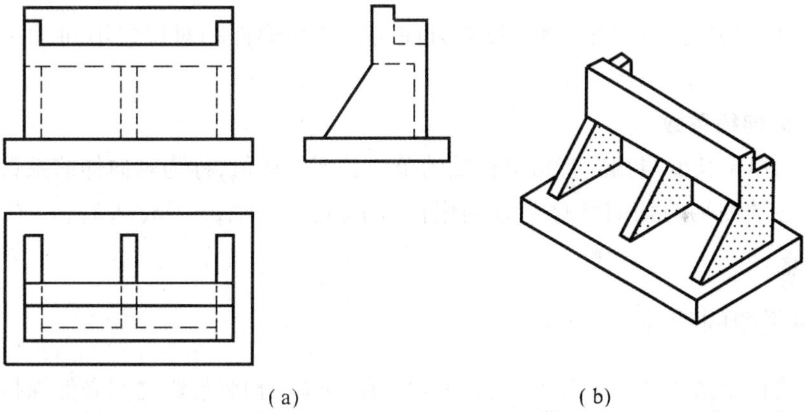

(a)　　(b)

图 6-1　桥台的三面投影图和轴测图

轴测投影具有立体感强的优点，但它不能反映出形体各个侧面的实形，量度性较差，另外对于复杂的构造物，其绘制方法较麻烦。所以，工程上常将它作为辅助图样，起帮助读懂图样的作用。

一、轴测图的形成

轴测图采用单面投影图，是平行投影之一，它是把形体按平行投影法投射至单一投影面上所得到的投影图。

将物体引入空间直角坐标系，使立方体的一个顶点与坐标系的原点 O_1 重合，物体长、宽、高三个方向的棱线分别与 O_1X_1、O_1Y_1、O_1Z_1 轴重合。这时，将立方体连同其三个坐标轴 O_1X_1、O_1Y_1、O_1Z_1 一起投影到投影面 P 上（投影方向 S 与三个坐标轴的方向都不一致），得到物体及三个坐标轴的投影，如图 6-2 所示。其中，投影面 P 称为轴测投影面，空间坐标轴

O_1X_1、O_1Y_1、O_1Z_1 的投影 OX、OY、OZ 称为轴测轴，物体在轴测投影面上的投影称为轴测图。

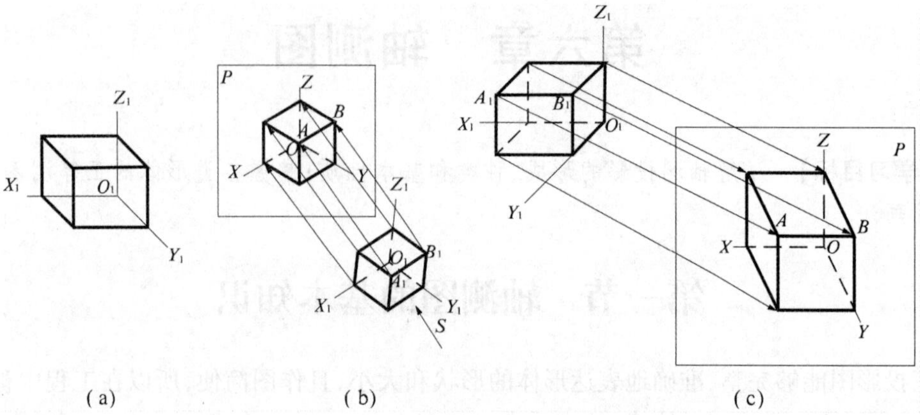

图 6-2 轴测图的形成

二、轴测图的基本参数

(一)轴间角

三个轴测轴之间的夹角称为轴间角，如 $\angle XOZ$、$\angle ZOY$、$\angle YOX$。其中，任何一个不能为零，三个轴间角之和为 360°，坐标轴、投射方向与轴测投影面相对位置不同，轴间角大小也不同。

(二)轴向伸缩系数

轴测轴的单位长度与相应直角坐标轴的单位长度的比值，称为轴向伸缩系数，又称为轴向变化率。各轴测轴的轴向变化率分别用代号 p、q、r 表示，$p = OX/O_1X_1$、$q = OY/O_1Y_1$、$r = OZ/O_1Z_1$。

三、轴测图的特性

由于轴测投影采用的是平行投影法，因此在原物体和轴测投影之间必然保持如下关系：形体上不平行于投影面 P 的平面，在投影中发生了变形；同样，不平行于投影面的直线，它们的投影长度也产生变形。轴测投影是平行投影且两平行直线又是常见的几何形式，故此平行性是轴测投影的基本特性。

(一)平行性

空间各平行直线的轴测投影仍彼此平行，即 $A_1B_1 // C_1D_1$，则 $AB // CD$，这是轴测图的基本投影特性。同理，形体上平行于坐标轴的线段，轴测投影图仍然平行于相应的轴测投影轴。

(二)可量性

空间平行于坐标轴的线段，其轴测投影的伸缩系数与相应的坐标轴的轴测投影伸缩系数相等。空间平行于某坐标轴的线段，其投影长度等于该坐标轴的轴向伸缩系数与线段长度的乘积。因此，在画轴测图时，只有沿轴测方向的线段按其相应的轴向变化率能够直接测量尺寸，凡是不平行于轴测轴的线段都不能直接测量尺寸。沿轴方向才能进行测量，这就是“轴测”两字的意义。

(三)实形性

物体上平行于轴测投影面的直线和平面,在轴测图上仍然反映实长和实形。

应注意,形体上非轴向的线段,其轴测投影的变化与平行于坐标轴的轴向线段不同,不能将非轴向线段的长度直接移到轴测图上,画此类线段的轴测投影图时,需要用坐标法定出其两个端点的轴测坐标,然后连接成线段的轴测投影图。

四、轴测图的分类

轴测投影采用单面投影图,是平行投影之一,它是把形体按平行投影法投射至单一投影面上所得到的投影图,根据投射线方向和轴测投影面的位置不同可分为以下两类。

(一)正轴测投影图

将物体斜放,使其三个坐标轴方向都倾斜于一个投影面,用正投影的方法向该投影面投影,称为正轴测投影,由这种方法所形成的投影图称为正轴测投影图,简称正轴测图[见图 6-3(a)]。

(二)斜轴测投影图

将物体正放,即物体上两个坐标轴平行于轴测投影面($O_1X_1//P$,$O_1Z_1//P$)用斜投影的方法向该投影面投影,称为斜轴测投影,由这种方法形成的投影图称为斜轴测投影图,简称斜轴测图[见图 6-3(b)]。

正轴测投影和斜轴测投影按轴向变化率又分为三类:

(1)若三个轴向变化率都相等,即 $p=q=r$,称为正(斜)等测投影。

(2)若有两个轴向变化率相等,即 $p=q\neq r$,称为正(斜)二测投影。

(3)若三个轴向变化率都不等,即 $p\neq q\neq r$,称为正(斜)三测投影。

在实际绘图中,常用正等测图与斜二测图表达,其他轴测图作图烦琐,很少采用。

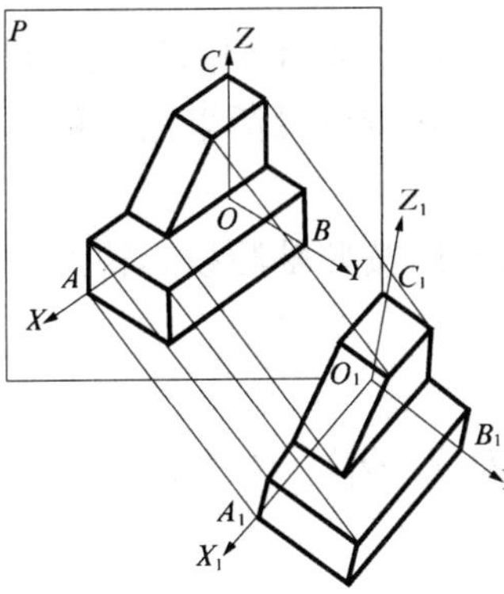

(a)正轴测

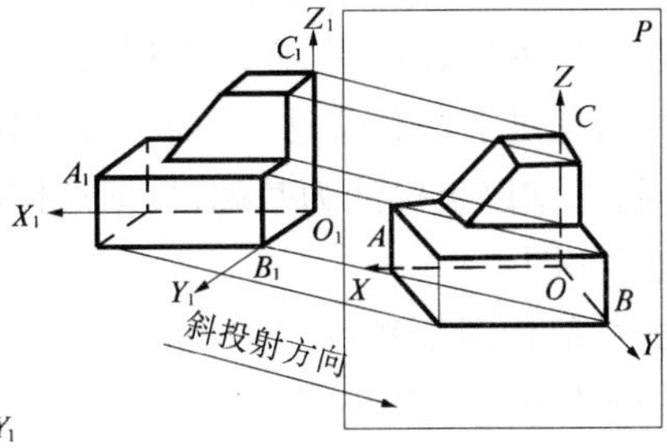

(b)斜轴测

图 6-3　轴测投影图

第二节 正等测图

一、轴间角和轴向变化率

正等测图是将物体连同其三个坐标轴放置成与轴测投影面成相同的倾斜角度时,用正投影法得到的投影图(如图 6-4 所示)。

轴间角:轴间角相等,即$\angle XOY=\angle YOZ=\angle ZOX=120°$。

轴向变化率:三个轴向变化率相等,即$p=q=r\approx 0.82$。

为了便于作图,规定用简化的轴向变化率 1 代替理论的 0.82,即正等测图的轴向线段长度等于物体上相应线段的实长。这样画出的轴测图比按轴向变化率为 0.82 时画出的轴测图放大 1.22 倍,但不影响图形本身及物体各部分的相对位置和形状。

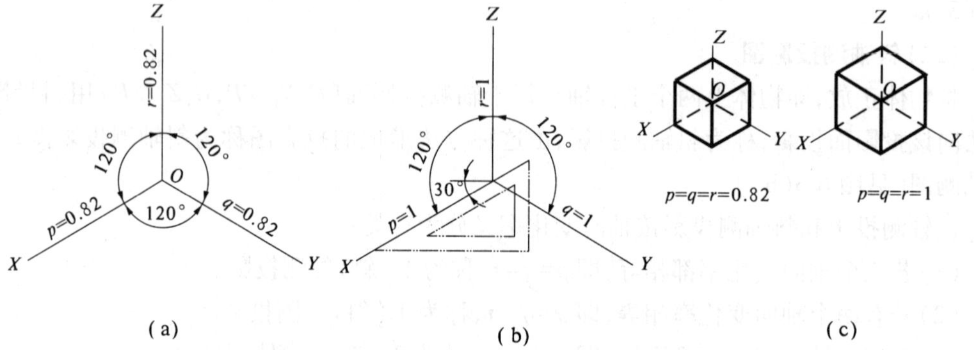

图 6-4 正等测图的轴测轴、轴间角、轴向变化率

二、平面体正等测图

画正等测图的基本方法是坐标法,分析形体各顶点在坐标系中的位置,根据此位置确定其轴测投影图。但在实际作图时,还应根据形体的形状特点灵活采用各种不同的方法与步骤。常用的作图方法还有特征面法、叠加法、切割法等。

画轴测图时,通常以坐标法为基础,根据形体特征,按照轴测投影特性,配合特征面法、叠加法、切割法等作图。

正等测图的一般作图步骤:

(1)在正投影中确定空间坐标系,选定坐标轴 O_1X_1、O_1Y_1、O_1Z_1。

(2)根据轴间角画出相应轴测轴 OX、OY、OZ。

(3)根据形体特征,选择合适方法作图。

(4)校核,加深可见轮廓线,注意不可见线条不画。

【例 6-1】 图 6-5(a)为正六棱柱的正投影图,求作其正等测图。

分析:

将坐标面 XOY 置于正六棱柱的顶面,OZ 轴置于正六棱柱的轴线上,按先顶面后底面的顺序采用坐标法作图。上底面上的六个顶点有两个顶点在坐标轴上,其余四个顶点不在坐

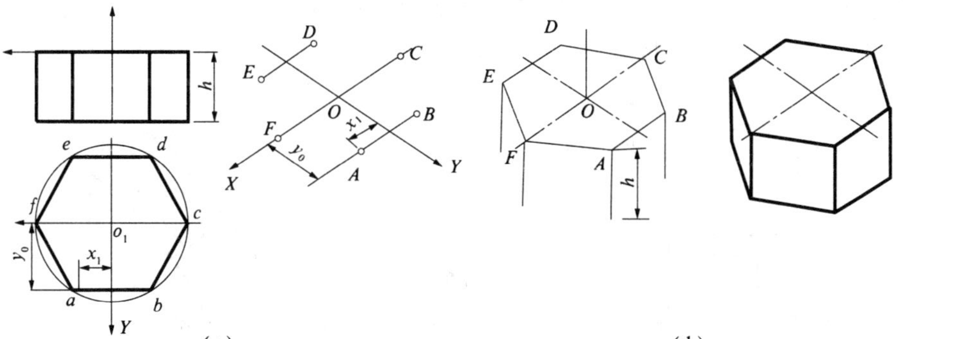

(a)　　　　　　　　　　　　　　　　(b)

图 6-5　正六棱柱的正等测图

标轴上，但却在与坐标轴平行的线上，可通过作轴测轴的平行线确定其在轴测图中的位置。

作图步骤：

(1) 在投影图上选定坐标原点和坐标轴，并画出轴测轴，如图 6-5(a) 所示。

(2) 根据顶点各点坐标，在 *XOY* 坐标面上定出顶面 *A*、*B*、*C*、*D*、*E*、*F* 各点的位置，连接各点得出顶面投影，由各顶点向下作 *Z* 轴的平行线，并根据六棱柱的高度，定出底面各可见点的位置(轴测图一般不画不可见部分轮廓)。

(3) 连接底面各点得出底面投影，整理加深，完成作图，如图 6-5(b) 所示。

【例 6-2】　如图 6-6(a) 所示，作出物体的正等测图。

分析：

该物体由三部分叠加而成，可自下而上逐部分画其轴测图。

作图步骤：

(1) 在三视图中选定坐标轴。

(2) 下部长方形底板、中间长方形板及上部四棱柱的正等测图，其左右、前后位置应依据三视图确定，作图结果如图 6-6(b) 所示。

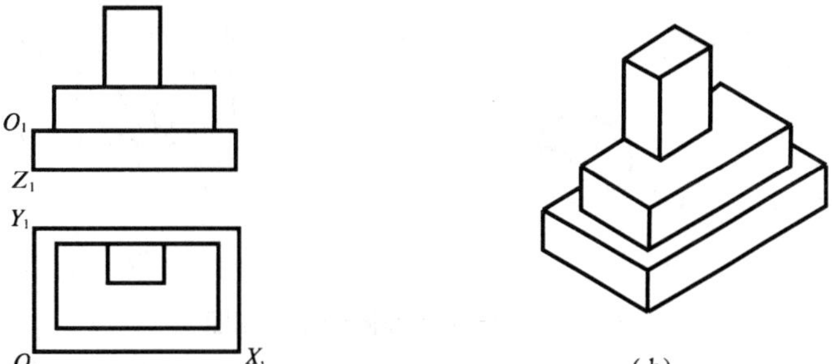

(a)　　　　　　　　　　　　　　　　(b)

图 6-6　叠加体的正等测图

【例 6-3】　作出图 6-7(a) 所示物体的正等测图。

分析：

该物体可认为是在五棱柱上切割小四棱柱槽而形成的，如图 6-7 所示。

作图步骤：

(1) 设其坐标轴 O_1X_1、O_1Y_1、O_1Z_1，如图 6-7(a) 所示。

(2) 采用特征面法画五棱柱的正等测图，如图 6-7(b) 所示。

(3)在五棱柱上部前后居中位置切四棱柱通槽,如图6-7(c)所示。

(4)擦去作图线及被切轮廓线,加深可见轮廓线,完成作图,如图6-7(c)所示。

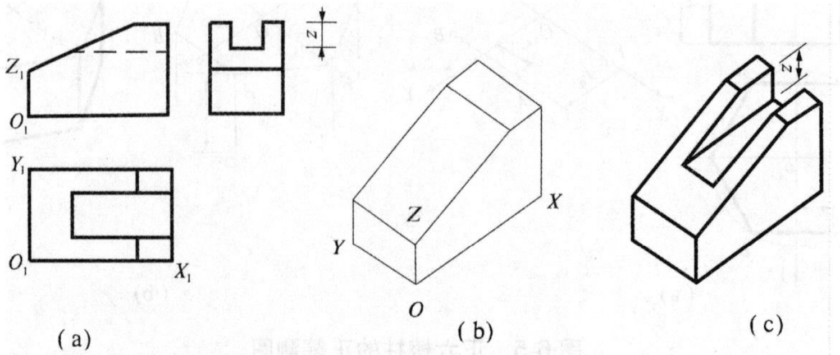

图6-7 切割体的正等测图

三、平行于坐标面的圆和圆角的正等测图

(一)平行于坐标面的圆的正等测图画法

1. 投影分析

如图6-8(a)所示,立方体上分别平行于三个坐标面的正方形表面,它们的正等测图都是菱形,它们的内切圆的正等测图都是椭圆。三个椭圆的形状和大小及画法是相同的,但三个椭圆的长、短轴方向却不相同。椭圆的长轴方向是菱形的长对角线,与它所在坐标面外的另一个轴测轴垂直。如图6-8(b)所示,椭圆Ⅰ的长轴垂直于OZ轴;椭圆Ⅱ的长轴垂直于OY轴;椭圆Ⅲ的长轴垂直于OX轴。椭圆的短轴位于菱形的短对角线上,它与长轴互相垂直平分。

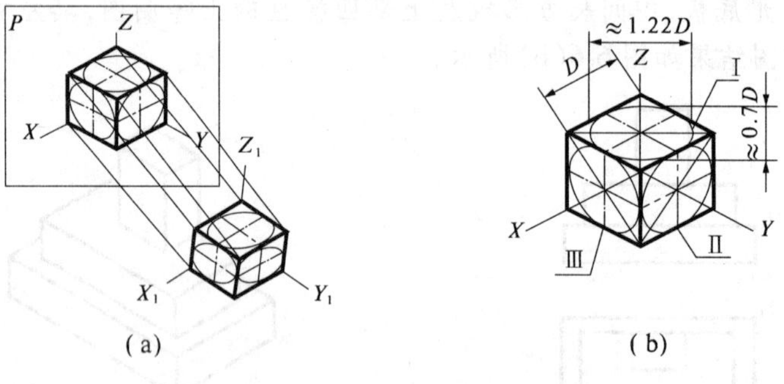

图6-8 平行坐标面圆的正等测图

三个椭圆的长、短轴的长度,如按简化率作图,长轴约为圆直径D的1.22倍,短轴约为圆直径D的0.7倍。

2. 近似画法

为了简化作图,通常采用近似画法作上述椭圆。椭圆由四段圆弧代替。而画四段圆弧时,需根据椭圆的外切菱形求得四个圆心。下面以水平圆(平行于$X_1O_1Y_1$坐标画)正等测图的画法为例,其作图步骤如图6-9所示。

(1)选定圆的两条中心线为坐标轴O_1X_1、O_1Y_1,作圆的外切正方形,如图6-9(a)所示。

(2)画轴测轴OX、OY,由其交点O截取OA、OB、OC、OD等于圆的半径。再过A、B、C、D

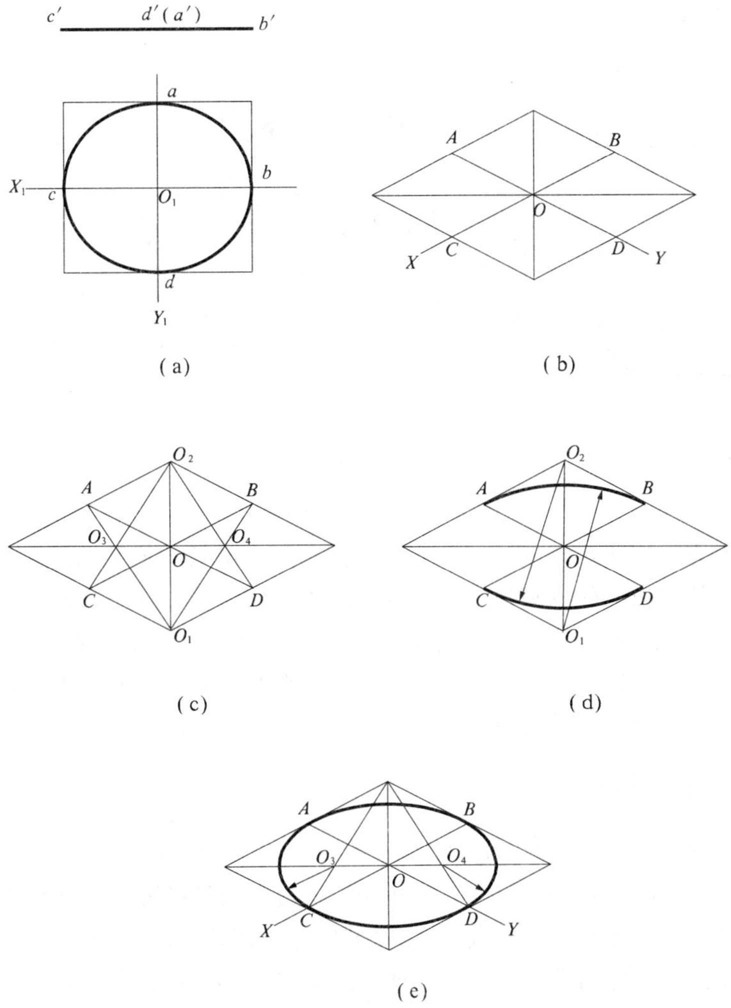

图 6-9　平行于 $X_1O_1Y_1$ 坐标画的正等测图画法

等四点分别作 OX 轴和 OY 轴的平行线，即得圆的外切正方形的轴测图（菱形），如图 6-9(b)所示。

(3)菱形的短对角线端点为 O_1、O_2，连接 O_1A、O_1B（或 O_2C、O_2D）与菱形长对角线分别交于 O_3 和 O_4 两点，即得四个圆心 O_1、O_2、O_3、O_4，如图 6-9(c)所示。

(4)分别以 O_1、O_2 为圆心，以 O_1A、O_2C 为半径作椭圆的两个大圆弧 AB 和 CD，如图 6-9(d)所示。

(5)分别以 O_3、O_4 为圆心，以 O_3A、O_4B 为半径作椭圆的两个小圆弧 AC 和 BD。A、B、C、D 为各圆弧的连接点，如图 6-9(e)所示。

(二)圆角的正等测图画法

圆角是 1/4 圆，所以它的正等测图为 1/4 椭圆。画 1/4 椭圆亦可采用四圆心法。将椭圆沿轴测轴方向拆开分成四个部分，每一部分即为一个圆角。如图 6-10(b)所示，为平行于 $X_1O_1Y_1$ 坐标面的四个圆角的正等测图。对照图 6-9(c)可以看出，四段圆弧的圆心均在外切菱形相邻两边的中垂线交点上。

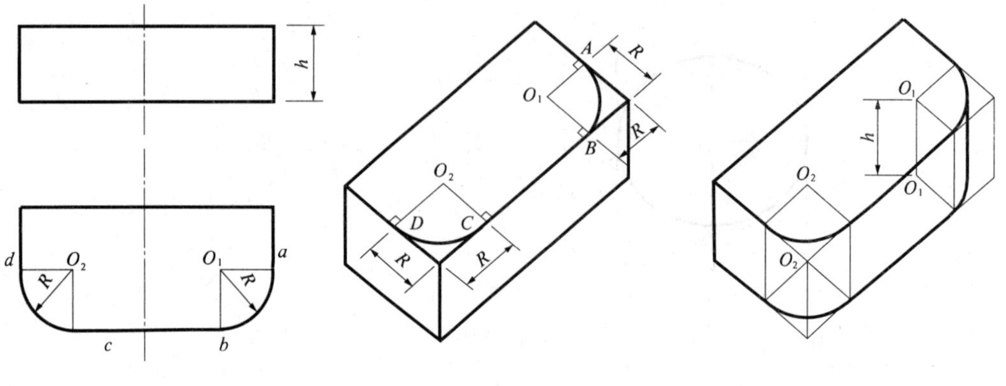

(a) (b) (c)

图 6-10　圆角的正等测图

圆角的作图方法如图 6-10(c)所示,先画出圆角所在的长方形平面的正等测图,然后分别在角顶点的角的两边上截取圆角半径长度(如 $OA=OB=R$),得圆弧的两个切点(如 A、B 两点),再过两个切点作所在边的垂直线,其交点即为圆心(如 O_1、O_2、O_3、O_4),最后以 R 为半径分别作四段圆弧即得四个圆角。下底面上四个圆角的作法,可将圆心和切点 OZ 轴方向向下引伸同一距离(底板高度),即可画出,如图 6-10(c)所示。

四、曲面体正等测图

竖直放置的圆柱选取圆柱底面作 $X_1O_1Y_1$ 坐标面,根据圆柱的高度定上下底圆的中心并画出轴测轴,作上下底圆的正等测投影——椭圆,画圆柱轴测投影的轮廓素线(两椭圆的外公切线),擦去作图线及不可见轮廓线,加深可见轮廓线,即得圆柱的正等测投影。

轴线垂直于正面或侧面的圆柱正等测图画法与图 6-11 相同,只是椭圆长轴方向不同,如图 6-12 所示。作图时,应注意椭圆中心线的方向要画正确。

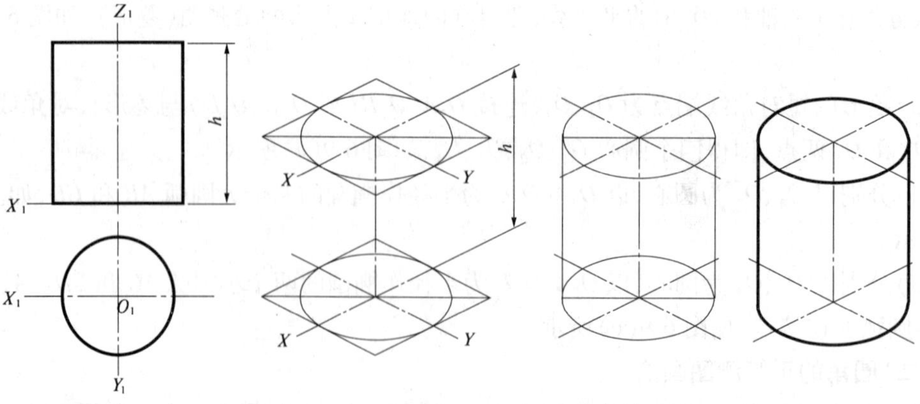

(a) (b) (c) (d)

图 6-11　圆柱的正等测图画法

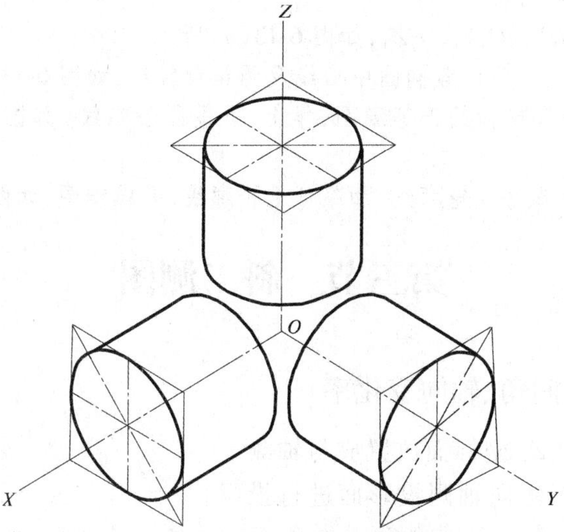

图 6-12　三个方向圆柱的正等测图

【例 6-4】　作出图 6-13(a)所示桥墩的正等测图。

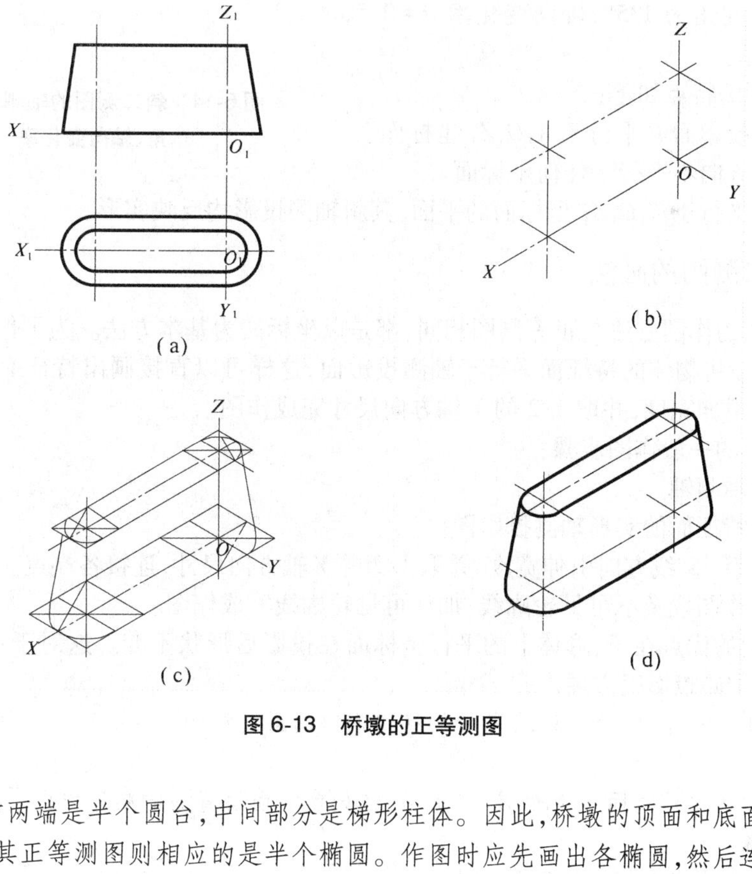

图 6-13　桥墩的正等测图

分析：

桥墩左右两端是半个圆台，中间部分是梯形柱体。因此，桥墩的顶面和底面的左右两端均为半个圆，其正等测图则相应的是半个椭圆。作图时应先画出各椭圆，然后连接曲面轮廓素线。

作图步骤(见图6-13):

(1)选定坐标轴 O_1X_1、O_1Y_1、O_1Z_1,如图6-13(a)所示。

(2)画轴测轴和上、下底面各椭圆中心线及圆锥台轴线,如图6-13(b)所示。

(3)画桥墩的顶面和底面的正等测图,作上、下椭圆公切线(如圆锥台曲面轮廓素线),如图6-13(c)所示。

(4)擦去作图线及不可见轮廓线,加深可见轮廓线,完成作图,如图6-13(d)所示。

第三节　斜二测图

一、斜二测图轴间角、轴向变化率

将物体上的 $X_1O_1Z_1$ 坐标面放置成与轴测投影面平行,用斜投影法向轴测投影面进行投影,所得到的投影图称为斜二等测图,简称斜二测图。因此,斜二测图的 OX 轴与 OZ 轴的轴间角仍为90°,轴向变化率 $p=r=1$。OY 轴的方向和轴向变化率则由斜投影方向确定,通常取 OY 轴与 OZ 轴的轴间角为135°,轴向变化率 $q=0.5$,如图6-14所示。

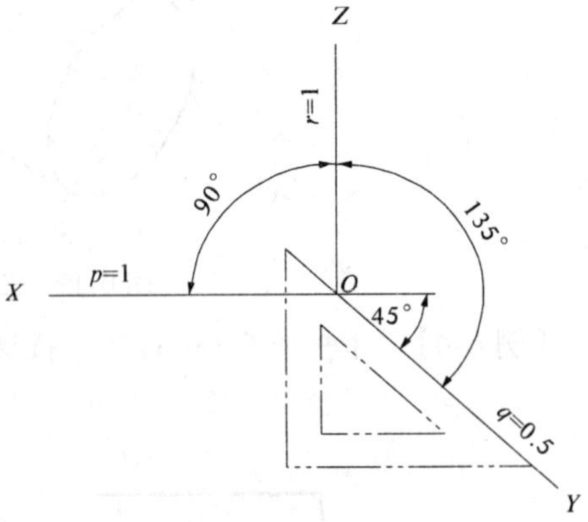

图6-14　斜二测图的轴测轴、轴间角、轴向变化率

斜二测图的特点如下:

(1)轴测投影面 P 平行于 $X_1O_1Z_1$ 坐标面。

(2)投影方向不平行于任何坐标面。

(3)凡是平行于 $X_1O_1Z_1$ 坐标面的平面,其斜轴测投影均反映实形。

二、斜二测图的画法

斜二测图的作图方法与正等测图相同,都是以坐标法为基本方法。为了作图简便,画斜二测图时,一般将物体的特征面平行于轴测投影面,这样可以直接画出特征面的实形,然后沿45°线方向引伸宽度,并取1/2的 Y 轴方向尺寸完成作图。

斜二测图的一般作图步骤:

(1)画出轴测轴。

(2)作出特征面的实形轴测投影图。

(3)分别沿45°线方向引伸宽度,并取1/2的 Y 轴方向尺寸,连接各端点。

(4)擦去作图线及不可见轮廓线,加深可见轮廓线完成作图。

斜二测图的优点在于:形体上的平行坐标面在投影后形状不变。这对于正平面上有圆的形体,画其轴测投影很方便。

【例6-5】　画出如图6-15(a)所示的隧道洞口的斜二测图。

分析:

选取隧道洞口前端面作 $X_1O_1Z_1$ 坐标面,按先前端面后背面的顺序作图。

作图步骤:

(1)画与立面完全相同的正面形状。

(2)过各顶点画45°的斜线(平行于 Y 轴)。

(3)按 $q=0.5$ 的轴向变化率,在斜线上定出 Y 轴方向上的各点。

(4)连接可见的轮廓线并加深。

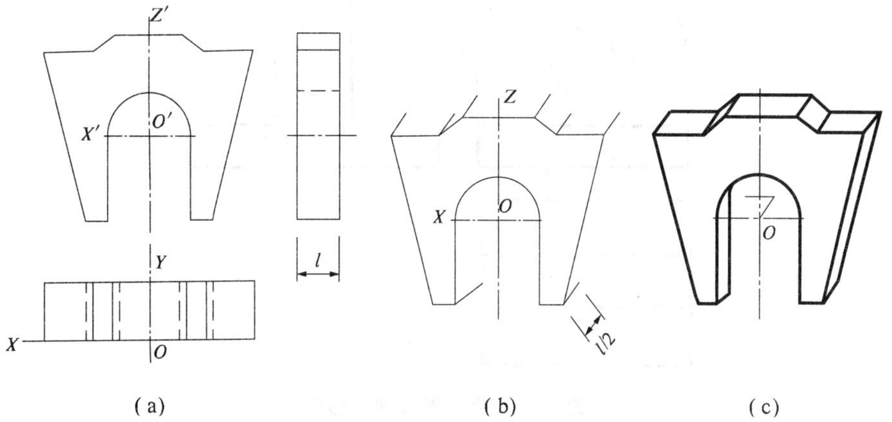

图 6-15　隧道口的斜二测图

【例 6-6】　作出如图 6-16(a)所示挡土墙的斜二测图。

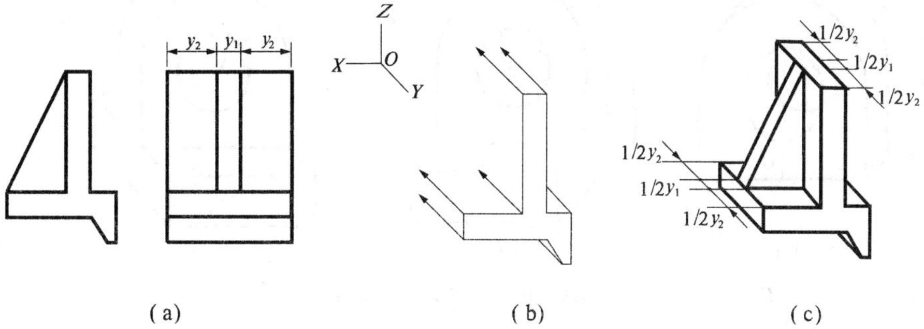

图 6-16　挡土墙的斜二测图

分析:

正视图反映挡土墙特征面的真实形状,左视图反映三角块的相对位置。作图时可用特征面法,画出特征面后引伸宽度,截取三角块的定位尺寸和宽度(注意:宽度方向的尺寸均应缩短 1/2),作出三角块。

作图步骤(见图 6-16):

(1)根据正视图作挡土墙特征面的实形,由特征面各顶点引伸 45°斜线(平行于 OY 轴),如图 6-16(b)所示。

(2)在斜线上取 y_1 和 y_2 的 1/2 宽度,作三角块斜二测图;加深可见轮廓线,完成作图,如图 6-16(c)所示。

【例 6-7】　图 6-17 为某一物体的三面投影图,试画出其斜二测图。

分析:

在正投影图中选定坐标轴,一般把原点放在圆心的位置。

作图步骤:

(1)画出轴测投影轴,定出圆孔的圆心 O,并先画出前表面。

(2)画出与前表面相同的后表面,画出半圆柱的轮廓线时应作前后两个半圆的公切线。

(3)画物体的下半部分,擦去多余线,加深后即为所求斜二测图(见图 6-18)。

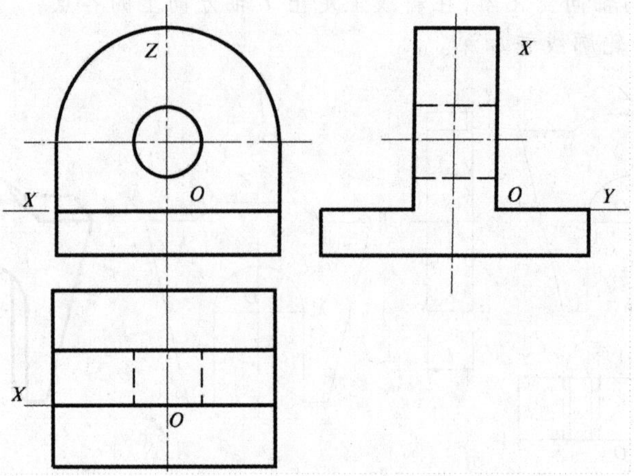

图6-17 物体的三面投影图

该物体的斜二测图也可画成如图6-18(c)所示的形式。

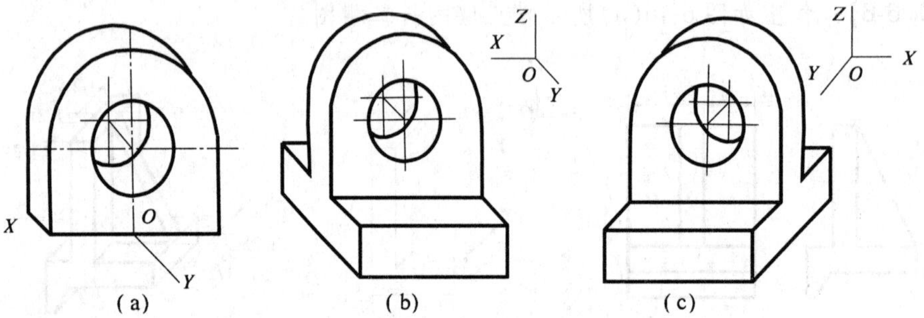

图6-18 物体的斜二测图

小 结

本章重点掌握用坐标法、切割法及叠加法绘制正等测图与斜二测图。

由于正等测图中各个方向的椭圆画法相对比较简单,因此当物体各个方向都有圆时,一般都采用正等测图。

斜二测图的优点是物体上凡是平行于投影面的平面图上都反映实形,因此当物体只有一个方向的形状比较复杂,特别是只有一个方向有圆时,常采用斜二测图。

复习思考题

6-1 轴测投影图的形成、分类及基本投影特性是什么?

6-2 简述正等测投影图的轴间角、轴向变化率及正等测投影图的作图方法与步骤。

6-3 简述斜二测投影图的轴间角、轴向变化率及斜二测投影图的作图方法与步骤。

思政园地

轴测图是将空间的几何形体连同其所在的直角坐标系，一并采用平行投影法投影到一个选定的投影面上。这种投影图的优点是立体感强，直观性好，其缺点是度量性不够理想，作图比较麻烦，工程中常将其用作辅助图样。通过本章学习，帮助学生建立全方位认识事物的思维和方法，理解并支持国家的法规和政策，反对片面的认知事物，不受蛊惑，自觉维护社会稳定。

第七章　组合体

【学习目标】 掌握叠加、切割、相切、相交等几种组合体的作图方法和注意事项;理解视图中线、线框的含义;掌握组合体的尺寸标注方法;掌握形体分析法、线面分析法等读图方法。

第一节　组合体的组合方式和分析方法

组合体是由若干个基本体按照不同的方式组合而成的较复杂的物体。基本体包括平面体和曲面体。平面体有棱柱、棱锥等,曲面体有圆柱、圆锥、球、环等。

一、组合体的组合形式

组合体的组合形式有叠加式、切割式和综合式三种,图7-1。

(一)叠加式

叠加式组合体是把组合体看成由若干个基本形体叠加而成的,如图7-1(a)所示。

(二)切割式

切割式组合体是由一个大的基本形体经过若干次切割而成的,如图7-1(b)所示。

(三)综合式

综合式组合体把组合体看成既有叠加又有切割组成,如图7-1(c)所示。

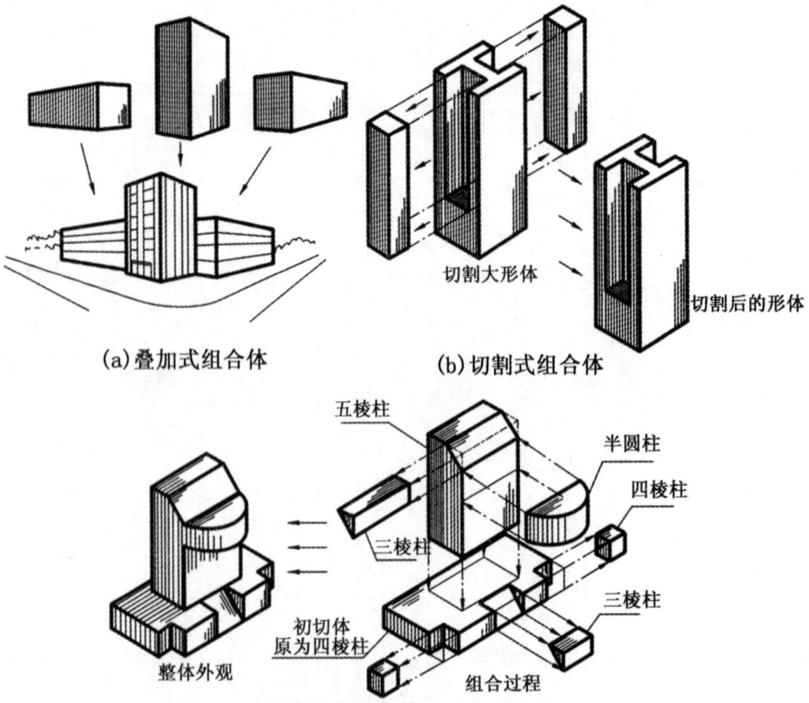

(a)叠加式组合体　(b)切割式组合体

(c)综合式组合体

图7-1　组合体的组合形式

二、组合体的投影分析

组合体在工程中常以综合式的形式出现,所以在读、画组合体视图时,必须掌握其组合形式和各基本体表面间的连接关系,才能做到不漏线或不多线。在读图时,只有注意这些连接形式,才能准确想象出整体结构的形状。

两表面之间连接关系有平齐、相切、相交和不平齐四种表现形式。

(1)平齐。两形体表面平齐时,连接处无线,如图 7-2(a)所示。

(2)相切。两形体表面相切时,在相切处应不画交线,如图 7-2(b)所示。

(3)相交。两形体表面相交时,相交处应画出交线, 如图 7-2(c)所示。

(4)不平齐。两形体表面不平齐时,连接处应有轮廓线隔开, 如图 7-2(d)所示。

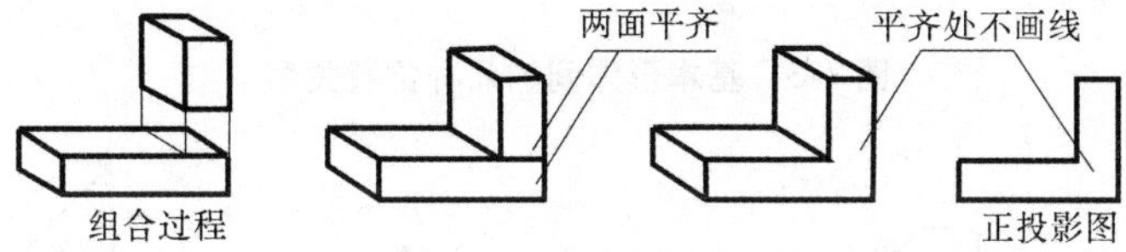

(a) 表面平齐

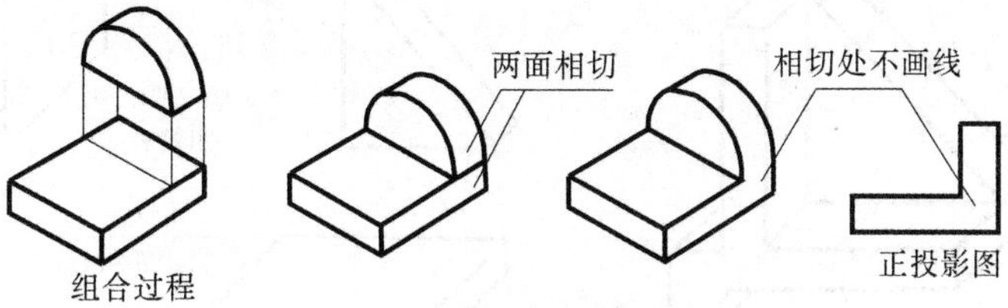

(b) 表面相切

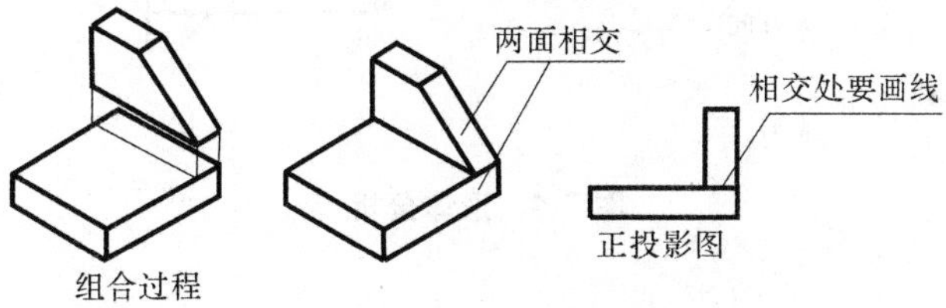

(c) 表面相交

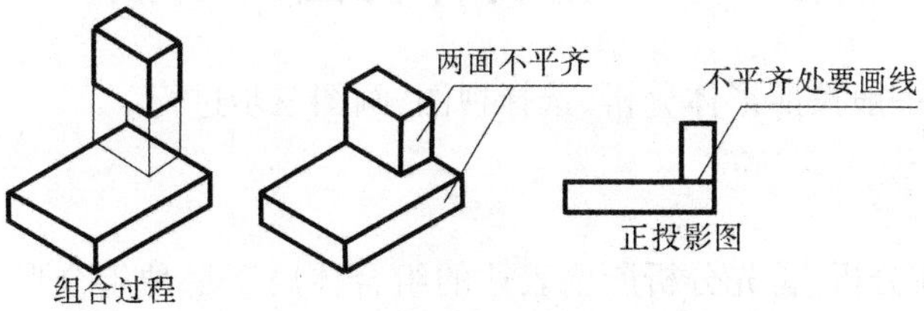

(d) 表面不平齐

图 7-2 形体表面的几种连接关系

组合体是由基本形体组合而成的,所以基本形体之间除表面连接关系外,还有相互之间的位置关系。图 7-3 为叠加式组合体组合过程中的几种位置关系。

三、形体分析方法

一个组合体,可以看作由若干个基本形体组成。对组合体中基本形体的组合方式、表面连接关系及相互位置等进行分析,弄清各部分的形状特征,这种分析过程称为形体分析。

图 7-4(a)为挡土墙的立体示意图,它是一个组合体。该组合体的形体分析如图 7-4(b)所示,支板是一个三棱柱,底板由两个四棱柱叠加而成,立墙是一个四棱柱,底板也可以分析成是由矩形板切割而成的。

形体分析法是画、读组合体视图及标注尺寸的最基本的方法。

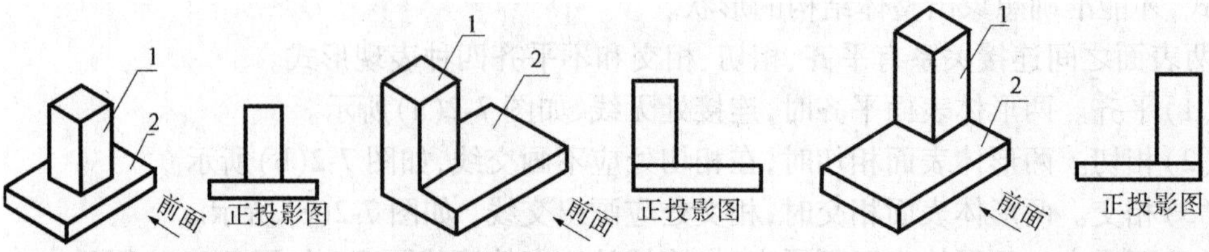

(a) 1号形体在2号形体的上方中部　(b) 1号形体在2号形体的左后上方　(c) 1号形体在2号形体的右后上方

图 7-3　基本形体间的几种位置关系

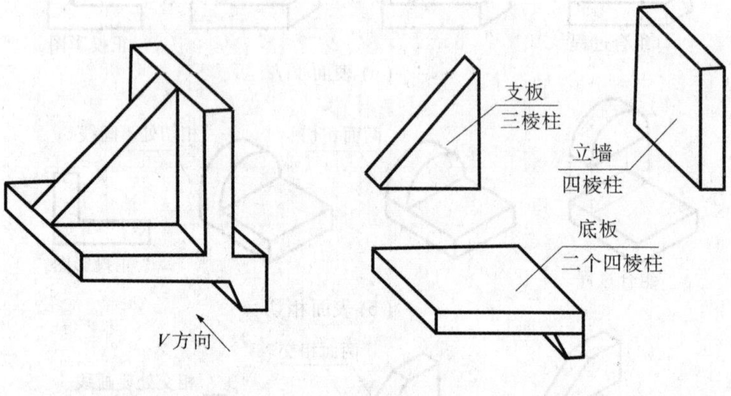

(a)　(b)

图 7-4　形体分析

第二节　组合体视图的画法

画组合体视图,一般按照形体分析、选择视图、画图三步进行。

一、形体分析

对形体进行形体分析,首先分析所要表达的组合体属于哪种组合形式,由几部分组成;然后要弄清各组成部分的形状、相对位置及各表面间的连接关系,从而对所要表达的组合体的形体特点有一个总的认识,为画视图作好准备。

二、选择视图

视图选择的原则是:用尽量少的视图把物体完整、清晰地表达出来。

(一)确定组合体的安放位置

(1)从稳定性角度来考虑物体的安放位置。

(2)按物体的工作位置来安放物体。

（二）确定正面投影图的投影方向

（1）优先选择最能反映该物体形状特征和结构特征的投影方向作为正面投影图的投影方向，如图 7-5 所示。

（2）选择合理利用图纸幅面的投影方向作为正面投影图的投影方向，即使物体的长度方向平行于正立投影面，如图 7-6 所示。

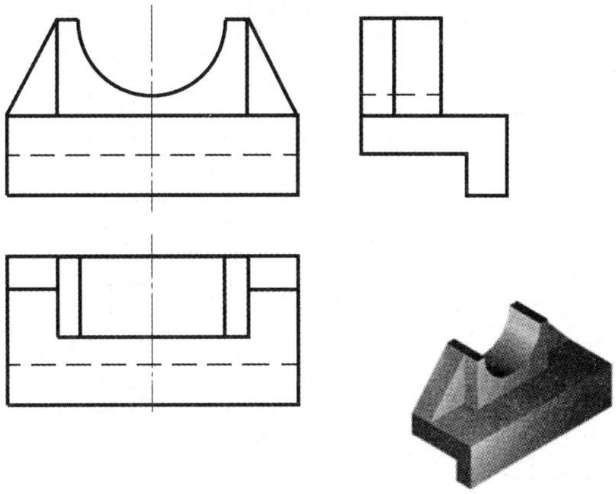

图 7-5　正面投影图的选择

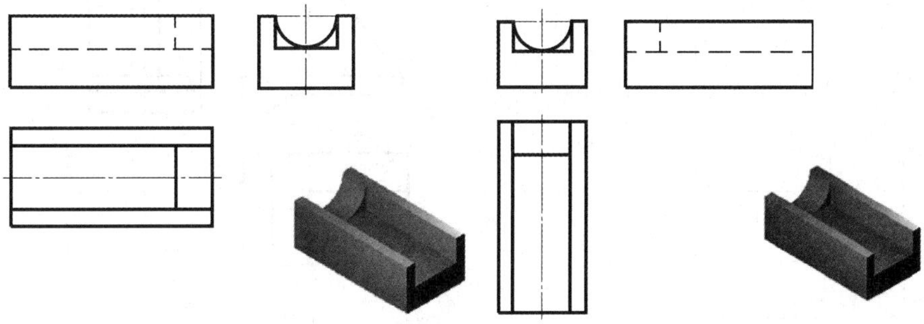

（a）好　　　　（b）不好

图 7-6　合理使用图纸幅面

另外，选择正面投影图的投影方向时，还应考虑尽可能减少视图中的虚线。

三、画图方法和步骤

首先根据选定的图幅，初步考虑三个视图的基本位置，应尽量做到布置合理、美观。

（1）选择图幅和绘图比例。

视图确定以后，要根据其大小和复杂程度，按国家标准规定选定作图比例和图幅；图幅大小应考虑有足够的地方画图、标注尺寸和画标题栏。

（2）确定各投影图的定位线。

根据组合体的总长、总宽、总高，并注意视图之间要留有适当地方标注尺寸，匀称布图，画出作图基准线。

（3）画底稿。

画图时应分清主次，先画主要部分，后画次要部分；在画每一部分时，先画反映该部分特征的视图,后画其他视图;严格按照投影关系,三个视图配合起来画出每一部分的投影。

(4)检查无误后,按规定加深图线。

底稿画完以后,逐个检查各基本形体表面的连接关系,纠正错误和补充遗漏。由于组合体内部各形体融合为一体,所以应检查是否画出了多余的轮廓线。经认真修改并确定无误后,擦去辅助图线。底稿经检查无误后,按规定的标准线型描深。

【例7-1】 画出图7-4(a)所示挡土墙的三面投影图。

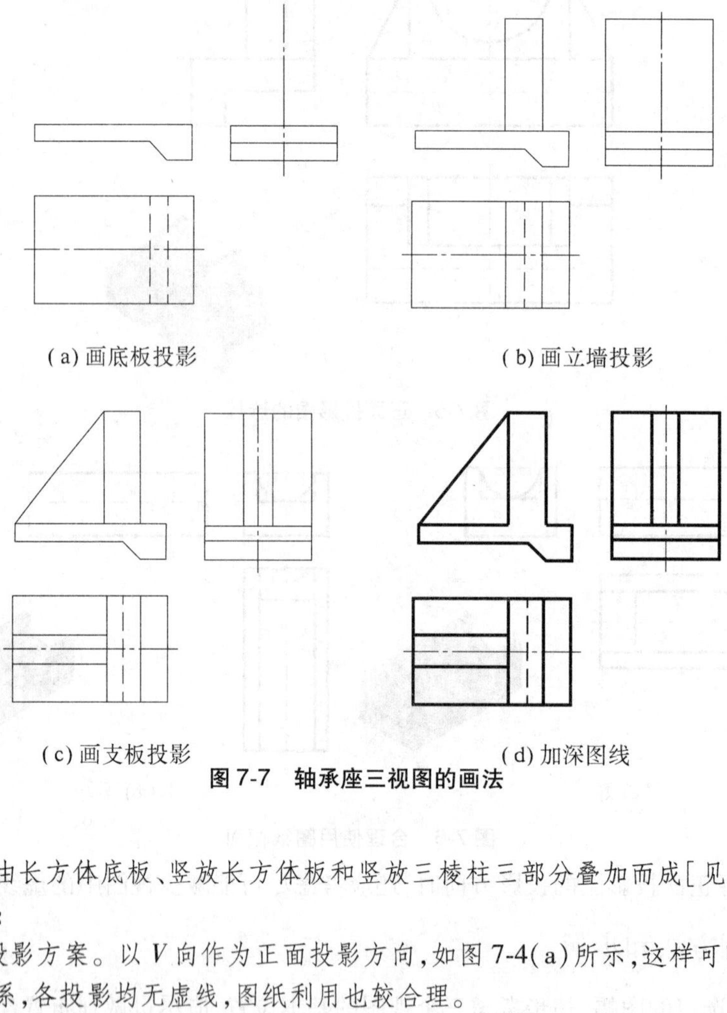

(a)画底板投影　(b)画立墙投影　(c)画支板投影　(d)加深图线

图7-7　轴承座三视图的画法

分析:

该挡土墙由长方体底板、竖放长方体板和竖放三棱柱三部分叠加而成[见图7-4(b)]。

作图步骤:

(1)确定投影方案。以V向作为正面投影方向,如图7-4(a)所示,这样可明显地反映各部分的组合关系,各投影均无虚线,图纸利用也较合理。

(2)逐个画出三部分的三面投影,如图7-7(a)、(b)、(c)所示。画竖放三棱柱时,应先画反映形状特征的正面投影。

(3)检查投影图是否正确。

(4)加深。因该投影图均为可见轮廓线,应全部用粗实线加深,如图7-7(d)所示。

再以图7-8(a)所示桥台翼墙为例,可以看作是切割形成的组合体,形体虽然简单,但画图并不容易,初学者仍需进行形体分析。形体分析过程如图7-8(b)、(c)、(d)、(e)所示。作图过程可按图7-9(a)、(b)、(c)、(d)的顺序进行。

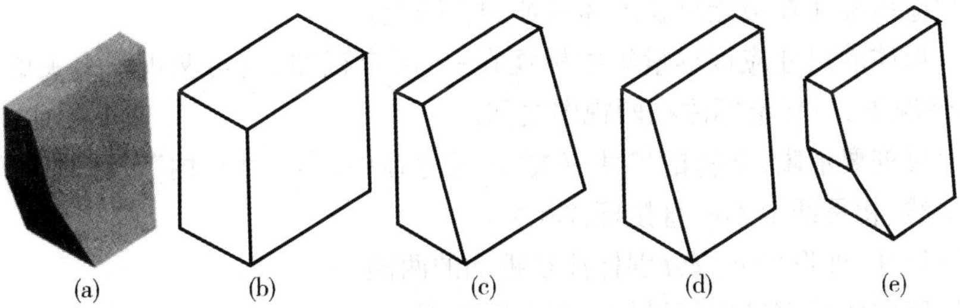

图 7-8　桥台翼墙形体分析

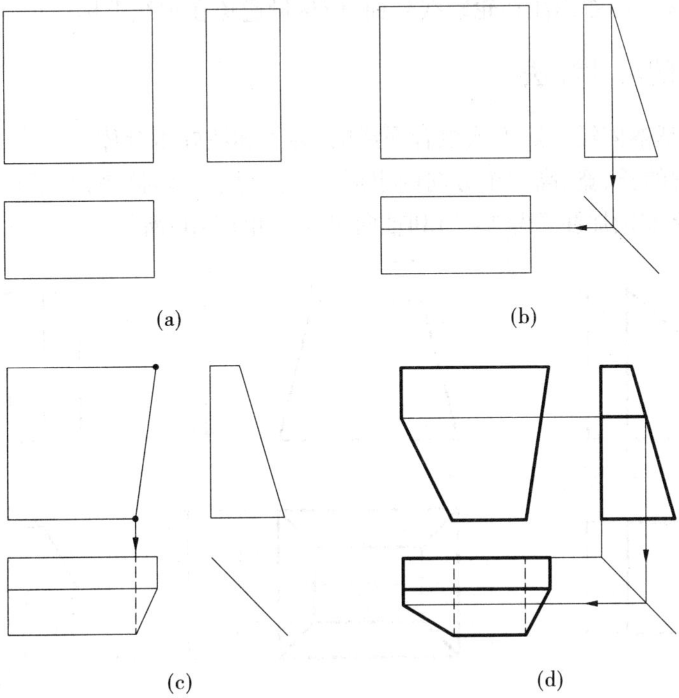

图 7-9　桥台翼墙作图顺序

第三节　组合体投影图上的尺寸标注

组合体的三面图只能表达它的形状，而各部分大小和各部分之间的相对位置关系，则必须由图上所标注的尺寸来表示，因此在三面图上应标注尺寸。

一、尺寸标注的要求

(1)正确。尺寸标注符合国家标准的规定，即严格遵守国家标准的规定。

(2)完整。尺寸标注要完整，要能完全确定出物体的形状和大小，不遗漏，不重复。

(3)清晰。尺寸标注要合理，安排要清晰。

(4)合理。所注尺寸要符合设计、制造和检验等要求。

为此，标注尺寸时应注意以下问题：

(1)尺寸应该标注在最能反映形体特征的视图上。

(2)同一形体的尺寸应该尽量集中标注在一、两个视图上;与两视图有关的尺寸,在不影响清晰的情况下,应尽量标注在两视图之间。

(3)尺寸排列要清晰,平行的尺寸应按“大尺寸在外,小尺寸在内”的原则排列。

(4)截交线、相贯线上不应直接标注尺寸。

(5)内形尺寸、外形尺寸应分别标注在视图的两侧。

(6)同轴回转体的直径应尽量标注在非圆视图上。

(7)同方向不重叠的尺寸应尽量布置在一条线上。

(8)尺寸应该尽可能标注在轮廓线外面,应尽量避免在虚线上标注尺寸。

二、基本体的尺寸注法

组合体是由基本体经一定方式组合而成的,为了标注好组合体的尺寸,标注基本体的尺寸,一般要注出它的长、宽、高三个方向的定形尺寸。对于回转体来说,通常只要注出径向尺寸(直径尺寸数字前须加注符号“ϕ”)和轴向尺寸,如图 7-10 所示。

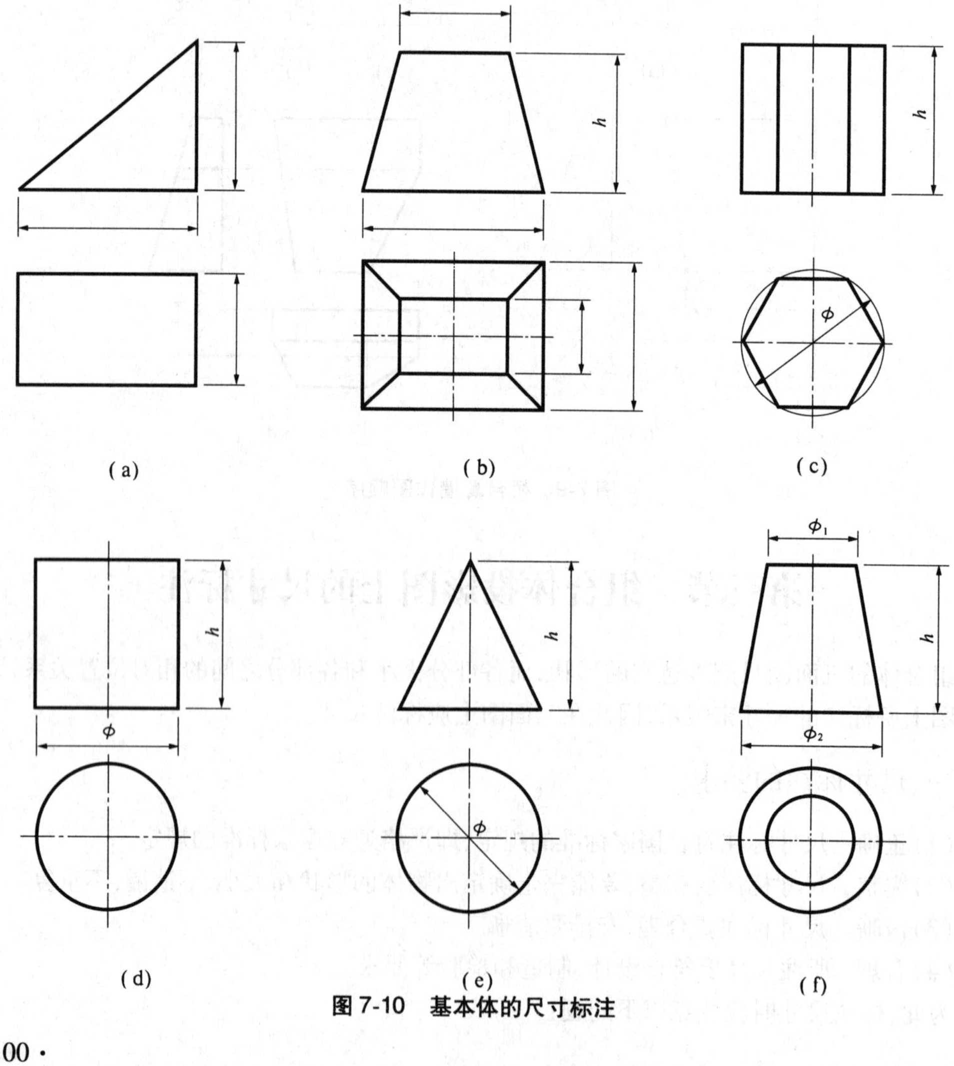

图 7-10 基本体的尺寸标注

三、尺寸分类和尺寸基准

现以图 7-11 所示组合体为例,说明组合体尺寸分类和尺寸基准。

根据图 7-11(a)、(b),可以看出该组合体是由三个基本体组成的,下部底板Ⅰ是一个四棱柱,立板Ⅱ也是一个四棱柱,立板上挖了一个圆孔Ⅲ。

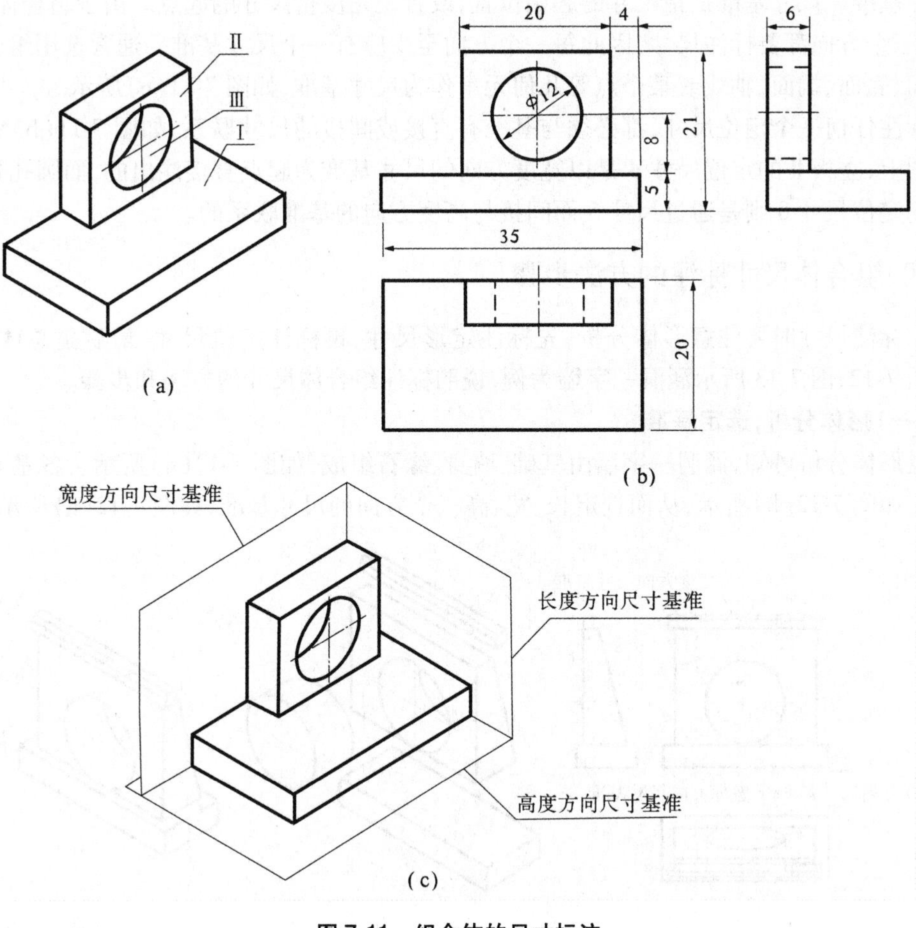

图 7-11 组合体的尺寸标注

(一)定形尺寸

定形尺寸即确定组合体各组成部分形状大小的尺寸。图 7-11 的投影图尺寸中 35、20、5 是底板Ⅰ的定形尺寸。20、6、16 是立板Ⅱ的定形尺寸,其中高度尺寸 16 是通过总尺寸 21 去掉下部底板高度 5 间接得到的。φ 12 和 6 是圆孔Ⅲ的定形尺寸,圆孔的宽度尺寸与立板的宽度尺寸相同。

(二)定位尺寸

定位尺寸即确定各基本形体之间的相对位置尺寸。如图 7-11(b)所示,正面投影图上的尺寸数字 4 是立板Ⅱ相对底板Ⅰ左右方向的定位尺寸,尺寸数字 8 是圆孔Ⅲ在立板Ⅱ高度方向的定位尺寸。

(三)总体尺寸

总体尺寸即反映组合体的总长、总宽、总高的尺寸。如图7-11(b)所示的总长为35,总宽为20,总高为21。

(四)尺寸基准

确定尺寸位置的几何元素(点、直线、平面)称为尺寸基准。在视图上标注尺寸,要先确定尺寸基准。尺寸基准是指尺寸的起始位置,或者说是度量尺寸的起点。由于组合体的长、宽、高三个方向都要标注尺寸,因此每一个方向至少应有一个尺寸基准。通常选用组合体的对称面、底面、端面、轴线或某个点等几何元素作为尺寸基准,如图7-11(c)所示。

标注任何一个定位尺寸,都必须与基准有直接或间接的尺寸联系,如图7-11(b)中正面投影图上,立板Ⅱ的定位尺寸4是以宽度方向的尺寸基准为起点直接注出的,而圆孔Ⅲ高度方向的定位尺寸8则是通过尺寸5而间接与高度方向的基准联系的。

四、组合体尺寸标注的方法步骤

在标注尺寸时要注意形体分析,先标注定形尺寸,再标注定位尺寸,最后是总体尺寸。现以图7-12、图7-13所示涵洞一字墙为例,说明标注组合体尺寸的方法和步骤。

(一)形体分析,选定基准

经形体分析可知,涵洞一字墙由基础、墙身、缘石组成,如图7-12(c)所示。各基本体相对位置如图7-12(b)所示,从而选定长、宽、高三个方向的尺寸基准,如图7-12(a)所示。

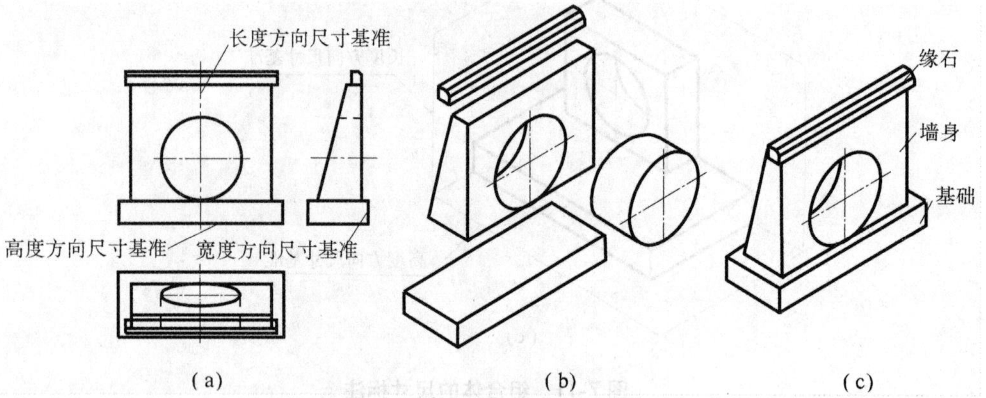

图7-12 涵洞一字墙的形体分析

(二)标注三类尺寸

(1)标注基本体尺寸,如图7-13(a)、(b)、(c)所示。

(2)标注定位尺寸:在长度方向上,基础、墙身和缘石关于基准对称布置,不需定位尺寸;在高度方向上,各基本体依次叠加,也不需定位尺寸;只需注出墙身和缘石在宽度方向的定位尺寸15和5,如图7-13(d)中的*W*面投影图所示,这两个尺寸均标注在位置特征明显处。

(3)标注总体尺寸:分别标出总长340、总高290和总宽125。

(三)检查复核

注完尺寸后,要用形体分析法认真检查三类尺寸,补上遗漏尺寸,并对不合理的尺寸进行必要的调整。

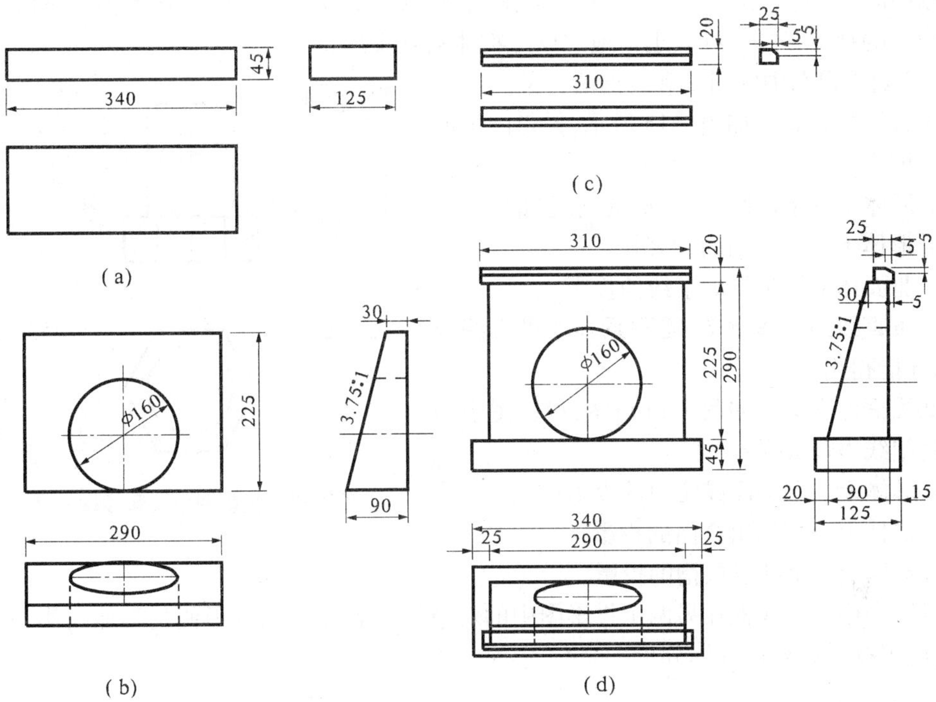

图 7-13　涵洞一字墙的尺寸标注

第四节　读组合体投影图

画图是将物体按正投影法用视图表示在图纸上，是将空间物体以平面图形的形式反映出来的。读图则是由视图根据投影规律想象出物体的空间形状和结构。要正确、迅速地读懂视图，必须掌握读图的基本方法和步骤，培养空间想象力，通过不断实践，逐步提高读图能力。

一、读图时应注意的几个问题

(1)以反映形体形状特征和位置特征明显的视图为基础，将几个视图联系起来阅读：如图 7-14 所示三个不同形状的物体，它们的主、俯视图相同，左视图反映其形状特征。

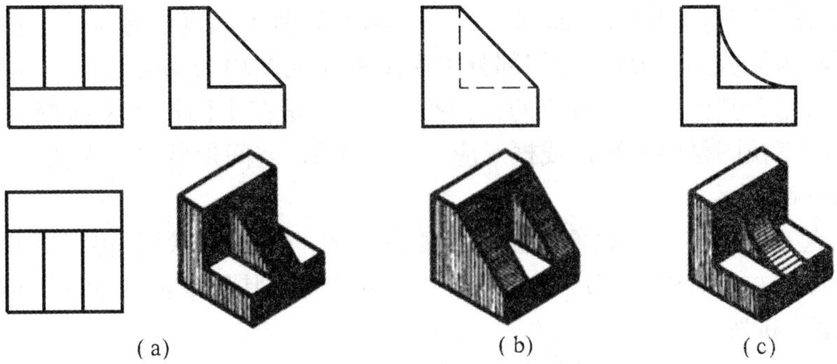

图 7-14　几个视图联系起来阅读

读图时,要把所给的几个视图联系起来构思,善于抓住反映形体形状和各部分相对位置特征明显的视图,才能准确、迅速地想象出物体的真实形状。

(2)明确视图中的图线和线框的含义。

①直线的含义。如图7-15所示,投影图中的一条线可表示:

a. 形体上一条棱线(两个面的交线)的投影;

b. 形体上一个平面的积聚投影;

c. 曲面体上一条轮廓素线的投影。

一条直线的具体意义,需联系其他投影综合分析,才能得出。

②线框的含义。如图7-15所示,投影图中的一个封闭线框可表示:

a. 形体上一个平面或曲面的投影;

b. 形体上一相切组合面的投影;

c. 形体上一个孔、洞、槽的投影。

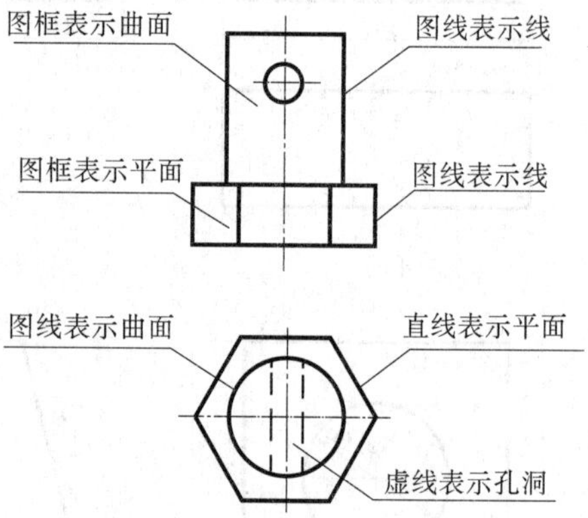

图7-15 投影图中线和线框的意义

投影图中一个线框在另两个投影图中的对应投影若非积聚投影便是类似投影,实际读图时,应根据投影规律具体分析。

二、读图的基本方法

(一)形体分析法

读图的基本方法与画图一样,也是运用形体分析法。一般是从反映组合体形状特征的主视图入手,对照其他的视图,初步分析该形体是由哪些基本体和通过什么组合方式形成的。再将特征视图(一般为主视图)划分成若干封闭线框,因为视图上的封闭线框表示了某一基本形体的轮廓投影。然后根据投影的"三等"对应关系逐个找出这些封闭线框对应的其他投影,想象出各基本体的形状。最后按各基本体之间的相对位置,综合想象出组合体的整体形状。

现以图7-16所示的涵洞面墙为例,说明形体分析的方法。

(1)分析视图、分部分。从左视图入手,结合主视图和俯视图,该涵洞面墙可分为上、中、下三部分,如图7-16(b)所示。

(2)逐部分对投影、想形状。由左视图按投影规律找出各部分在主视图和俯视图上的对应线框。如图7-16(b)所示,下面部分的三视图上为两矩形线框对应一个倒写的凹字多边形,空间形状为倒放的凹形柱;中间部分主视图和左视图均为梯形线框,对应俯视图可知它是半四棱台,结合其内部虚线对应的三面投影,可知是在半四棱台中间挖穿一个倒U形柱;上面部分的三视图是两个矩形线框对应一个五边形,空间形状是一个直五棱柱,各部分形状如图7-16(c)所示。

(3)综合起来想整体。在想象出涵洞面墙各组成部分的形状后,再根据它们之间的相对位置,整个形体左右对称,三部分的后表面平齐,可想象出其整体形状,如图7-16(d)所示。

(二)线面分析法

在一般情况下,对形体清晰的组合体,用上述形体分析法就可以解决读图问题。对有些局部较为复杂的组合体,完全用形体分析法还不够,有时候需应用线面分析法来帮助想象和

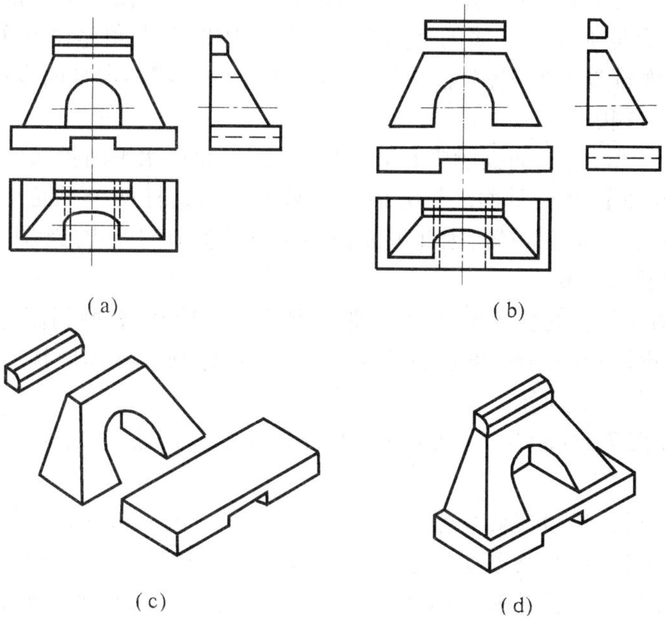

图 7-16　形体分析法读图

读懂这些局部的形状。

将组合体看成是由若干个面围成的,面与面之间常存在着交线。线面分析法就是运用投影规律,分析组合体表面及线的形状和相对位置,从而想象出组合体的形状。

下面以图 7-17 所示的形体为例,说明线面分析法。

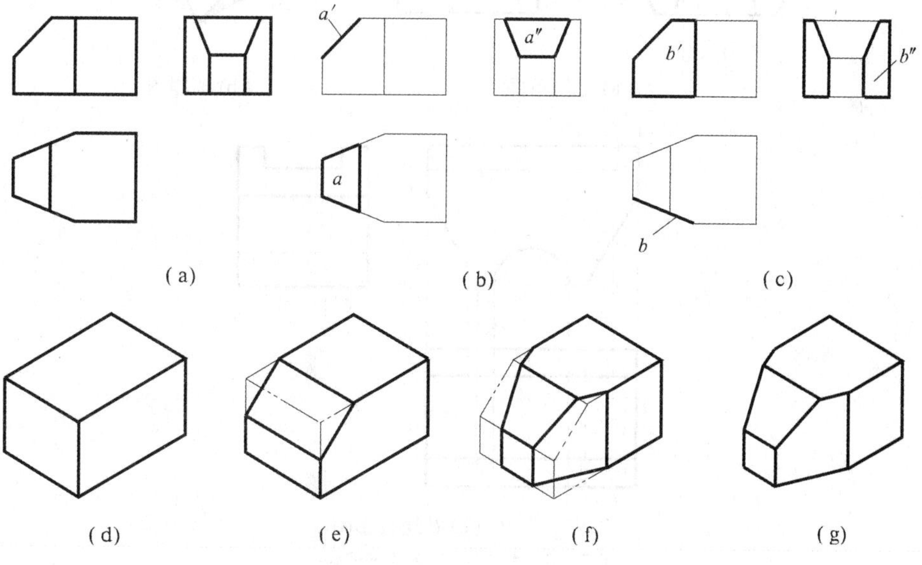

图 7-17　线面分析法读图

(1)确定物体的整体形状。由图 7-17(a)可知,形体的三面投影均是有缺角或缺口的矩形,可初步认定该形体是由长方体切割而成的。

(2)确定切割面的位置和面的形状。

如图 7-17(b)所示,在水平投影中有梯形线框 a,而在 V 面投影中可找出与它对应的斜线 a',由此可见 A 面是垂直于 V 面的梯形平面。长方体的左上角是由 A 面切割而成的,平面 A 对 W 面和 H 面都处于倾斜位置,所以它们的侧面投影 a''和水平面投影 a 是类似图形,不反映 A 面的真实形状。

如图 7-17(c)所示,在 V 面投影中有五边形线框 b',而在水平面投影中可找出与它对应的斜线 b,由此可见 B 面是铅垂面。长方体的左端就是由这样两个平面切割而成的。平面 B 对 V 面和 W 面都处于倾斜位置,因此侧面投影 b''也是类似的五边形线框。

(3)综合想象整体形状。

搞清楚各截切面的空间位置和形状后,根据基本形体形状、各截切面与基本形体的相对位置,进一步分析投影图中的线、线框的含义,可以综合想象出整体形状。分析想象过程如图 7-17(d)、(e)、(f)、(g)所示。

【例 7-2】 如图 7-18(a)所示,已知形体的正面投影和侧面投影,求水平投影。

分析:

根据形体的正面投影和侧面投影,可以想象出形体的大致形状,如图 7-18(b)所示,该形体为一个棱柱被切去一个长方体凹槽和一个半圆柱凹槽而成,画该形体的水平面投影时,可以先画出原棱柱的水平面投影,然后标注出两个凹槽部分,尤其要注意底面半圆柱凹槽的 H 面投影不可见,需用虚线画出。

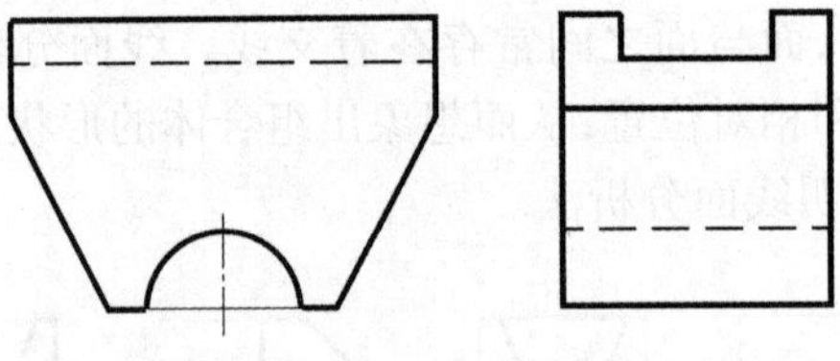

(a) 已知条件

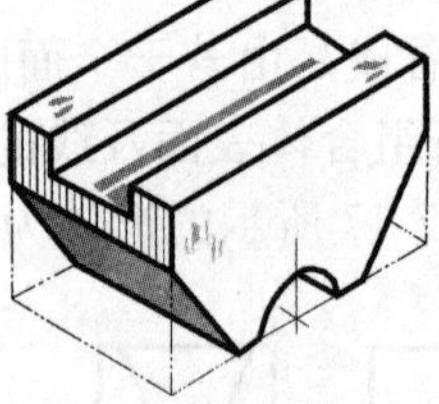

(b) 轴测图

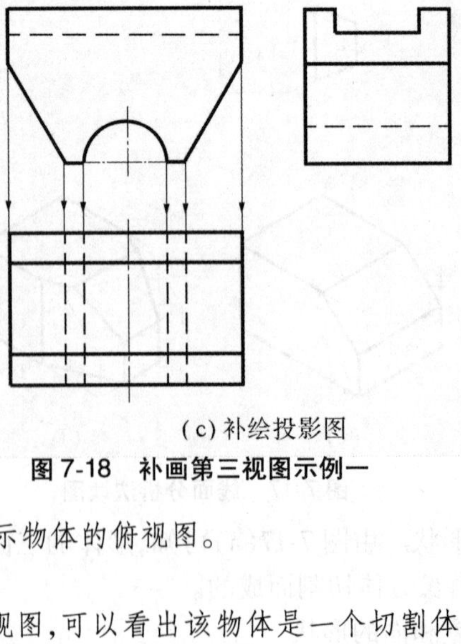

(c) 补绘投影图

图 7-18 补画第三视图示例一

【例 7-3】 补画 7-19 所示物体的俯视图。

分析:

根据图 7-19 所示的两面视图,可以看出该物体是一个切割体,从左视图入手结合主视图可分解物体为多棱柱被切三刀。逐部分对投影、想形状，原体空间形状为直八棱柱，可用形体分析法补画该部分的俯视图，如图 7-19(b) 所示。切割部分是过原体上的斜面切的，视图较复杂，应用线面分析法一个面一个面地补画，先补水平面，再补正垂面，如图 7-19(c) 所示。最后加深完成第三视图，如图 7-19(d) 所示。

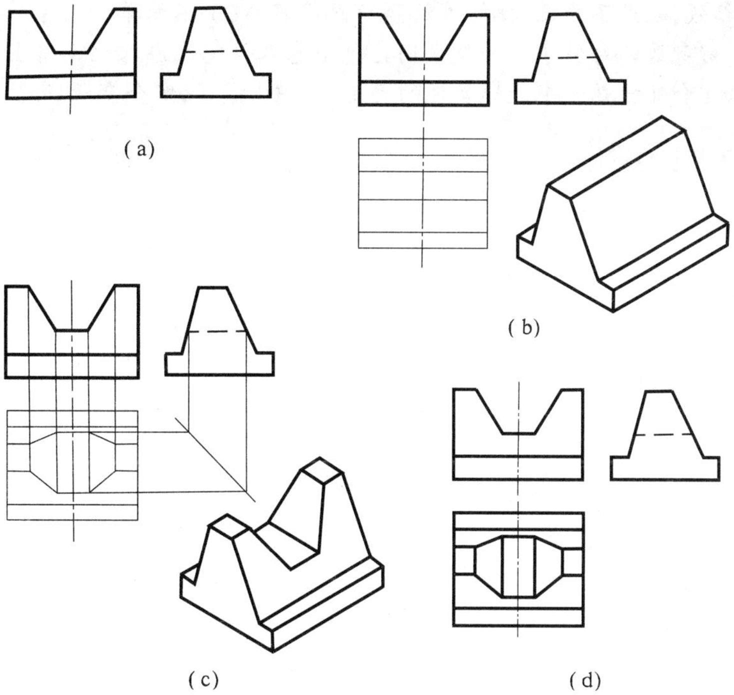

图 7-19　补画第三视图示例二

小　结

组合体有叠加、切割、相切、相交等组合方式；叠加体画图时，先分析清楚各基本体的形状和相互位置，然后逐个画出各基本体的投影，并依次叠加；切割体画图时，先画出原始基本体的投影，然后从切割平面的积聚性投影入手，逐个画出被切部分的投影。组合体的尺寸有定形尺寸、定位尺寸和总体尺寸，标注组合体的尺寸应注意完整、正确、清晰、合理。读图方法有形体分析法和线面分析法，叠加体宜采用形体分析法，切割体宜采用线面分析法。

复习思考题

7-1　简述画组合体投影图的方法。

7-2　组合体的尺寸有哪些？什么叫尺寸基准？如何选择尺寸基准？

7-3　视图中的线、线框代表什么含义？

7-4　形体分析法和线面分析法各适用于识读什么样的组合体？

思政园地

画组合体视图时,要将复杂的组合体分解为若干个最简单的基本体进行研究。需要有把复杂的问题尽量简单化的思维,把简单的问题最精细化的行动。把平凡的事情做精致,就是不平凡,把简单的事情做最好,就是不简单。引导学生脚踏实地,专注做好身边的每件事。如果我们把每个基本体想象成人生道路上的一个小目标,那么组合体就是一个能够实现的大目标,积少成多,定会有所成就。

第八章 剖面图和断面图

【学习目标】 熟悉剖面图和断面图的概念;掌握全剖、半剖、局部剖、阶梯剖的画法及标注;移出断面、重合断面的画法及标注。

第一节 剖面图

物体的视图主要表示物体的外部形状。当物体的内部结构比较复杂时,视图中的各种图线纵横交错在一起,造成层次不清,影响视图的清晰,且不便于绘图、标注尺寸和读图,如图 8-1 所示。为了清楚地表示物体的内部构造,工程上通常用不带虚线的剖面图来代替视图。

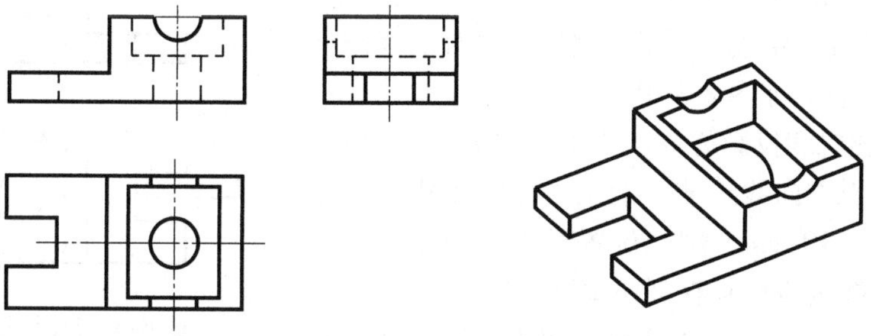

图 8-1 带有虚线的视图

一、剖面图的概念

假想用一个剖切平面,平行于某一个投影面把物体在某一位置剖开,将观察者和剖切平面之间的部分移去,其余部分向投影面作投影,所得到的图形称为剖面图,简称为"剖面",如图 8-2 所示。剖面图用于表示物体的内部结构。

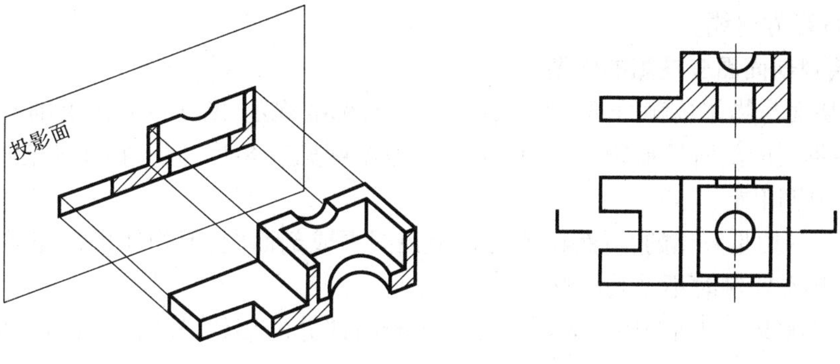

图 8-2 剖面图的形成

二、剖面图的画法

(一)确定剖切位置

一般采用平行于投影面的平面剖切。剖切位置选择要得当,首先应通过内部结构的轴线或对称平面以剖出它的实形;其次应在可能的情况下使剖切面通过尽量多的内部结构。

(二)画剖面图

剖切位置确定之后,即可将物体切开,并按投影方法画出剖切平面之后的部分的投影图,即得剖面图。

当剖切面将物体切为两部分后,移走观察者与剖切平面之间的部分,投影的是剖切平面之后的部分。它包括两项内容:一项是剖切平面与物体接触的切断面;另一项是断面后的部分。绘制剖面图时,为了分清物体内部结构的层次,规定在物体上被剖切到的切口部分画出剖面符号。根据国家标准中规定的建筑材料,应采用规定的剖面符号。

(三)剖面图的标注

剖面图的图形是由剖切面的位置和投影方向决定的。因此,需要标注剖面图的剖切位置和投影方向。为了便于读图,还要对剖切符号进行编号,并对剖面图标注相应的编号名称,如图 8-3 所示。

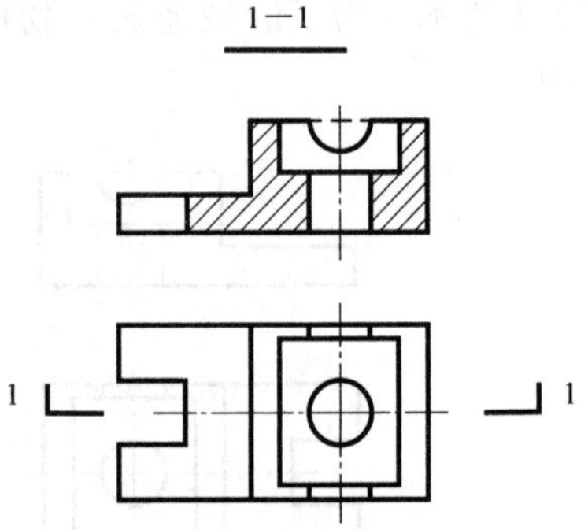

图 8-3 剖面图的标注

(1)剖切位置和投影方向。用剖切符号表示,由剖切位置线和投影方向线组成。剖切位置线用粗实线绘制,长度宜为 6~10 mm。剖切位置线不宜与轮廓线接触。投影方向线垂直地画在剖切位置线的两端,其指向即为投影方向。投影方向线用粗实线绘制,长度宜为 4~6 mm。

(2)剖切符号的编号。用阿拉伯数字或拉丁字母,若有多个剖视图应按顺序由左到右、由上到下连续编号。编号写在剖面图剖视方向线的端部,水平书写。

(3)剖面图的名称。与剖切符号的名称对应,如"A—A"或"1—1"。

当单一剖切平面通过物体的对称平面或基本对称的平面,且剖面图按投影关系配置,中间又无其他图形隔开时,可省略标注。当剖面图按照基本视图配置,中间无其他视图隔开时,可省略投影方向线。

(四)绘制剖面图应注意的问题

(1)剖切面与物体接触的部分称为断面。国家标准规定,断面内要画上剖面符号,不同的材料采用不同的剖面材料符号,常用材料符号图例见表 8-1。同一物体所有的剖面线的方向、间隔均应相同。

(2)由于剖切是假想的,虽然物体的某个视图画成剖面图,但物体仍是完整的,因此物体的其他图形在绘制时不受其影响。

(3)不能漏线。剖面图中不仅要画出剖切断面部分的形状,还需画出剖切平面之后的部分的轮廓线。

(4)一般将虚线省略不画,如果画少量虚线可以减少视图数量,在不影响视图的清晰时,可以画出少量虚线。

表 8-1　常用材料符号图例

名称	图例	名称	图例
自然土壤		夯实土壤	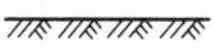
天然砂砾	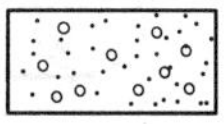	干砌片石	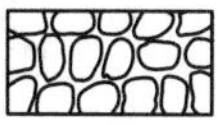
浆砌片石	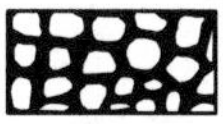	木材	
金属	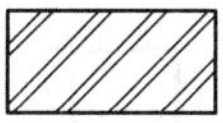		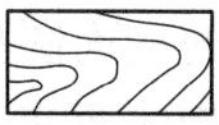
水泥混凝土	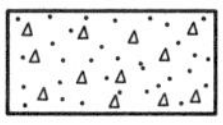	钢筋混凝土	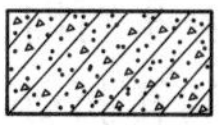
水泥稳定土	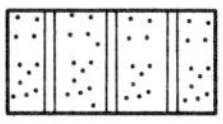	水泥稳定砂砾	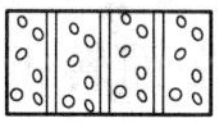
水泥稳定碎砾石	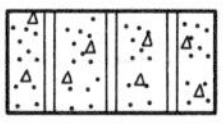	石灰土	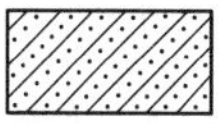

三、剖面图的种类

(一)全剖面图

用剖切面完全地剖开物体所得的剖视图,称为全剖面图。全剖面图是为了表达物体完整的内部结构,通常用于内部结构较为复杂的场合,如图 8-4 中的 1—1 所示。

(二)半剖面图

当物体具有对称平面时,向垂直于对称平面的投影面上投射所得的图形,可以对称中心线为界,一半画成视图,另一半画成剖面图,这种组合的图形称为半剖面图,如图 8-4 中的 2—2 所示。

半剖面图主要用于内、外形状都需要表达的对称物体。画半剖面图时,剖面图与视图应以点画线为分界线,剖面图一般位于视图对称线的右侧。在半剖面图中,由于物体的内部形状已在剖面图中表达清楚,所以视图上的虚线可以省略不画。

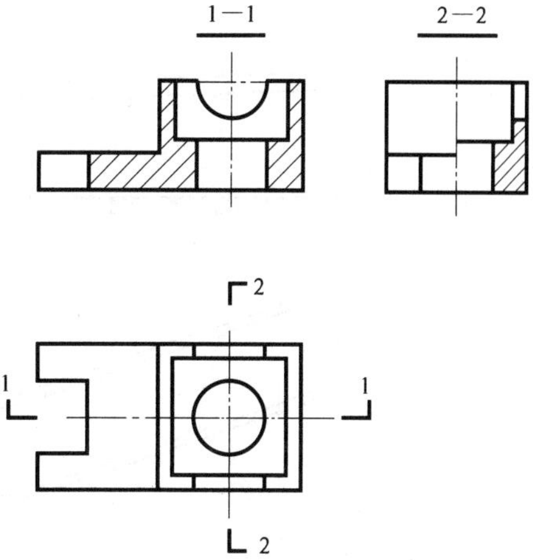

图 8-4　全剖面图和半剖面图

(三)局部剖面图

假想用剖切面局部地剖开物体所得的剖面图,称为局部剖面图,如图 8-5 所示。局部剖面图主要用于表达物体的局部内部结构或不宜采用全剖面图或半剖面图的地方(孔、槽等)。局部剖面图中被剖部分与未剖部分的分界线用波浪线表示。

当采用单一剖切平面,且剖切位置明显时,局部剖面图的标注可以省略。

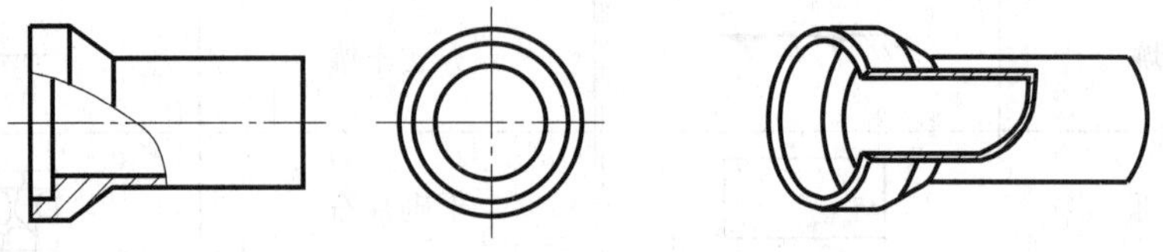

图8-5 局部剖面图

(四)阶梯剖面图

用两个或两个以上平行的剖切平面剖切物体形成的剖面图称为阶梯剖面图,如图8-6所示。

当物体要表达的内部结构不在同一个剖切面且相互平行时,可以用阶梯剖。阶梯剖的剖切位置线的转折处不能与图上的轮廓线重合或相交;因为几个剖切平面都是假想的,不要画出两个剖切平面转折处交线的投影;画阶梯剖面图时,必须标注剖切符号,如图8-6中的1—1阶梯剖面图。

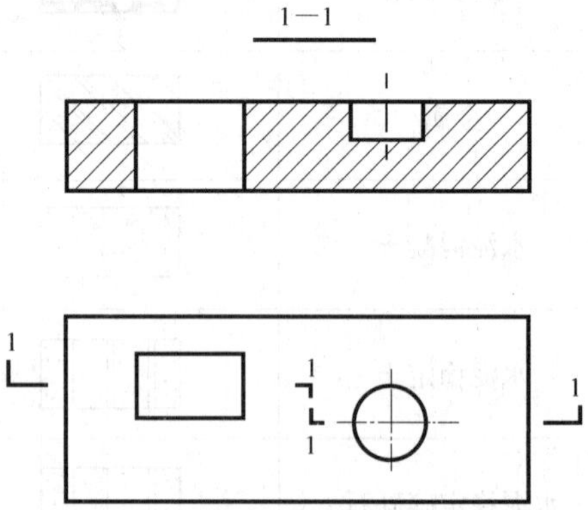

图8-6 阶梯剖面图

(五)展开剖面图

对于弯曲结构的工程形体,用曲面或曲面与平面组合的剖切平面,将工程形体弯曲的中轴线进行剖切,再将剖切平面展开拉直为平面,最后在投影面上得到展开剖面图。

如图8-7所示,平面图反映出桥是由直线和圆弧构成的,将该桥用随桥中线而弯曲的剖切面切开,在作纵剖面图时将其拉直展开,得到展开剖面图。

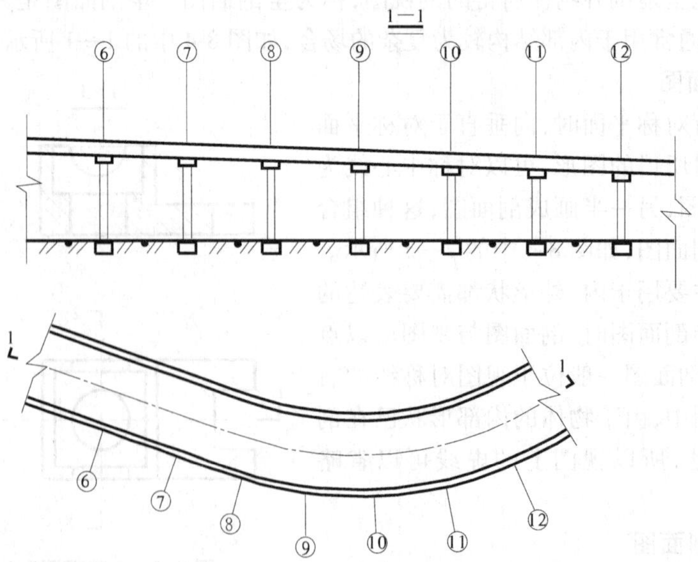

图8-7 展开剖面图

第二节　断面图

一、断面图的概念

假想用剖切平面将物体“切开”后，仅画出剖切平面与物体接触部分的图形，并画上剖面材料符号，这种图形称为断面图。

剖面图主要用来表达物体某处剖切断面的形状，剖切面一般垂直于物体结构的主要轮廓线。

剖视图与断面图的区别：

(1)断面图只画出形体被剖开后断面的投影，而剖面图要画出形体被剖开后整个余下部分的投影。

(2)剖面图是被剖开形体的投影，是体的投影，而断面图只是一个截口的投影，是面的投影。被剖开的形体必有一个截口，所以剖面图必然包含断面图在内，而断面图虽属于剖面图的一部分，但一般单独画出。

(3)剖切符号的标注不同。断面图的剖切符号只画出剖切位置线，不画出投射方向线，且只用编号的注写位置来表示投射方向。编号写在剖切位置线下侧，表示向下投射。注写在左侧，表示向左投射。

(4)剖面图中的剖切平面可转折，断面图中的剖切平面则不可转折，如图 8-8 所示。

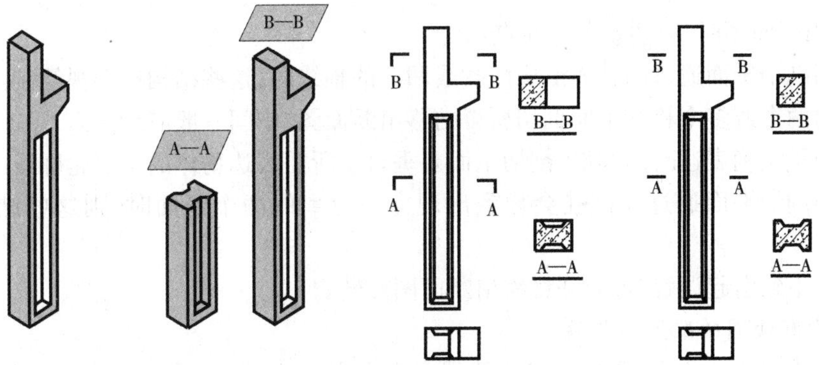

图 8-8　断面图与剖面图的区别

二、断面图的种类

断面图主要用于表达形体或构件的断面形状，根据其安放位置不同，一般可分为移出断面图和重合断面图两种形式。

(一)移出断面图

移出断面图，是指将断面图画在基本投影图以外适当位置的断面图，如图 8-9 所示。

(二)重合断面图

重合断面图，是指画在基本投影图之内的断面图，如图 8-10 所示。

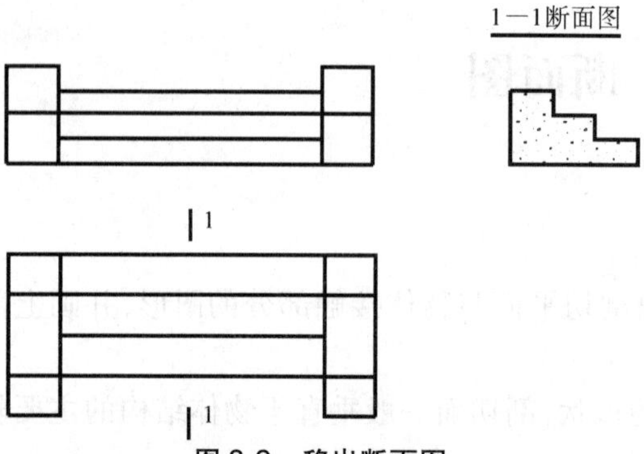

图 8-9　移出断面图

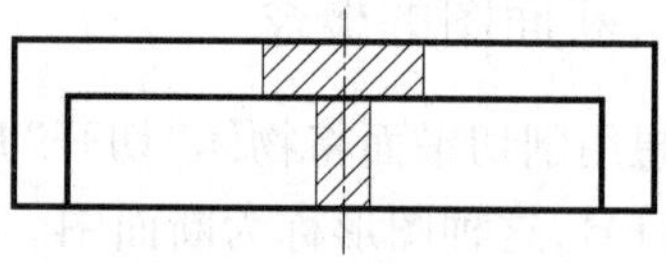

图 8-10　重合断面图

画重合断面图时，轮廓线是细实线，当视图的轮廓线与重合断面的图形重叠时，视图中的轮廓线仍应连续画出，不可间断。

三、断面图的画法

(一)移出断面图

1. 移出断面图的画法

当一个物体有多个断面图时，应将各断面图按顺序依次整齐地排列在投影图的附近。根据需要，断面图可用较大的比例画出，就是放大几倍画出。移出断面图的轮廓线用粗实线画出，并尽量画在剖切符号或剖切面迹线的延长线上，必要时也可将移出断面图配置在其他适当的位置。

画移出断面图时，应注意以下几点：

(1)当剖切平面通过回转而形成的孔或凹坑的轴线时，这些结构按剖视绘制。

(2)由两个或多个相交平面剖切所得的移出断面图，中间一般应断开。

(3)为了正确表达断面实形，剖切平面要垂直于所需表达物体的主要轮廓线或轴线。

(4)当剖切平面通过非圆孔会导致出现完全分离的两个断面时，则这些结构按剖视绘制。

(5)在不致引起误解时，允许将移出断面图旋转。

2. 移出断面图的配置与标注

(1)当移出断面图配置在剖切位置线的延长线上且断面图形对称时，可不标注，如图 8-11(a)所示；当移出断面配置在剖切位置线的延长线上且断面图形不对称时，应标注剖切位置线和剖切方向线，如图 8-11(b)所示。

(2)当断面图形对称，且移出断面图配置在视图轮廓线的中断处，可以不标注，如图 8-11(c)所示。

(3)移出断面图也可配置在图纸的其他位置，如果图形对称或按投影关系配置，可省略剖切方向线，但编号应写在剖切后的投影方向一侧，如图 8-11(d)所示。除此之外，应全部标注。

(二)重合断面图

1. 重合断面图的画法

(1)重合断面图的轮廓规定用细实线画出。

(2)当视图中的轮廓线与重合断面图形重合时，视图中的轮廓线仍需完整地画出。

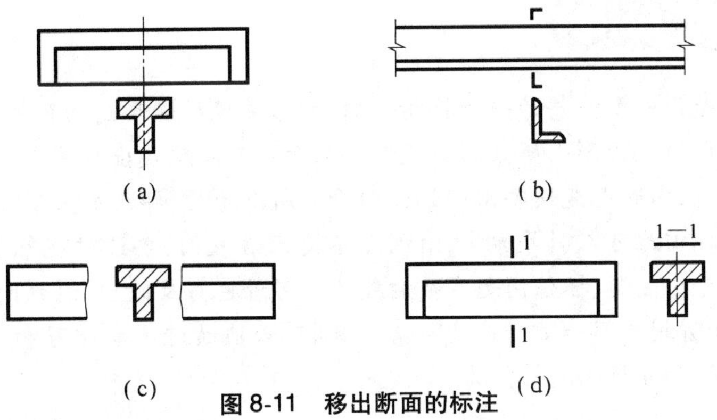

图 8-11　移出断面的标注

2. 重合断面图的配置与标注

(1)对称的重合断面图可不标注,如图 8-12(a)所示。

(2)不对称时,应标注剖切位置线,并用粗实线标注投影方向,但可不标注字母,如图 8-12(b)所示。

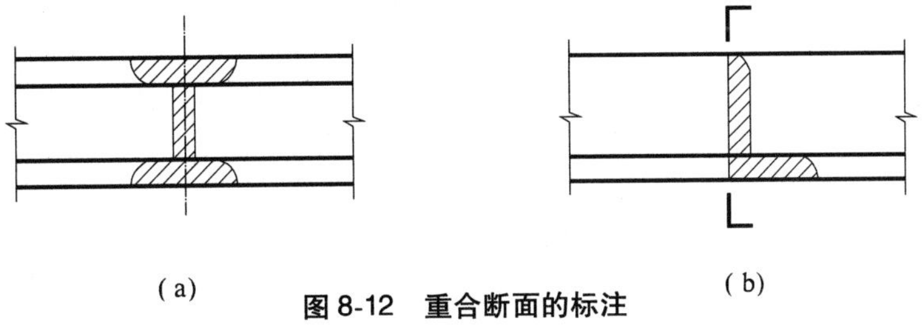

图 8-12　重合断面的标注

小　结

剖面图是指假想用一个剖切平面,将物体剖开,将观察者和剖切平面之间的部分移去,其余部分向投影面作投影,所得到的图形。剖面图用于表示物体的内部结构。

剖面图的种类有全剖面图、半剖面图、局部剖面图、阶梯剖面图和展开剖面图。

断面图是假想用剖切平面将物体“切开”后,仅画出剖切平面与物体接触部分的图形,并画上剖面材料符号。

剖面图与断面图的区别:

(1)断面图只画出形体被剖开后断面的投影,而剖面图要画出形体被剖开后整个余下部分的投影;剖面图是被剖开形体的投影,是体的投影,而断面图只是一个截口的投影,是面的投影。

(2)断面图一般可分为移出断面图和重合断面图两种形式。

复习思考题

8-1　试述剖面图与断面图的区别。

8-2　试述剖面图的类型及其适用范围。

8-3　试述断面图的类型及其适用范围。

思政园地

剖面图是用一个假想的平面将物体剖开,移去观察者和剖切面之间的部分,将剩下的部分向对应投影面所做的正投影。剖面图可以反映出形体或建筑构件内部的材料和构造,同时也能反映出剖切面后面的所有轮廓,即将原来不可见的轮廓变为可见轮廓。由此可以引导学生,看问题不能只看表面,要透过现象看本质;要培养学生独立分析问题、抓住问题实质的能力。另外也可反映出,遇到问题要冷静分析,看到的和听到的不一定全部是事情的真相,必须通过不断学习和积累,以提高自己认识问题和分析问题的能力。

第九章　标高投影

【学习目标】　能根据标高投影的形成原理，从标高投影中识别其反映的地面特征；能用标高投影中平面的各种表示方法，绘制平面的标高投影；能读懂曲面和地形面标高投影图。

道路工程与地形有着紧密的联系，在设计和施工过程中，常常需要绘制反映地形地貌的地形图，以便解决相关的工程问题。由于地面的形状往往比较复杂，长度方向尺寸和高度方向尺寸相差很大，如果仍用前面学习的三面正投影法表示，作图困难，且不易表达清楚。因此，在工程实践中常采用给水平投影标注高程的标高投影法来表示地形图。

所谓标高投影法，是指在物体的水平投影上加注某些特征面、线及控制点的高程数值和绘图比例来表示空间物体的方法。

标高投影以水平投影面 H 为投影面，称为基准面。

标高就是空间点到基准面 H 的距离。一般规定：H 面的标高为零，H 面上方的点标高为正值；下方的点标高为负值，标高的单位常用米(m)。

在实际工作中，地形图通常以我国青岛附近的黄海平均海平面作为基准面，所得的高程称为绝对高程，否则称为相对高程。

标高投影包括水平投影、高程数值、绘图比例三要素。

标高投影图是一种单面正投影图，即水平投影，它必须标明比例或画出比例尺；否则，就无法从单面正投影图中来准确地确定物体的空间形状、具体尺寸和位置。其长度单位，如果图中没有注明，则单位以 m 计。除地形面外，也常用标高投影法来表示其他一些复杂曲面。

第一节　点的标高投影

将点向 H 面作正投影，然后在其右边标出该点到 H 面的实际距离（标高数字），即得到该点的标高投影。

图 9-1(a)表示 A、B、C 三点与水平面的空间位置，图 9-1(b)即为三点的标高投影。点 A 在 H 面上方 5 m，点 B 在 H 面下方 3 m，点 C 在 H 面上，在 A、B、C 三点的水平投影 a、b、c 的右下角标明其高度数值 5、-3、0，就可得到 A、B、C 三点的标高投影图。高度数值 5、-3、0 称为高程或标高，其单位以 m 计，在图上一般不需注明。

为了表示几何元素间的距离或线段的长度，标高投影图中都要附以比例尺。在图 9-1 中，如果用所附的比例尺度量，即可知道 A、B、C 任意两点间的实际水平距离。

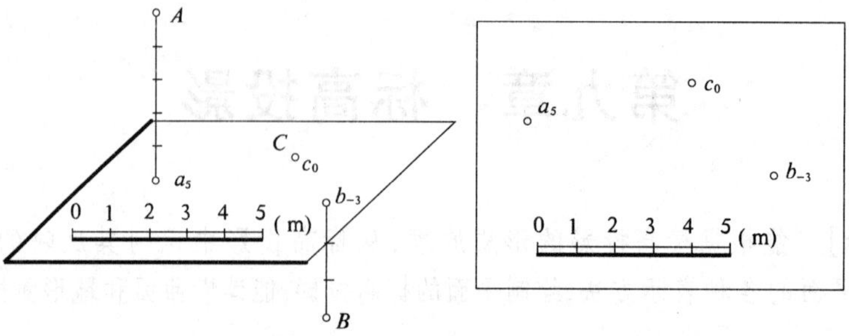

(a) (b)

图 9-1 点的标高投影

第二节 直线的标高投影

一、直线的表示法

直线的标高投影的表示法有两种:

(1)用直线的水平投影并标注直线上两个端点的高程来表示,如图 9-2 所示。图 9-2(a)中倾斜直线 AB,水平线 CD 的标高投影,可分别表示成图 9-2(b)中的 a_3b_5 和 c_3d_3。

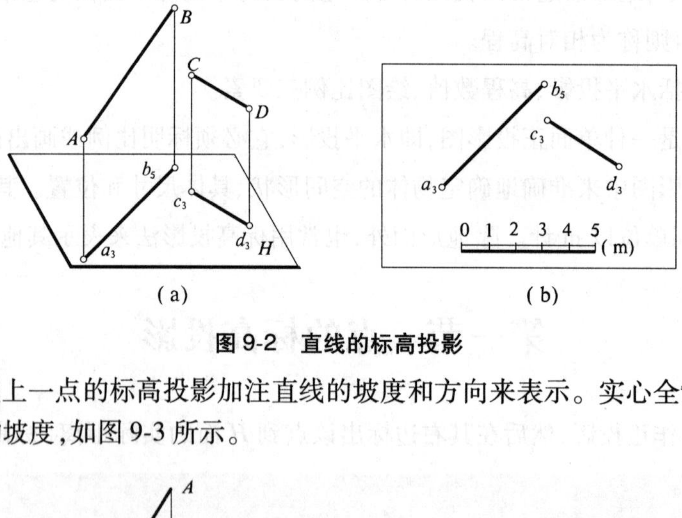

(a) (b)

图 9-2 直线的标高投影

(2)用直线上一点的标高投影加注直线的坡度和方向来表示。实心全箭头表示下坡方向,i 为该直线的坡度,如图 9-3 所示。

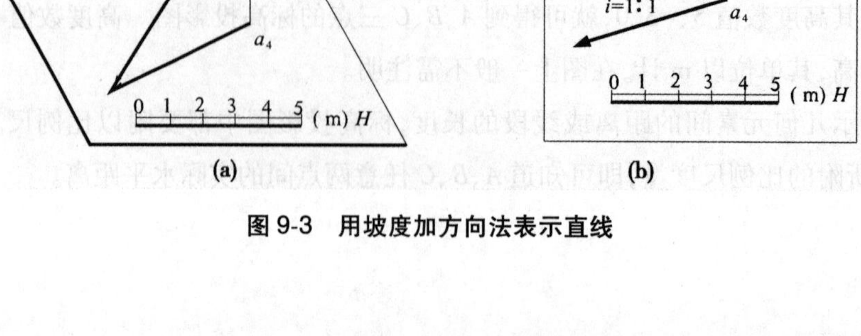

(a) (b)

图 9-3 用坡度加方向法表示直线

二、直线的坡度和平距

直线的坡度，是指直线上两点的高差与两点间水平距离之比，用符号 i 表示，即

$$坡度(i)=\frac{高差(H)}{水平距离(L)}=\tan\alpha \quad (9\text{-}1)$$

由式(9-1)可知，当两点间水平距离为 1 个单位时，两点间的高差即为坡度。

如图 9-4 所示，直线 AB 的高 $H=3$ m，用比例尺量得其水平距离 $L=4.5$ m，则该直线的坡度 $i=\frac{H}{L}=\frac{3}{4.5}=\frac{1}{1.5}$，一般写作 1∶1.5。

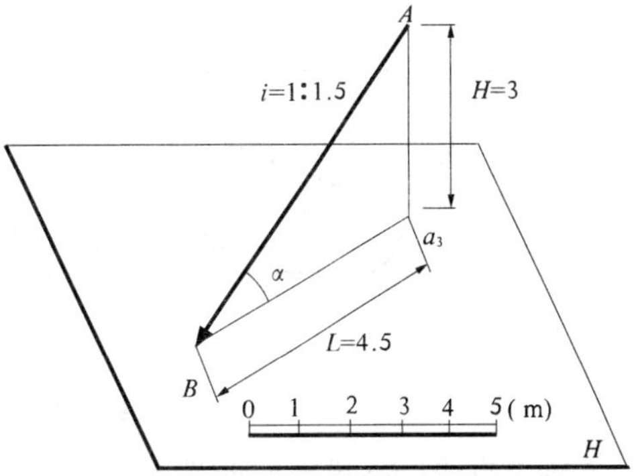

图 9-4　直线的坡度

直线的平距，是指两点间的水平距离与它们的高差之比，用符号 l 表示，即

$$平距(l)=\frac{水平距离(L)}{高差(H)}=\cot\alpha=\frac{1}{i} \quad (9\text{-}2)$$

由式(9-2)可知，当两点间的高差为 1 时，两点间的水平距离即为平距，平距和坡度互为倒数，即 $i=\frac{1}{l}$。坡度越大，平距越小；反之，坡度越小，平距越大。

【例 9-1】　求图 9-5 所示直线 AB 的坡度与平距，并求出直线上点 C 的高程。

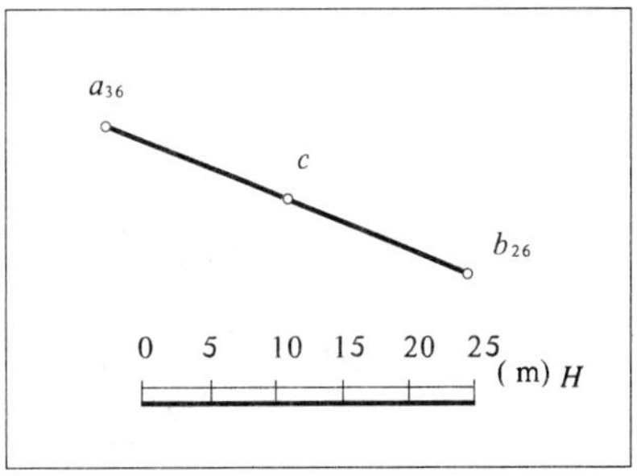

图 9-5　求 c 点高程

解　$H_{AB}=36-26=10$(m)

$L_{AB}=30$ m(用比例尺量得)

则　$i=\frac{H_{AB}}{L_{AB}}=\frac{10}{30}=\frac{1}{3}$；$l=\frac{1}{i}=3$

又量得 $L_{AC}=15$ m，因为直线上任意两点间坡度相同，即

$$\frac{H_{AC}}{L_{AC}}=i=\frac{1}{3}$$

可得：$H_{AC}=L_{AC}\times i=15\times\frac{1}{3}=5$(m)

故 C 点的高程为 $36-5=31$(m)。

三、直线的实长和整数标高点

在标高投影中求直线的实长，可以采用正投影中的直角三角形法。如图 9-6 所示，图 9-6(b)中的斜边即为 AB 实长。

在实际工作中，直线两端点常常是非整数标高点，而很多时候需要知道直线上各整数标高点的位置。解决这类问题，可利用定比分割原理作图。

如图 9-7 所示，欲求直线上各整数标高点，可按下列步骤利用定比分割原理作图：

(1)假想在过直线 $a_{4.3}b_{7.8}$ 的铅垂面上,平行于 $a_{4.3}b_{7.8}$ 作互相平行且间距相等的五条等高线,令其标高为 8、7、6、5、4。

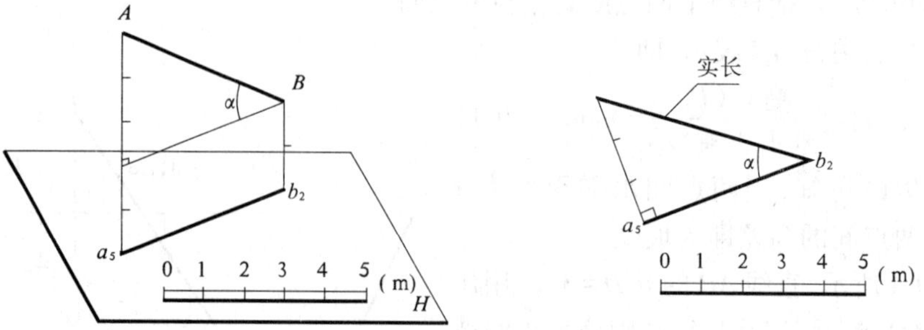

(a) (b)

图 9-6 求线段 *AB* 的实长

(2)由直线标高投影的两端点 $a_{4.3}$、$b_{7.8}$ 作平行线组的两垂线,在两垂线上按标高 4.3 和 7.8 确定 *A*、*B* 两点的位置。

(3)连接 *A*、*B* 点,直线 *AB* 与平行线组的交点为 *C*、*D*、*E*。

(4)从各交点向标高投影 $a_{4.3}b_{7.8}$ 直线上作垂线,得到的垂足即为直线上的各整数标高点 c_5、d_6、e_7。

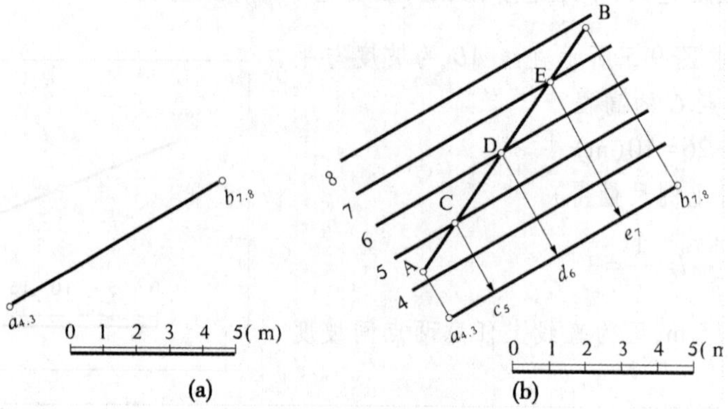

(a) (b)

图 9-7 用定比分割原理求整数标高

第三节 平面的标高投影

一、平面上的等高线和坡度线

(一)等高线

在标高投影中,预定高度的水平面与所表达表面(可以是平面、曲面或地形面)的截交线称为等高线,如图 9-8 所示。在工程实际应用中常取整数标高作为等高线,它们的高差一般取整数,如 1 m、5 m 等,并且把平面与基准面的交线作为高程为零的等高线。图 9-8(b)为图 9-8(a)在平面 *P* 上的等高线的标高投影。

（二）平面的平距

从图 9-8 的标高投影图中可以看出，平面上的等高线是一组互相平行的直线，当相邻等高线的高差相等时，其水平间距也相等。图 9-8(b) 中相邻等高线的高差为 1 m，它们的水平间距就是平距。

如图 9-8(a) 所示，平面的最大坡度线和平面上的水平线垂直，根据直线投影定理，它们的水平投影应互相垂直，如图 9-8(b) 所示。坡度线的坡度就是该平面的坡度。由此可以得出，最大坡度线的平距亦为平面的平距，它反映了平面上高差为一个单位时相邻等高线间的水平距离。

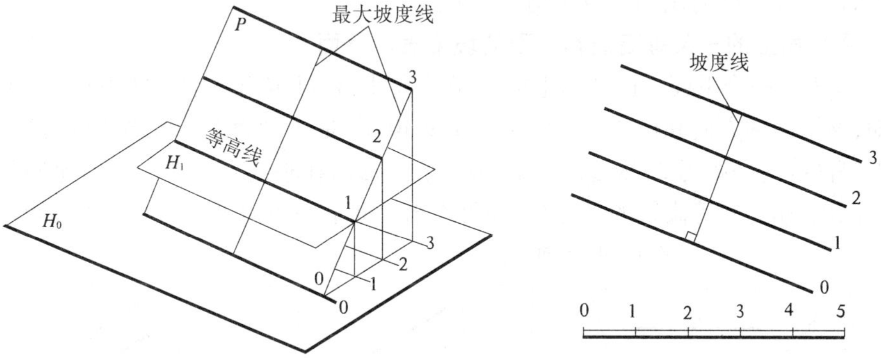

(a)　　　　(b)

图 9-8　平面上的等高线

（三）平面的坡度比例尺

将最大坡度线的标高投影按整数标高点进行刻度和标注，并画成一粗一细的双线，称为平面的坡度比例尺，如图 9-9 所示，P 平面的坡度比例尺用字母 P_i 表示。

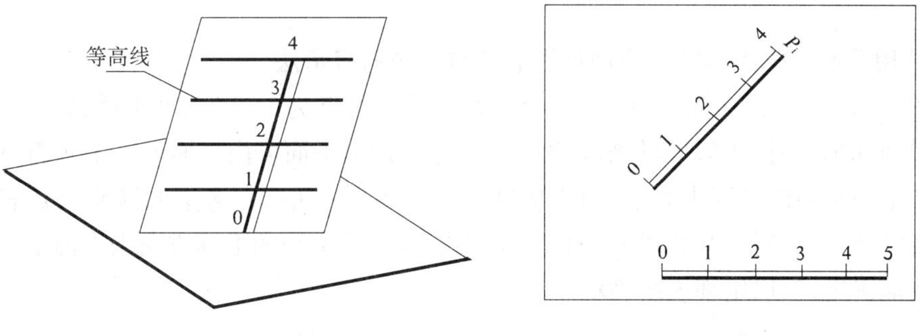

(a)　　　　(b)

图 9-9　坡度比例尺

二、平面的表示法

在正投影中所介绍的用几何元素表示平面的方法在标高投影中仍然适用。在标高投影中，平面常采用以下几种方法表示。

（一）等高线表示法

等高线在前面已经介绍过，在实际应用中我们一般采用高差相等、标高为整数的一系列等高线来表示平面,并把基准面 H 上的等高线作为标高为零的等高线,如图9-8所示,当高差相同时,等高线间距也相等。

(二)坡度比例尺表示法

这种表示法实质上就是最大坡度线表示法,如图9-9所示。

已知平面的等高线组,可以利用等高线与坡度比例尺的相互垂直关系,作出平面上的坡度比例尺,反之亦然。

如果坡度比例尺已知,则平面对基准面的倾角可以利用直角三角形法求得。

如图9-9(b)所示,是根据 P 平面的等高线作出的坡度比例尺。要注意在用坡度比例尺表示平面时,标高投影的比例尺或比例一定要给出。

(三)用平面上的一条等高线和平面的坡度表示平面

图9-10表示一个平面。已知面上的一条等高线,就可定出坡度线的方向,由于平面的坡度已知,该平面的方向和位置就确定了。图9-10(c)是作平面上的等高线的方法,可利用坡度求得等高线的平距为2,然后作已知等高线的垂线,在垂线上按图中所给比例尺截取平距,再过各分点作已知等高线的平行线,即可作出平面上一系列等高线的标高投影。

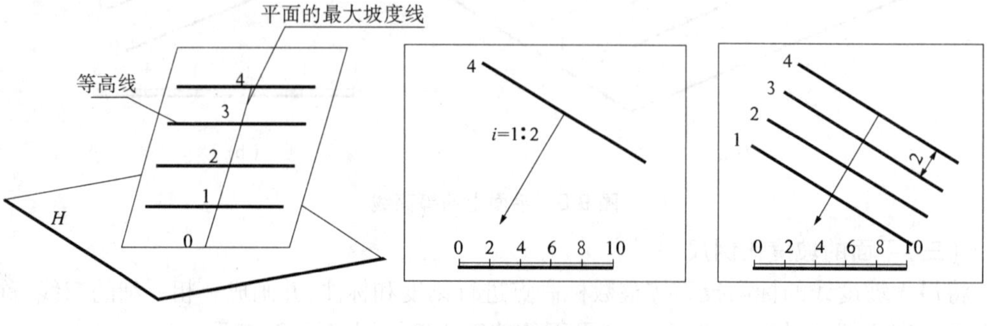

(a)立体图　(b)表示方法　(c)作等高线

图9-10　用一条等高线和坡度表示平面

(四)用平面上一条非等高线加平面坡度与倾向的表示法

如图9-11所示,为一标高为8 m的水平场地及一坡度为1∶3的斜坡引道,斜坡引道两侧的倾斜平面 ABC 和平面 DEF 的坡度均为1∶2,这种倾斜平面可由平面内一条倾斜直线的标高投影加上该平面的坡度来表示,如图9-11(b)所示。图中 a_5b_8 旁边的箭头只是表明该平面向直线的某一侧倾斜,并非代表平面的坡度线方向,坡度线的准确方向需作出平面上的等高线后才能确定,所以用细虚线表示。

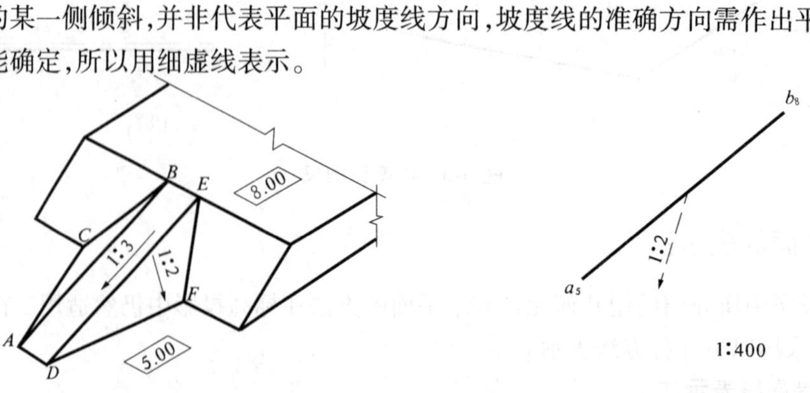

(a)　(b)

图9-11　用非等高线和坡度倾向的方法表示平面

如图 9-12 所示，表示了上述平面上等高线的作法。

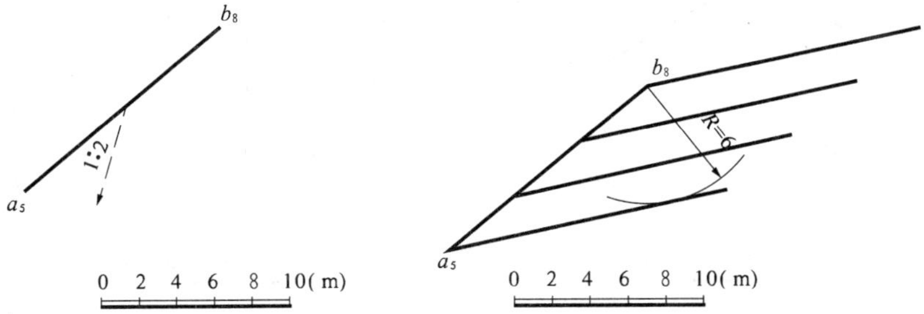

图 9-12　作已知平面的等高线

三、两平面的相对位置

(一)平行

如果两平面平行，那么它们的坡度比例尺、等高线相互平行，平距相等，且标高数字的增减方向也一致，如图 9-13(a)所示。

(二)相交

在标高投影中，两平面相交产生一条交线，可利用辅助平面法求两平面的交线。通常采用水平面作为辅助面，如图 9-13(b)所示，水平辅助面与 P、Q 两平面的交线是高度为 3 和 4 的两条等高线，两等高线的交点就是两平面的共有点，连接 a_3、b_4 两点，就得到了两平面的交线。

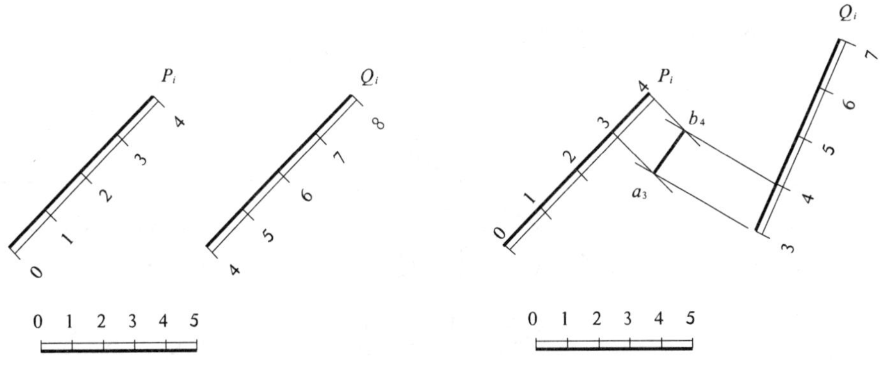

(a) 平行　　(b) 相交

图 9-13　两平面的相对位置

【例 9-2】　如图 9-14 所示，已知两平面，求它们的交线。

解　在两平面内作出相同高程的等高线 10 m 和 15 m(或其他相同高程)，分别得到 a_{10}、b_{15} 两个交点，连接两点，则 $a_{10}b_{15}$ 即为两平面交线的标高投影。

四、求坡面交线、坡脚线或开挖线

在工程中，把构筑物相邻两坡面的交线称为坡面交线，坡面与地面的交线称为坡脚线(填方边坡)或开挖线(挖方边坡)。

在工程中，倾斜坡面可以用长短相间的细实线图例来表示，这种细实线图例即为示坡

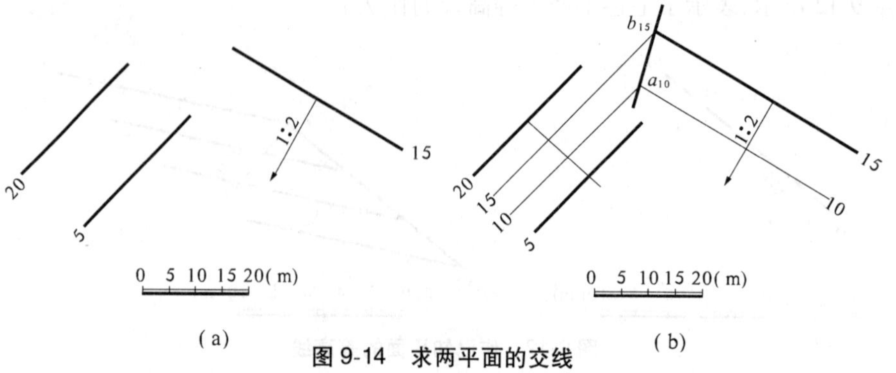

图 9-14　求两平面的交线

线,它与等高线垂直,用来表示坡面,短线画在高的一侧。

【例 9-3】　已知主堤和支堤相交,顶面标高分别为 5 m 和 4 m,地面标高为±2.00,各坡面坡度如图 9-15(a)所示,试作相交两堤的标高投影图。

作图步骤[见图 9-15(c)]:

(1)求坡脚线。以主堤为例,先求堤顶边缘到坡脚线的水平距离 $L=H/i=(5-2)/1=3$(m),再沿两侧坡面坡度线方向按比例量取,过高程为 2 的点作顶面边缘的平行线,即得主堤两侧坡面的坡脚线。用同样方法作出支堤的坡脚线。

(2)求支堤顶面与主堤坡面的交线。支堤顶面标高为 4 m,与主堤坡面的交线就是主堤坡面上标高为 4 m 的等高线中的 b_4c_4 一段。

(3)求主堤坡面与支堤坡面的交线。它们的坡脚线交于点 a_2、d_2,a_2、b_4,c_4、d_2,即得坡面交线 a_2b_4 和 c_4d_2。

(4)将结果检查加深,画出各坡面的示坡线。

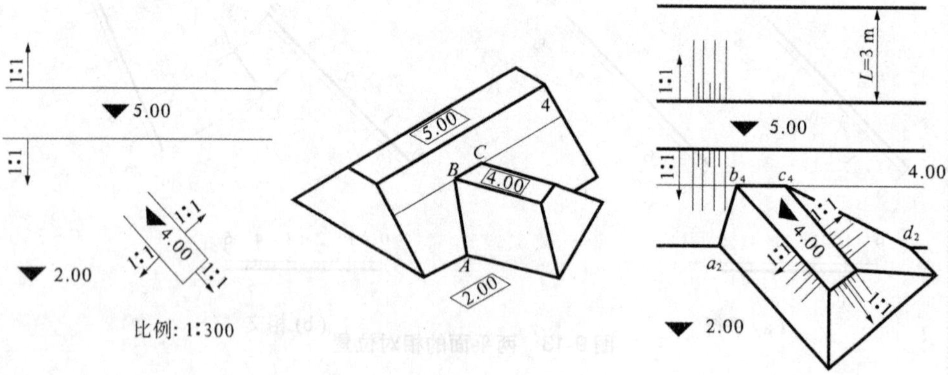

图 9-15　求相交两堤的标高投影

【例 9-4】　如图 9-16 所示,一斜坡引道直通水平场地,设地面高程为 2 m,水平场地顶面高程为 5 m,试画出其坡脚线和坡面交线。比例 1:3 000。

作图步骤[见图 9-16(b)]:

(1)求坡脚线。水平场地边缘与坡脚线水平距离 $L_1=1.2\times3=3.6$(m)。斜坡引道坡脚线求法与图 9-15(b)相同,分别以 a_5 和 b_5 为圆心,以 $L_2=1\times3=3$(m)为半径画弧,再自 c_2 和

d_2 分别作此两弧的切线，即为引道两侧的坡脚线。

（2）求坡面交线。水平场地与斜坡引道的坡脚线分别交于 e_2 和 f_2，连 a_5e_2 和 b_5f_2，就是所求的坡面交线。

（3）将结果加深，画出各坡面的示坡线。

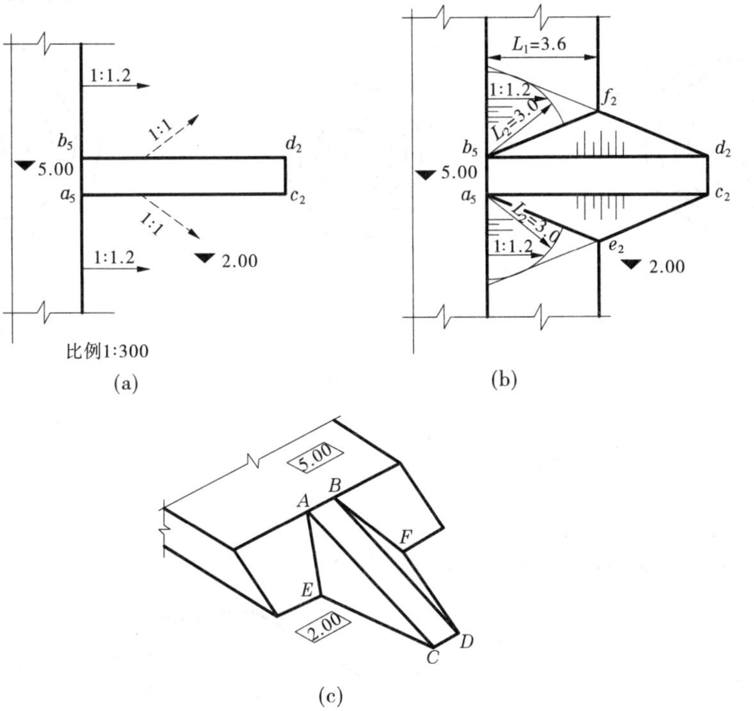

图 9-16　求引道与水平场地的标高投影　（单位：m）

第四节　曲面的标高投影

在实际工程中，曲面也是常见的。在标高投影中，是用一系列高差相等的水平面与曲面相截来表示曲面的。常见的曲面有圆锥面、同坡曲面和地形面等。

一、圆锥面的标高投影

正圆锥面的等高线都是同心圆，当高差相等时，等高线间的水平间距相等，如图 9-17(a)所示。当锥面正立时，越靠近圆心，等高线的标高数字越大；当锥面倒立时，则相反，如图 9-17(b)所示。

非正圆锥面的标高投影如图 9-17(c)所示。

绘制圆锥标高投影时应注意以下几点：

(1)圆锥一定要注明锥顶高程；否则，无法区分圆锥与圆台。

(2)在有标高数字的地方等高线必须断开。

(3)标高字头应朝向高处以区分正圆锥与倒圆锥。

在土石方工程中，常在两平坡面的转角处采用圆锥面过渡，如图 9-18 所示。

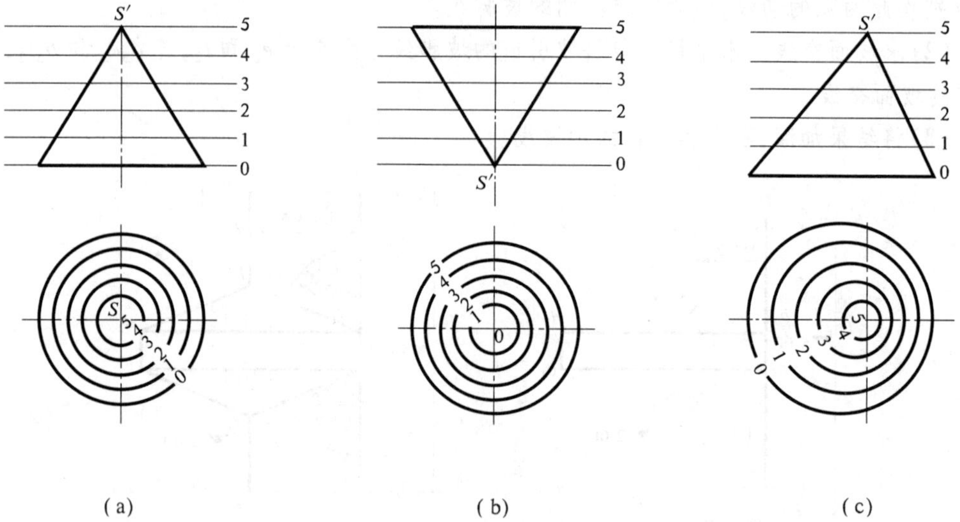

图 9-17 圆锥的标高投影

【例 9-5】 在一河岸与堤坝的连接处,用锥体护坡,河底标高为 118.00 m,图 9-18(a)为已知条件,求它们的标高投影图。

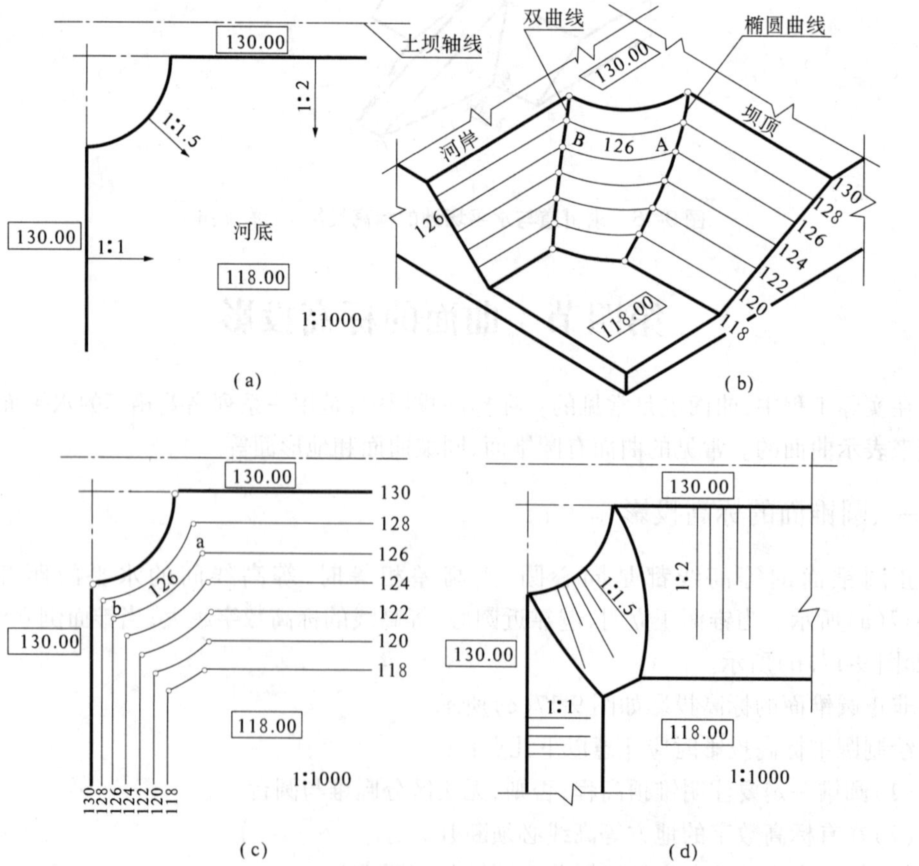

图 9-18 土坝与河岸连接处的标高投影

分析：

本题需求两类交线：①坡脚线。共有三条，其中两斜面与河底面的交线是直线，圆锥面与河底面的交线是圆曲线；②坡面交线。共有两条，它是两斜面与圆锥面的交线，是非圆曲线，该曲线可由斜坡面与圆锥面上一系列同高程等高线的交点确定，如图 9-18(b)所示。

作图步骤：

(1)求作坡脚线。因河底面是水平面，各面与河底面的交线是各坡面上高程为 118.00 m 的等高线，坝顶轮廓是各坡面上高程为 130.00 m 的等高线，两等高线的水平距离为：$L_{坝坡}=\Delta H/i=(130.00-118.00)/(1/2)=24(m)$，$L_{河坡}=\Delta H/i=(130.00-118.00)/(1/1)=12(m)$，$L_{锥坡}=\Delta H/i=(130.00-118.00)/(1/1.5)=18(m)$，沿着各坡面上坡度线的方向量取相应的水平距离，即可作出各面的坡脚线。其中圆锥面的坡脚线是圆锥台顶圆的同心圆，如图 9-18(b)所示。

(2)求作坡面交线。在各坡面上作出高程为 128.00，126.00……一系列等高线，得相邻面上同高程等高线的一系列交点，即为坡面交线上的点，如图 9-18(c)所示。依次光滑连接各点，即得交线。画出各坡面的示坡线，加深完成作图，如图 9-18(d)所示。

二、同坡曲面的标高投影

如图 9-19(a)所示，以一条空间曲线作导线，一个正圆锥的顶点沿此曲导线运动，当正圆锥轴线方向不变时，所有正圆锥的包络曲面就是同坡曲面。图 9-19(b)为道路上的一段路面倾斜的弯道。

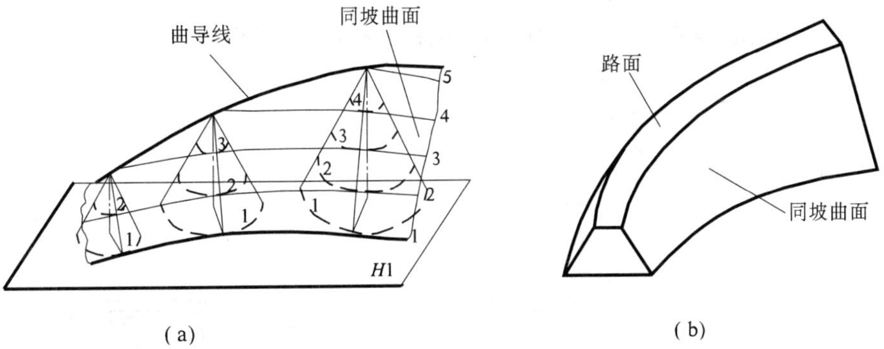

图 9-19　同坡曲面

同坡曲面有如下特征：

(1)运动的正圆锥在任何位置都与同坡曲面相切，切线即为曲面在该处的最大坡度线，且坡度与正圆锥的坡度相同。

(2)两个相切的曲面与同一水平面的交线必然相切，也就是同坡曲面的等高线与运动正圆锥同标高的等高线相切。

【例 9-6】　如图 9-20(a)所示为一弯曲倾斜的支路与干道相连，干道顶面标高为 24.00 m，地面标高为 20.00 m，弯曲引道由地面逐渐升高与干道相连，画出坡脚线与坡面交线。

(1)计算出边坡平距，$l=1/1=1$ 单位。

(2)在坡顶线(同坡曲线的导线)上定出曲导线上整数标高点 a_{21}、b_{22}、c_{23}、d_{24}。

(3)分别以整数标高点 a_{21}、b_{22}、c_{23}、d_{24} 为圆心，以 $R=1$、2、3、4 为半径画同心圆，得出各

个正圆锥的等高线。

(4)作正圆锥上相同标高等高线的公切曲线(包络线),即得边坡的等高线。

(5)用前面介绍的平面标高投影中的方法作出支路与干道边坡的交线,如图9-20(b)所示。

(6)将图线加深,并画上示坡线,完成作图,如图9-20(c)所示。

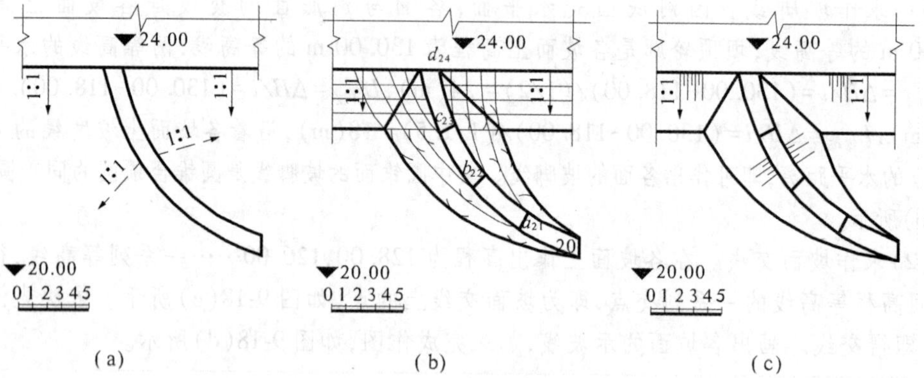

图9-20 求支路与干道的标高投影

三、地形面的标高投影

地形面是一个不规则曲面,在标高投影中仍然是用一系列等高线表示。假想用一组高差相等的水平面切割地形面,截交线即是一组不同高程的等高线,如图9-21所示,画出等高线的水平投影,并标注其高程值,即为地形面的标高投影,通常也叫地形图。

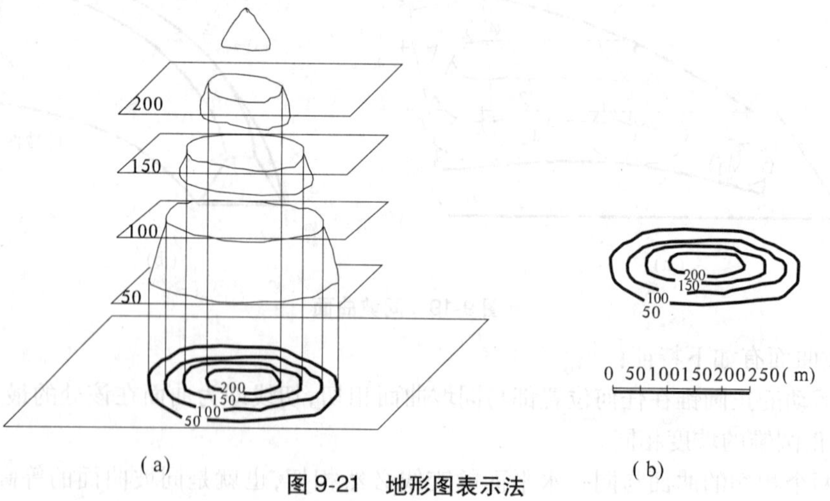

图9-21 地形图表示法

地形图有下列特性:

(1)其等高线一般是封闭的不规则的曲线。

(2)等高线一般不相交(除悬崖、峭壁外)。

(3)同一地形内,等高线的疏密反映地势的陡缓——等高线愈密,地势愈陡;等高线愈稀疏,地势愈平缓。

(4)等高线的标高数字,字头都是朝向地势高的方向。

(5)地形图的等高线能反映地形面的地势地貌情况。

如图 9-22 所示,在一张完整的地形等高线图中,为了方便看图,一般每隔四条等高线,要加粗一条等高线,这样的中粗等高线称为计曲线。其余不加粗的等高线称为首曲线。

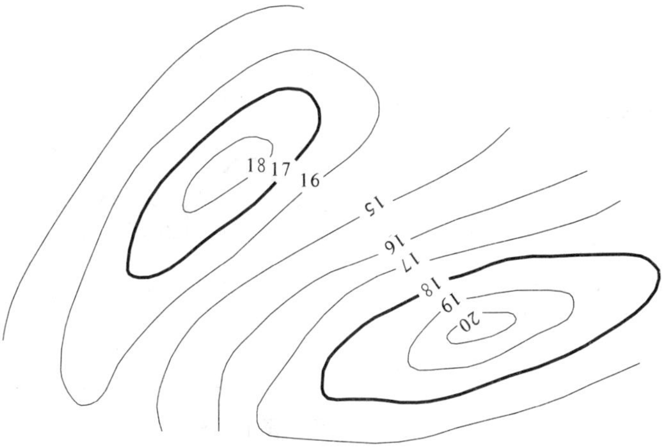

图 9-22　地形等高线

以下为典型地貌在地形图上的特征(见图 9-23):

(1)山丘:等高线闭合圈由小到大高程依次递减,等高线亦随之渐稀。

(2)盆地:等高线闭合圈由小到大高程依次递增,等高线亦随之渐稀。

(3)山脊:等高线凸出方向指向低处。

(4)山谷:等高线凸出方向指向高处。

(5)鞍部:相邻两峰之间,形状像马鞍的区域称为鞍部,在鞍部两侧的等高线形状接近对称。

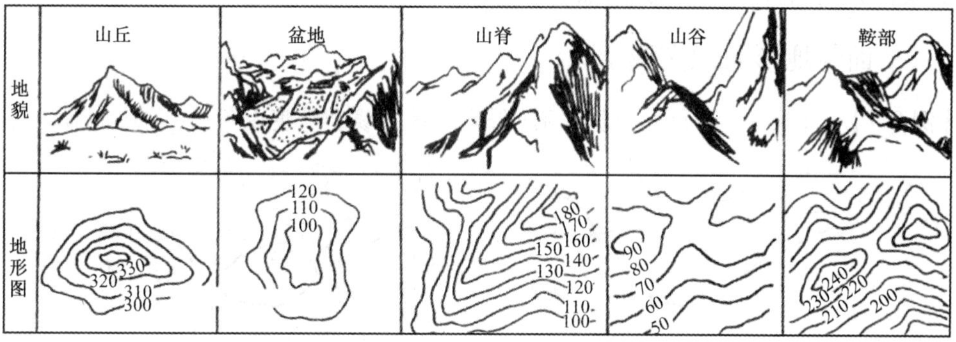

图 9-23　典型地貌在地图上的特征

四、地形断面图

用铅垂面剖切地形面,在剖切平面与地形面的截交线上画上相应的材料图例,称为地形断面图。其作图方法如图 9-24 所示。

(1)过 A—A 作铅垂面,它与地形面上各等高线的交点为 1、2、3、…,如图 9-24(a)所示。

(2)以 A—A 剖切线的水平距离为横坐标,以高程为纵坐标,按等高距及比例尺画一组平行线,如图 9-24(b)所示。

(3)将图 9-24(a)中的 1、2、3、…各点转移到图 9-24(b)中最下面一条直线上,并由各点作纵坐标的平行线,使其与相应的高程线相交得到一系列交点。

(4)光滑连接各交点,即得地形断面图,并根据地质情况画上相应的材料图例。

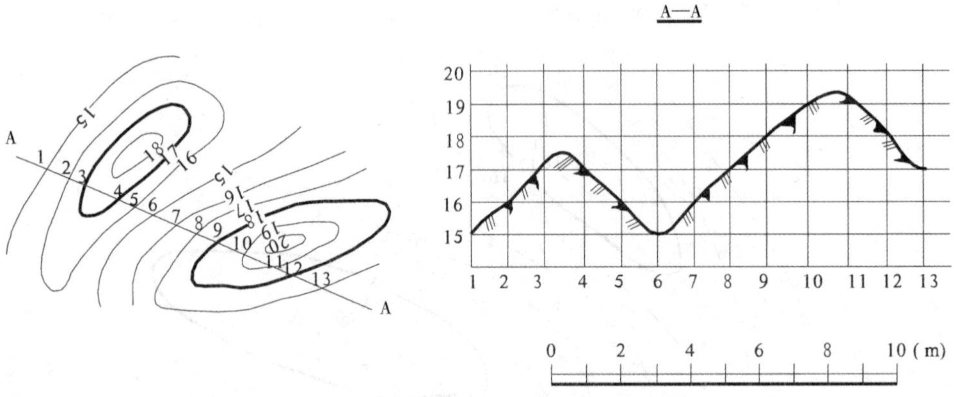

(a) (b)

图 9-24 地形断面图的画法

第五节 标高投影在土建工程中的应用

在土建工程中,经常要应用标高投影来求解工程构筑物坡面的交线以及坡面与地面的交线,即坡脚线和开挖线。由于构筑物的表面可能是平面或曲面,地形面也可能是水平地面或是不规则地面,因此它们的交线形状也不一样,但是求解交线的基本方法仍然是采用水平辅助平面来求两个面的共有点。如果交线是直线,只需求出两个共有点并连成直线;如果交线是曲线,则应求出一系列共有点,然后依次光滑连接。

一、平面与地形面的交线

【例 9-7】 如图 9-25 所示,求坡平面(给定了等高线和坡度及倾向)与地形面的交线。

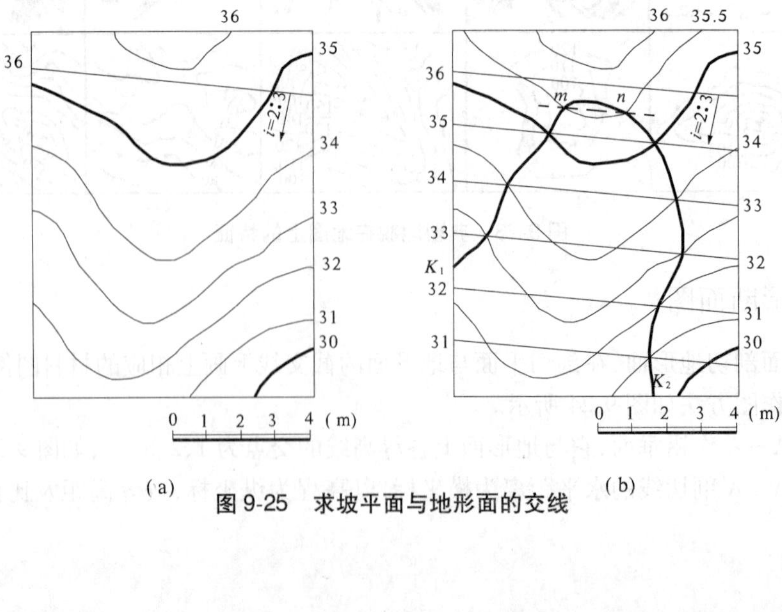

(a) (b)

图 9-25 求坡平面与地形面的交线

作图步骤：

(1)根据已知坡面的倾斜方向和图中所附的比例尺，作标高 36 的等高线的平行线组(平距为 3/2，则平行线组间距为 3/2 个单位)，可得到坡面上的等高线。

(2)平行线 36 与地形面等高线 36 没有交点，说明坡平面的最低点在等高线 35 至 36 之间，则在这两线之间的交点需要用内插等高线法求解，如图 9-25(b)所示虚线 *mn*。

(3)光滑连接坡面上和地形面上标高相同的等高线的交点，这些交点是所求交线上的点。

【例 9-8】 已知管线的两端高程分别为 21.5 m 和 23.5 m，作管线 *AB* 与原地面的交点，如图 9-26(a)所示。

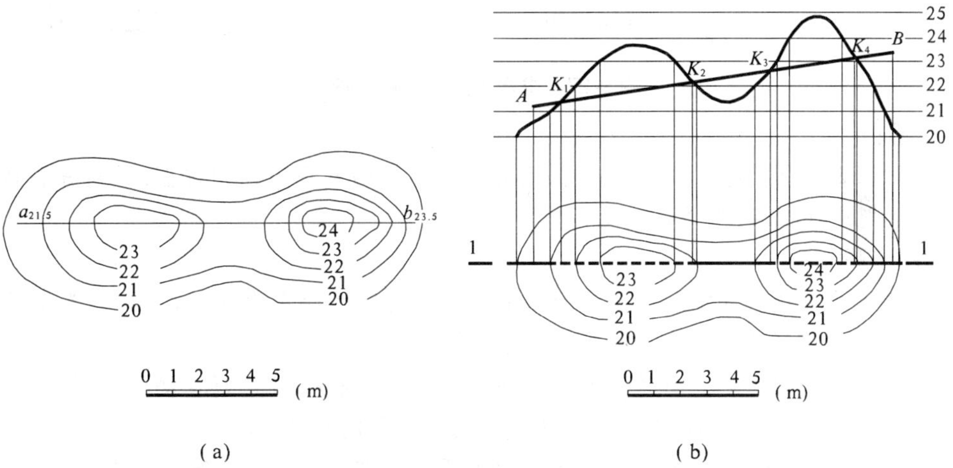

图 9-26　求管线与地面的交点

分析：

作出包含直线的铅垂剖切面与地形面的截交线，再求直线与截交线的交点，就是直线与地形面的交点。

作图步骤：

(1)等高线的间隔为 5 个单位，则在坐标系里作间距为 5 个单位的平行线组，如图 9-26(b)所示。

(2)将图 9-26(a)中直线 $a_{21.5}b_{23.5}$ 与地形面上各等高线的交点按它对应的高程和水平距离点到平行线组中，连接各点得到地面截交线。

(3)将管线两端点的标高投影 $a_{21.5}b_{23.5}$ 按其对应的水平距离点到平行线组中，连接 *AB*，则直线 *AB* 与截交线的交点 K_1、K_2、K_3、K_4，即是 *AB* 直线与地面的交点。

(4)对照交点的高程，在图 9-26(b)中找出 K_1、K_2、K_3、K_4 四点的位置，并将地面以下的部分画成虚线，则作图完成。

二、曲面与地形面的交线

求曲面与地形面的交线，即求曲面与地形面上一系列高程相同的等高线的交点，然后把所得的交点依次相连，即为曲面与地形面的交线。

【例 9-9】 如图 9-27(a)所示，要在山坡上修筑一带圆弧的水平广场，其高程为 32 m，填方坡度1∶1.5,挖方坡度为1∶1,求填挖边坡与地形面的交线(即填挖边界)。

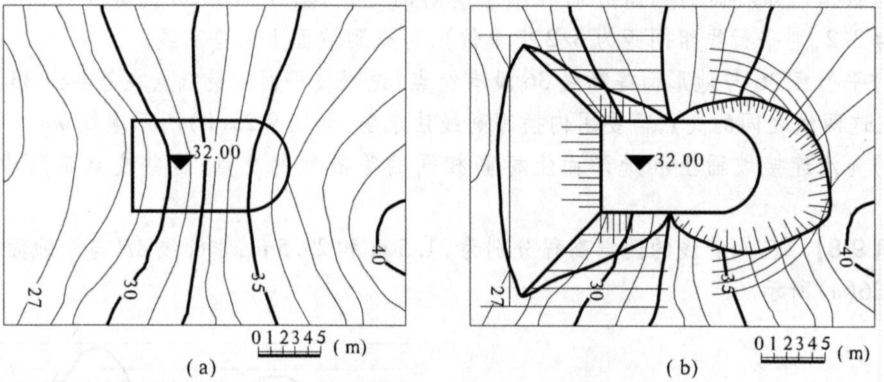

图9-27　求水平广场的标高投影

分析:

等高线32为此广场的填挖分界线;用对应等高线的水平面剖切坡面,得到与等高线的交点,然后把交点相连,即得到交线。

作图步骤:

(1)填挖分界线的确定。水平广场高程为32,则地面标高为32的等高线为填挖分界线,32等高线与广场边缘的交点即为填挖分界点。

(2)坡面形状的确定。高程比32高的地形,是挖土部分,即广场两侧的坡面是平面,坡面下降方向是朝着广场内部的,广场圆弧边缘的坡面是倒圆锥面。

高程比32低的地方是填土部分,其坡平面下降的方向朝着广场外部。

(3)作等高线,确定截交线。挖方部分坡度为1∶1,得平距为1,则可在挖土部分两侧平面边坡作间隔为单位1的等高线,同理,填方边坡也求作出等高线(平距为2),在广场半圆边缘作间隔为单位1的圆弧,即为倒圆锥面上的等高线,连接等高线的交点,即为填挖边界线。

(4)在等高线26与27及39与40之间的交线,可以用内插法来确定,如图9-27(b)所示。

【例9-10】　如图9-28所示,在所给定的地形面上修筑一条弯曲的道路,道路的路面标高为20 m,道路两侧的边坡,填方为1∶1.5,挖方为1∶1,求填挖边界线。

分析:

弯曲道路的两侧坡面为同坡曲面,求填挖边界线就是求该同坡曲面与地形面的交线。

作图步骤(见图9-29):

(1)填、挖分界线是在地形面上与路面上高程相同的等高线20。分界线右边部分为挖方,左边部分为填方。

(2)由题可知各坡面为同坡曲面,同坡曲面上的等高线为曲线。路缘曲线,就是同坡曲面上高程为20的等高线。

(3)根据填、挖方的坡度算出同坡面的平距(左边平距为1.5,右边平距为1),作出等高线,如图9-29所示。因为路面是标高为20的水平面,所以边坡等高线与路缘曲线平行。

(4)连接坡面上各等高线与相同高程的地形等高线的交点,即得填挖边界线。

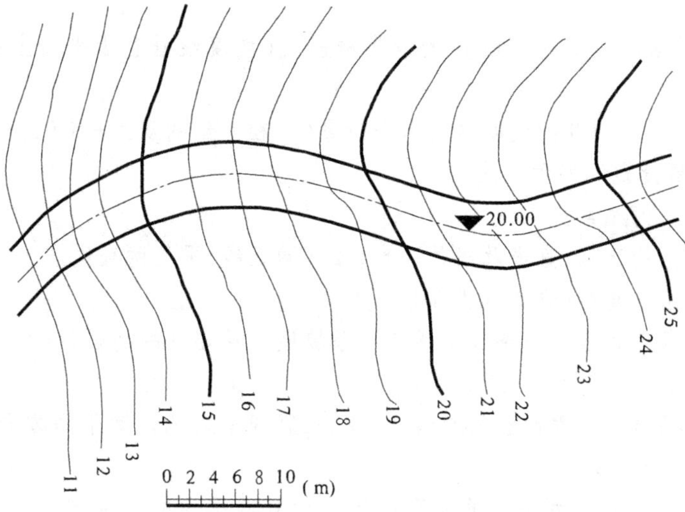

图 9-28　弯道的已知条件

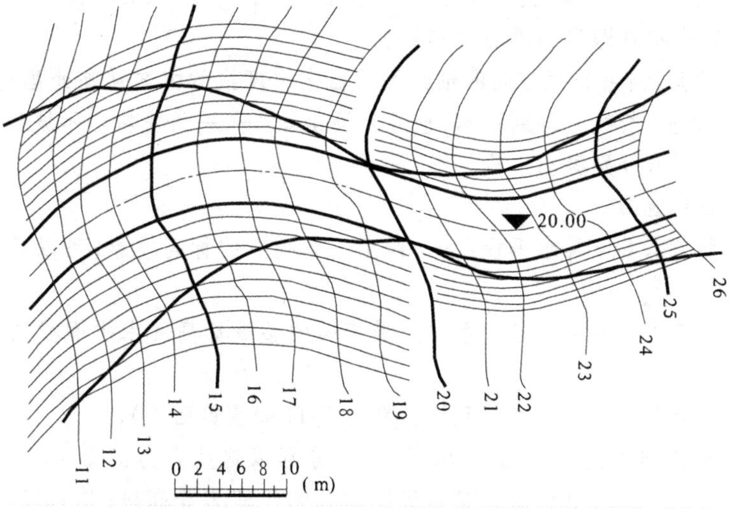

图 9-29　求弯道的填挖边界线

小　结

1. 点和直线

(1) 点的标高投影=小写字母+高程数字。

(2) 直线的标高投影=①水平投影+两个端点的标高投影(当为铅垂线时积聚为一点，注意连着标)=②直线任意一点标高投影+直线坡度+方向=③由其水平投影+标高数字(直线为等高线)。

(3) 直线端点标高不为整数时可在其标高投影上定各整数标高点(直线的刻度)。

(4) 直线的坡度 i=高差 H/水平距离 $L=\tan\alpha$。

(5) 直线的平距 $l=1/i$(坡度大，平距小；坡度小，平距大)。

2. 平面

(1)坡度线=平面对水平基准面 H 的最大倾斜线(坡度线垂直于平面上的等高线及其水平投影)。

(2)坡度比例尺=有刻度的坡度线的水平投影(一粗一细的双线+有 i 的下标)。

(3)平面的标高投影的表示方法:

①确定平面的几何元素:

不在同一直线上的三点,直线及线外一点,相交两直线,平行两直线。

②平面上的一组等高线(两条或两条以上)。

③平面上的一条等高线及一条坡度线或一条坡度线及端点的高程。

④坡度比例尺。

⑤平面上的一条与水平面倾斜的直线、坡度、在直线一侧的大致下降方向(注意与坡度线的区别,一般这个是虚线)。

(4)两平面平行的画法:两平面的等高线应平行且两平面的下降方向及相等高差的等高线之间的水平距离应相同(坡度线应平行且坡度相等)。

(5)两平面相交交线的画法:作出这两个平面上的两个任意高程的两对同高程等高线的交点,连接这两个交点即得两平面的交线。

(6)示坡线的画法:用长短相间的细线按坡面上坡度线的方向从高处画向低处,即长线和短线都从坡顶画出,长线可画到坡脚,也可只画比短线长一倍左右。示坡线可在坡面上全部画出,也可沿坡顶只分别画出一段。

3. 曲线、曲面和地面

(1)曲线的标高投影=其水平投影+曲线上一系列点的标高投影(可以只写诸点的水平投影位置和标高)。

(2)曲面的标高投影=曲面上一系列间隔相等的整数标高的水平面截切曲面所得的等高线。

(3)同坡曲面=各处坡度都相等且坡度都为1:1(如圆锥面等)。

(4)同坡曲面的作法:①在曲面上取一些点,分别以这些点为圆心,以这些点和水平基准面的高程差为半径作圆;②依次作等高线圆的公切线即为等高线;③画好示坡线,其方向为圆心和对应切点的连线方向。

(5)应了解地形图的规定。

(6)地形断面图的画法:①作铅垂的截平面并在其水平迹线两端分别画两端粗实线(剖切位置线)并标出编号,编号应写在剖切位置线的投影方向;②在投影方向作一系列的剖切位置线的平行线,平行线间的距离是等高线的高程差;③从剖切位置线与诸等高线的交点作剖切位置线的垂线,与对应诸平行线相交,将所得的交点顺次连接成光滑曲线,即为截交线的真形;④在土地一侧画上自然土壤的材料图例。

(7)直线与地形面的交点的作法:①作出地形面的断面图;②作出直线的断面图;③确定断面图上的贯穿点对应回剖切位置线上即为所求。

(8)注意断面图和剖面图的区别。

复习思考题

9-1　在标高投影中怎样求直线的实长？

9-2　平面上的等高线有哪些特性？

9-3　简述多种平面的表示方法。

9-4　什么叫作同坡曲面？同坡曲面是怎样形成的？

思政园地

珠穆朗玛峰(简称珠峰)高程：从 8 848.13 m(1975 年 5 月 27 日)到 8 848.86 m(2020 年 5 月 27 日)，2020 年珠峰高程测量综合运用北斗/GNSS 定位、水准测量、光电测距、雪深雷达测量、重力测量、卫星遥感、三维建模等多种传统和现代测绘技术，精确测定珠峰新高度。数据的变化看到的是自然的变化，更是国家的变化！这精准的高程离不开国家的强大、科技的进步，更离不开测量人员热爱祖国、忠诚事业、艰苦奋斗和无私奉献的品质！正是因为有了这样一份敬业奉献的精神，我们国家的崇山峻岭、荒野戈壁、江河湖海、原始森林才有了最精准的坐标。引导学生热爱专业、热爱知识，热爱岗位，鼓励学生树立投身工程建设的理想信念和决心。

有句话说得好：这世界上最高的山是珠峰，比珠峰更高的是测量人员的觇标，比觇标更高的是测绘人员永恒的精神和信仰！向他们致敬！

第十章　道路路线工程图

【学习目标】 了解公路路线工程图和城市道路路线工程图的平面图、纵断面图、横断面图的图示方法;掌握公路路线工程图的图示内容、画法特点、表达内容和画图时应注意的事项;掌握城市道路路线工程图的绘制方法。

道路是一种供车辆行驶和行人步行的带状结构物,其基本组成包括路基、路面、桥梁、涵洞、隧道、防护工程和排水设施等。道路根据它们不同的组成和功能特点,可分为公路和城市道路两种。位于城市郊区和城市以外的道路称为公路,位于城市范围以内的道路称为城市道路。

道路工程图的图示方法与一般工程图不同,它是以地形图作为平面图、以纵向展开断面图为立面图、以横断面图作为侧面图,并且大都各自在单独的图纸上。道路路线设计的最后结果是以平面图、纵断面图和横断面图来表达的,利用这三种工程图,来表达道路的空间位置、线形和尺寸。本章介绍道路工程的图示方法、画法特点及表达内容。绘制道路工程图时,应遵守《道路工程制图标准》(GB 50162—92)中的有关规定。

第一节　公路路线工程图

道路是建筑在地面上的一种主要承受汽车荷载反复作用的带状工程结构物。道路路线是指道路沿长度方向的行车道中心线,也称道路中心线或道路中线。由于地形、地貌、地物以及地质条件的限制,道路路线的线型在平面上是由直线和曲线段组成的,在纵面上是由平坡和上、下坡段及竖曲线组成的。因此,从整体上来看,道路路线是一条空间曲线。

道路路线工程图的图示方法与一般的工程图样不完全相同,公路路线工程图是由表达线路整体状况的路线工程图和表达各工程实体结构的桥梁、隧道、涵洞等工程图组合而成的。路线工程图主要是用路线平面图、路线纵断面图、路基横断面图来表达的。

一、路线平面图

路线平面图的作用是表达路线的方向和平面线型(直线和左、右弯道)以及沿线两侧一定范围内的地形、地物等情况。

(一)图示方法

路线平面图是从上向下投影所得到的水平投影图,也就是用标高投影法所绘制的道路沿线周围区域的地形图。

(二)画法特点和表达内容

如图10-1所示,为某公路从K0+000至K1+700段的路线平面图。下面分地形和路线两部分来介绍平面图的画法特点和表达内容。

1. 地形部分

1）比例

为了清晰地表示图样，根据地形起伏情况的不同，地形图采用不同的比例。一般情况下道路路线平面图所用比例较小，通常在城镇区为 1∶500 或 1∶1 000，山岭区采用 1∶2 000，丘陵和平原区采用 1∶5 000 或 1∶10 000。

2）方向

在路线平面图上应画出指北针或测量坐标网，用来指明道路在该地区的方位与走向。本图采用的测量坐标网为正北方向，指北针宜用细实线绘制。方位的坐标网 X 轴向为南北方向（上为北），Y 轴向为东西方向。坐标值的标注应靠近被标注点，书写方向应平行网格或在网格延长线上，数值前应标注坐标轴线代号。如下：

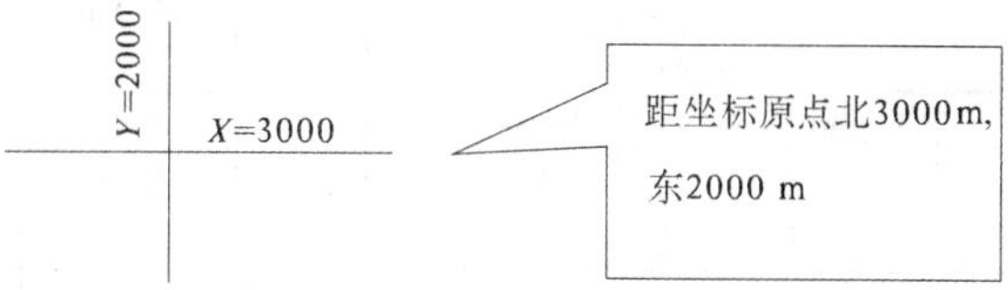

3）地形

平面图中地形起伏情况主要是用等高线表示的，图 10-1 中每两根等高线之间的高差为 2 m，每隔四条等高线画出一条粗的计曲线，并标有相应的高程数字。

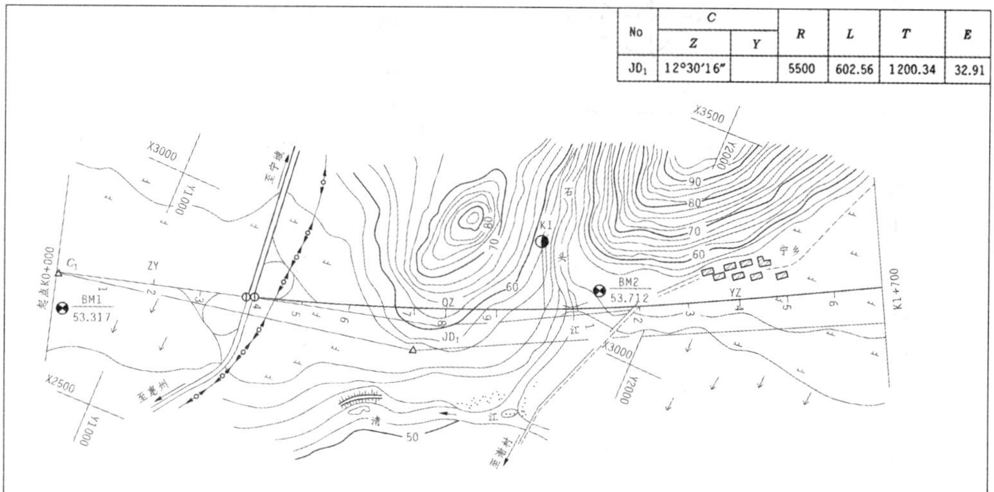

No	C		R	L	T	E
	Z	Y				
JD1	12°30′16″		5500	602.56	1200.34	32.91

图 10-1　路线平面图

4）地物地貌

在平面图中地形面上的地物地貌如河流、房屋、道路、桥梁、电力线、植被等，都是按规定图例绘制的。道路工程常用地物图例和常用结构物图例如表 10-1、表 10-2 所示。对照图例可知，该地区中部有一条小溪自北向西南流过，且两条路与之相交，河岸两边是水稻田，西边为平原，北面有两座山峰，山坡为旱地，并栽有果树，河东中部有一居民点，名为宁乡，原有的乡间路和电力线沿河东岸而行，并通过该村。

5)水准点

沿路线附近每隔一段距离，就在图中标有水准点的位置，用于路线的高程测量。如$\frac{281.88}{BM5}$，表示路线的第5个水准点，该点高程为281.88 m。

表10-1　平面常用图例

平面	涵洞	
	通道	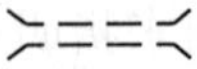
	分离式立交 a 主线上跨 b 主线下穿	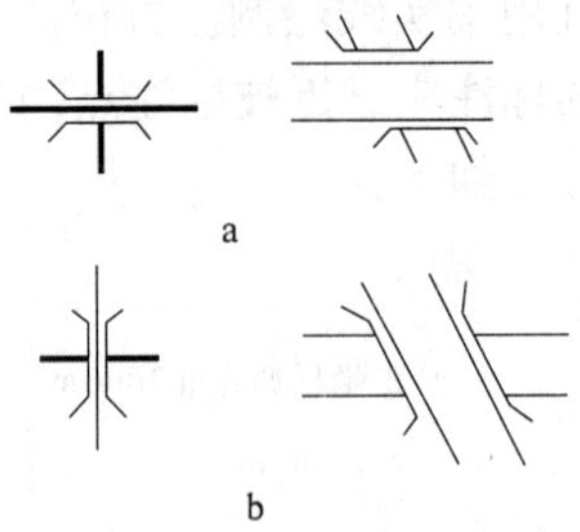
	桥梁	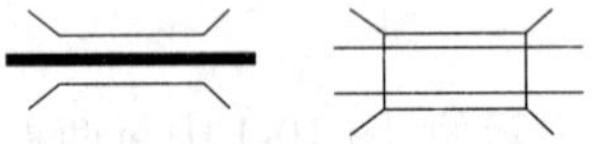
	互通式立交	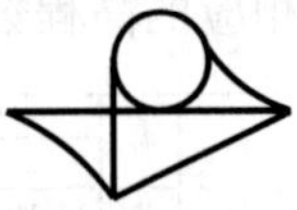
	隧道	
	养护机构	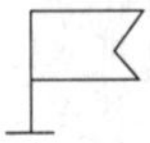
	管理机构	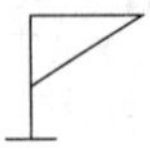
	防护网	
	防护栏	
	隔离墩	

纵断面	箱涵	
	管涵	
	盖板涵	
	拱涵	
	箱形通道	
	桥梁	
	分离式立交 a 主线上跨 b 主线下穿	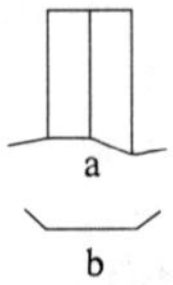
	互通式立交 a 主线上跨 b 主线下穿	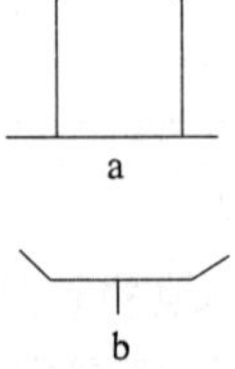

表 10-2　平面图常见地物图例

名称	符号	名称	符号	名称	符号
房屋	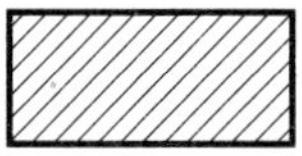	学校		菜地	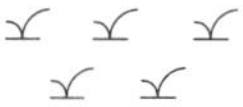
大路	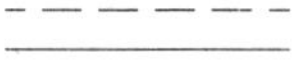	水稻田	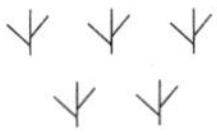	堤坝	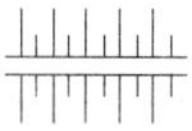
小路		旱田	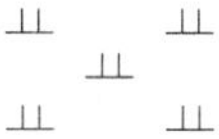	河流	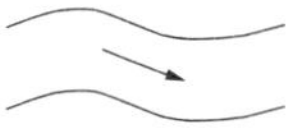
铁路		果园	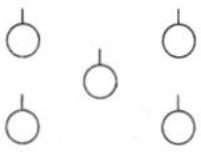	人工开挖	
涵洞	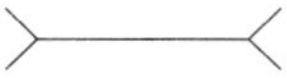	草地		低压电力线 高压电力线	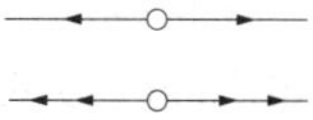
桥梁	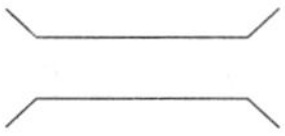	林地		水准点	

2. 路线部分

1）设计路线

用加粗实线表示路线，由于道路的宽度相对于长度来说小得多，公路的宽度只有在较大比例的平面图中才能画清楚，因此通常是沿道路中心线画出一条加粗的实线（$2b$）来表示新设计的路线。

2）里程桩

道路路线的总长度和各段之间的长度用里程桩号表示。里程桩号应从路线的起点至终点依次顺序编号，在平面图中路线的前进方向总是从左向右的。里程桩分千米桩和百米桩两种，千米桩宜注在路线前进方向的左侧，用符号"◕"表示桩位，千米数注写在符号的上方，如"K4"表示离起点 4 km。百米桩宜标注在路线前进方向的右侧，用垂直于路线的细短线表示桩位，用字头朝向前进方向的阿拉伯数字表示百米数，注写在短线的端部，例如在 K4 千米桩的前方注写的"6"，表示桩号为 K4+600，说明该点距路线起点为 4600 m。

3）平曲线

道路路线在平面上是由直线段和曲线段组成的，在路线的转折处应设平曲线。最常见的较简单的平曲线为圆弧，其基本的几何要素如图 10-2 所示：JD 为交角点，是路线的两直线段的理论交点；α 为转折角，是路线前进时向左（α_z）或向右（α_y）偏转的角度；R 为圆曲线半径，是连接圆弧的半径长度；T 为切线长，是切点与交角点之间的长度；E 为外距，是曲线中点到交角点的距离；L 为曲线长，是圆曲线两切点之间的弧长。

平曲线要素：

交角点编号 JD、交点位置、偏角 α、圆曲线半径 R、缓和曲线长度 l、切线长度 T、曲线总长度 L、外距 E 等。

路线平面图中通常要对曲线标注出曲线的起点 ZY(直圆)、中点 QZ(曲中)、曲线的终点 YZ(圆直)的位置,对带有缓和曲线的路线则需要标注出 ZH(直缓)、HY(缓圆)、YH(圆缓)、HZ(缓直)的位置。

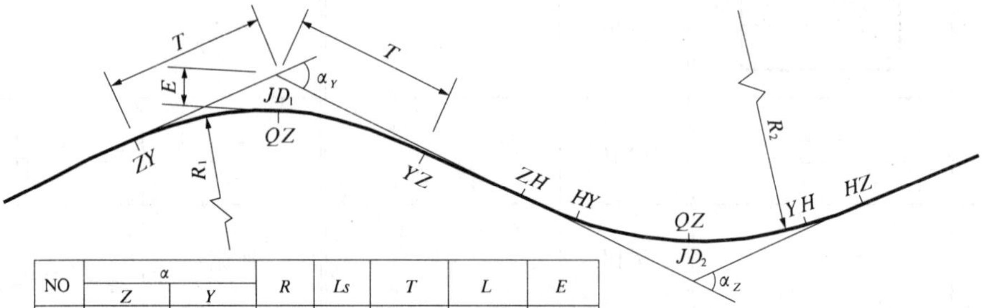

NO	α		R	Ls	T	L	E
	Z	Y					
JD_1		37°42′43″	1200	200	510.27	989.84	69.52
JD_2	26°21′43″		700	160	244.26	482.07	20.51

图 10-2　平曲线几何要素

在路线平面图中,转折处应注写交角点代号并依次编号,如 JD_6 表示第6个交角点。还要注出曲线段的起点 ZY(直圆)、中点 QZ(曲中)、终点 YZ(圆直)的位置。为了将路线上各段平曲线的几何要素值表示清楚,一般还应在图中的适当位置列出平曲线要素表。如果设置缓和曲线,则将缓和曲线与前、后段直线的切点分别标记为 ZH(直缓点)和 HZ(缓直点);将圆曲线与前、后段缓和曲线的切点分别标记为 HY(缓圆点)和 YH(圆缓点)。

通过读图10-1可以知道,新设计的这段公路是从K0+000处开始,由东南方平原处引来,在交角点 JD_1 处向左转折,$\alpha_y=12°30'16''$,圆曲线半径 $R=5500$ m,从宁乡的北面经过,公路从山的东南处平原沿山脚向西南延伸。

二、路线纵断面图

(一)图示方法

路线纵断面图是通过公路中心线用假想的铅垂面纵向剖切后获得的,如图10-3所示。由于公路中心线是由直线和曲线组合而成的,因此剖切的铅垂面既有平面又有曲面(柱面),为了清晰地表达路线的纵断面情况,采用展开的方法将断面展开成一个平面,并绘制在图纸上,这就形成了路线纵断面图。

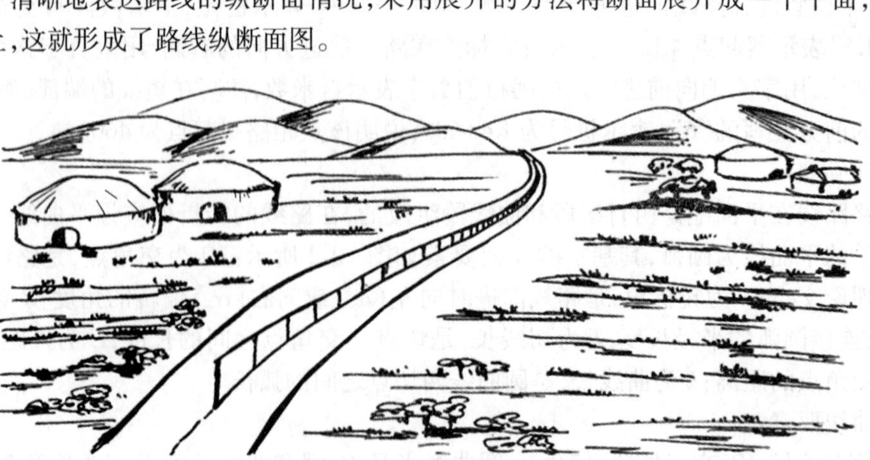

图 10-3　路线纵断面图形成示意

(二)画法特点和表达内容

路线纵断面图主要表达道路的纵向设计线形以及沿线地面的高低起伏状况、地质和沿线设置构造物的概况。

路线纵断面图包括图样和资料表两部分,一般图样画在图纸的上部,资料表布置在图纸的下部。如图 10-4 所示为某公路 K0+000～K1+700 段的纵断面图。

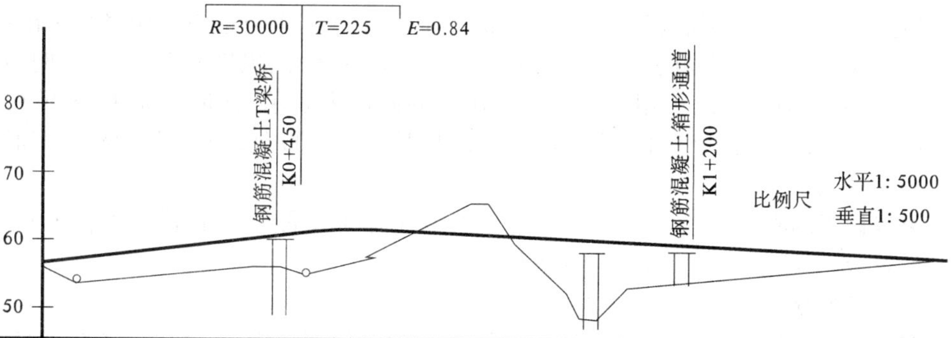

地质情况	粉质中粗黏土							中粗黏土					粉质中粗黏土								
坡度距离	1.0% 500							1200 −0.50%													
填高	1.75	4.49	4.60	4.59	5.32	5.70	6.10	4.99	0.17		2.00	6.00	10.23	5.60	4.80	4.50	4.00	3.70	2.70	2.20	0.60
挖高										3.80											
设计线高	58.00	59.00	60.00	59.99	61.83	62.00	62.10	62.24	61.99	61.50	61.00	60.50	60.25	60.00	59.60	59.50	59.00	58.50	58.00	57.50	57.00
原地面高	56.25	54.51	55.40	55.40	56.51	56.30	56.00	57.25	61.82	65.30	59.00	54.50	50.02	54.40	54.80	55.00	55.00	54.80	55.30	55.30	56.40
里程桩号	0+000	0+100	0+200	0+300	0+400	0+450	0+500	0+600	0+700	0+800	0+900	1+000	1+050	1+100	1+130	1+200	1+300	1+400	1+500	1+600	1+700
平面线																					

图 10-4 路线纵断面图

1. 图样部分

1) 比例

纵断面图的水平方向表示路线的长度(前进方向);竖直方向表示设计线和地面的高程。由于路线的高差比路线的长度尺寸小得多,如果竖向高度与水平长度用同一种比例绘制,很难把高差明显地表示出来,所以绘制时一般竖向比例要比水平比例放大 10 倍,例如本图的水平比例为 1∶5000,而竖向比例为 1∶500,这样画出的路线坡度就比实际大,看上去也较为明显。为了便于画图和读图,一般还应在纵断面图的左侧按竖向比例画出高程标尺。

2) 设计线和地面线

在纵断面图中,道路的设计线用粗实线表示,原地面线用细实线表示,设计线是根据地形起伏和公路等级,按相应的工程技术标准而确定的,设计线上各点的标高通常是指路基边缘的设计高程。地面线是根据原地面上沿线各点的实测中心桩高程而绘制的。比较设计线与地面线的相对位置,可决定填挖高度。

3) 竖曲线

设计线是由直线和竖曲线组成的,在设计线的纵向坡度变更处(变坡点),为了便于车辆行驶,按技术标准的规定应设置圆弧竖曲线。竖曲线分为凸形和凹形两种,在图中分别用

“┬”和“┬”符号表示。符号中部的竖线应对准变坡点，竖线左侧标注变坡点的里程桩号，竖线右侧标注竖曲线中点的高程。符号的水平线两端应对准竖曲线的始点和终点，竖曲线要素(半径 R、切线长 T、外距 E)的数值标注在水平线上方。在图 10-4 中的变坡点处桩号为 K0+500，设有凸形竖曲线(R=30000 m，T=225 m，E=0.84 m)，后面路线坡度较小，根据规定，可不设竖曲线。

4)工程构筑物

道路沿线的工程构筑物如桥梁、涵洞等，应在设计线的上方或下方用竖直引出线标注，竖直引出线应对准构筑物的中心位置，并注出构筑物的名称、规格和里程桩号，例如图 10-4 中在 T 形梁桥、箱形通道中用近似于一个矩形的图形来表示，并进行标注，表示在里程桩 K0+450 处设有钢筋混凝土 T 形梁桥；表示在里程桩 K1+200 处设有钢筋混凝土箱形通道。

5)水准点

沿线设置的测量水准点也应标注，竖直引出线对准水准点，左侧注写里程桩号，右侧写明其位置，水平线上方注出其编号和高程。

2. 资料部分

路线纵断面图的测设数据表与图样上下对齐布置，以便阅读。这种表示方法，较好地反映出纵向设计在各桩号处的高程、填挖方量、地质条件和坡度以及平曲线与竖曲线的配合关系。

资料表主要包括以下项目和内容：

(1)地质概况。根据实测资料，在图中注出沿线各段的地质情况。

(2)坡度/距离。标注设计线各段的纵向坡度和水平长度距离。表格中的对角线表示坡度方向，左下至右上表示上坡，左上至右下表示下坡，坡度和距离分注在对角线的上下两侧。如图 10-4 中第一格的标注“1.0%/500”，表示此段路线是上坡，坡度为 1.0%，路线长度为 500 m。

(3)标高。表中有设计标高和地面标高两栏，它们应和图样互相对应，分别表示设计线和地面线上各点(桩号)的高程。

(4)填挖高度。设计线在地面线下方时需要挖土，设计线在地面线上方时需要填土，挖或填的高度值应是各点(桩号)对应的设计标高与地面标高之差的绝对值。

(5)里程桩号。沿线各点的桩号是按测量的里程数值填入的，单位为 m，桩号从左向右排列。在平曲线的起点、中点、终点和桥涵中心点等处可设置加桩。

(6)平曲线。为了表示该路段的平面线形，通常在表中画出平曲线的示意图。直线段用水平线表示，道路左转弯用凹折线表示，右转弯用凸折线表示，有时还需注出平曲线各要素的值。

(7)超高。为了减小汽车在弯道上行驶时的横向作用力，道路在平曲线处需设计成外侧高内侧低的形式，道路边缘与设计线的高程差称为超高，如图 10-5 所示。

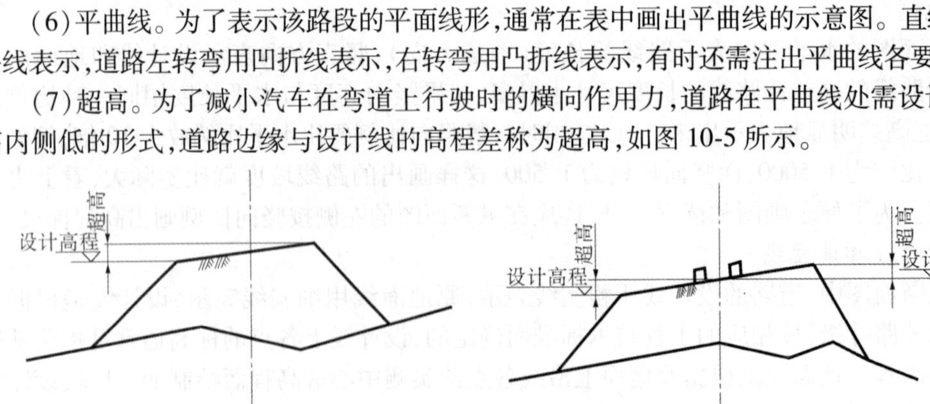

(a)一般道路　　(b)高速公路

图 10-5　道路超高

(8)纵断面图的标题栏绘在最后一张图或每张图的右下角，注明路线名称，纵、横比例等。每张图纸右上角应有角标,注明图纸序号及总张数。

三、路基横断面图

(一)图示方法

路基横断面是在路线中心桩处,用假想的剖切平面,沿路中心线的垂直方向剖切而得到的图形。

它由横断面设计线和地面线所构成。横断面设计线包括车行道、路肩、分隔带、边沟、边坡、截水沟、护坡道等设施,地面线是表示地面在横断面方向的起伏变化。在路基横断面图中,设计线用粗实线表示,地面线用细实线表示,路中心线用细点画线表示。

路基横断面图的水平方向和高度方向宜采用相同比例,一般比例为 1∶200、1∶100 或 1∶50。

(二)路基横断面图

为了路基施工放样和计算土石方量的需要,在线路的每一中心桩处,应根据实测资料和设计要求,画出一系列的路基横断面,主要是表达路基横断面的形状和地面高低起伏状况。路基横断面一般不画出路面层和路拱,以路基边缘的标高作为路中心的设计标高。

路基横断面按填挖条件的不同,可归纳为三种基本形式。

1. 填方路基

如图 10-6(a)所示,整个路基全为填土区,称为路堤。填土高度等于设计标高减去路面标高。填方边坡一般为 1∶1.5。在图下注有该断面的里程桩号、中心线处的填方高度 h_T(m)以及该断面的填方面积 A_T(m^2)。

2. 挖方路基

如图 10-6(b)所示,整个路基全为挖土区,称为路堑。挖土深度等于地面标高减去设计标高,挖方边坡一般为 1∶1。在图下注有该断面的里程桩号、中心线处的挖方高度 h_W(m)以及该断面的挖方面积 A_W(m^2)。

3. 半填半挖路基

如图 10-6(c)所示,路基断面一部分为填土区,一部分为挖土区,是前两种路基的综合。在图下仍注有该断面的里程桩号、中心线处的填(或挖)高度 h 以及该断面的填方面积 A_T 和挖方面积 A_W。

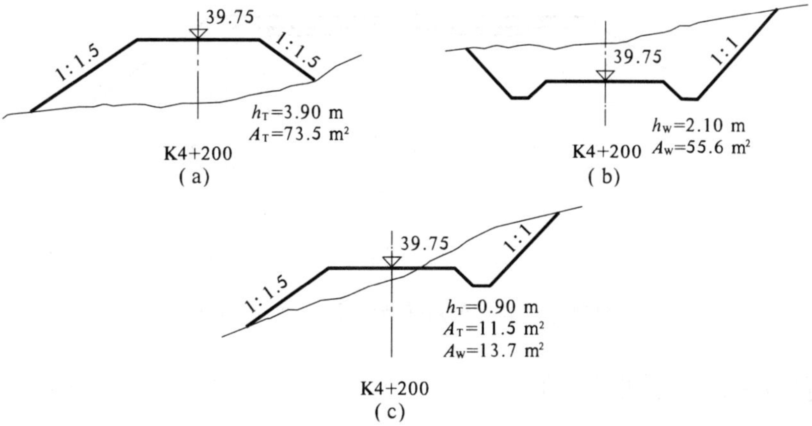

图 10-6　路基横断面的三种形式

路基横断面图的绘制方法与步骤(见图10-7):

(1)要求在每一中心桩处,顺次画出每一个路基横断面图。

(2)路基横断面图应按顺序沿着桩号从下到上,从左到右画出。

(3)横断面图的地面线一律画细实线,设计线一律画粗实线。

(4)每张图上的右上角应写明图纸序号和总张数,最后一张图纸的右下角要画出图标。

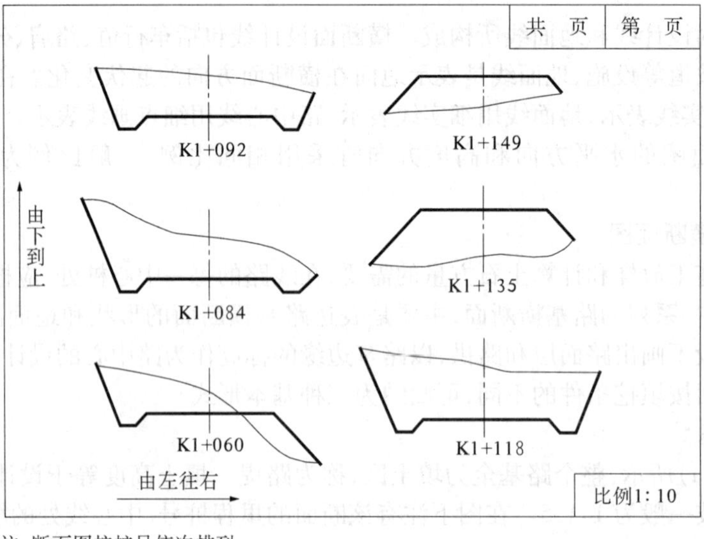

注:断面图按桩号依次排列。

图10-7 路基横断面的绘制顺序

(三)高速公路横断面图

高速公路是高标准的现代化公路,它的特点是车速高,通行能力大,有四条以上车道并设中央分隔带,采用全封闭立体交叉,全部控制出入,有完备的交通管理设施等。高速公路路基横断面主要由中央分隔带、行车道、硬路肩、土路肩等组成,常见的横断面形式如图10-8所示。

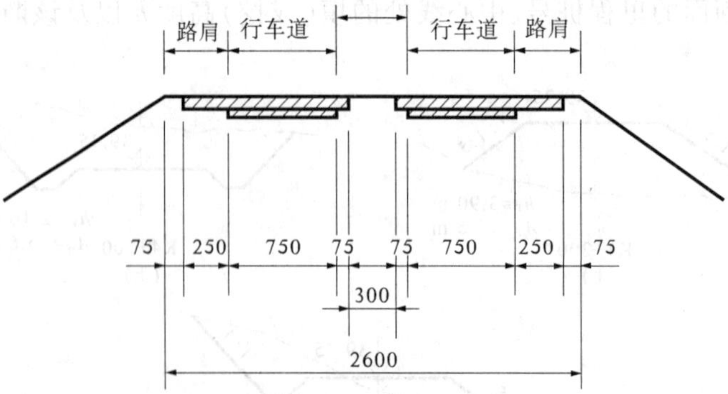

图10-8 高速公路横断面图 (单位:cm)

四、道路路线工程图的绘制

道路路线设计的最后结果是以路线平面图、路线纵断面图和路基横断面图来表达的。

(一)路线平面图的绘制

画路线平面图应注意以下事项:

(1)先画地形图,等高线按先粗后细的步骤徒手画出,要求线条顺滑。

(2)画路线中心线,用绘图仪器按先曲线后直线的顺序画出路线中心线并加粗(2*b*),《道路工程制图标准》(GB 50162—92)中规定,以加粗粗实线绘制路线设计线,以加粗虚线绘制路线比较线。

(3)路线平面图应从左向右绘制,桩号为左小右大。

(4)平面图的植物图例,应朝上或向北绘制;每张图纸的右上角应有角标,注明图纸序号及总张数。

(5)平面图的拼接。由于道路很长,不可能将整个路线平面图画在同一张图纸内,通常需分段绘制在若干张图纸上,使用时再将各张图纸拼接起来。每张图纸的右上角应画有角标,角标内应注明该张图纸的序号和总张数。平面图中路线的分段宜在整数里程桩处断开,断开的两端均应画出垂直于路线的细点画线作为接图线。相邻图纸拼接时,路线中心对齐,接图线重合,并以正北方向为准。

(二)路线纵断面图的绘制

画路线纵断面图应注意以下事项:

(1)先画纵横坐标:左侧纵坐标表示标高尺,横坐标表示里程桩。

(2)比例:纵断面图的比例,竖向比例比横向比例扩大 10 倍,如竖向比例为 1 :10,则横向比例为 1 :100,纵横比例一般在第一张图的注释中说明。

(3)点绘地面线:地面线是剖切面与原地面的交线,点绘时将各里程桩处的地面高程点到图样坐标中,用细折线连接各点即为地面线。

(4)设计线拉坡:设计线是剖切面与设计道路的交线,绘制时将各里程桩处的设计高程点到图样坐标中,用粗实线拉坡即为设计线。

(5)线型:地面线用细实线,设计线用粗实线,里程桩号从左向右按桩号大小排列。

(6)变坡点:当路线坡度发生变化时,变坡点应用直径为 2 mm 的中粗线圆圈表示;切线应用细虚线表示,竖曲线应用粗实线表示。如图 10-9 所示。

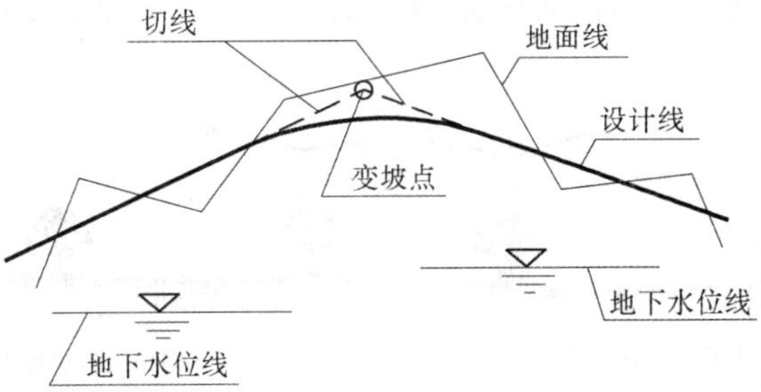

图 10-9　道路设计线

(三)路基横断面图的绘制

路基横断面图是路线中心桩处垂直于路线中心线的断面图。画路基横断面图应注意以下事项:

(1)横断面图的地面线一律用细实线,设计线用粗实线,道路的超高、加宽也应在图中表示出。

(2)在同一张图纸内绘制的路基横断面图,应按里程桩号顺序排列,从图纸的左下方开始,先由下而上,再自左向右排列。

(3)在每张路基横断面图的右上角应写明图纸序号及总张数,在最后一张图的右下角绘制图标。

第二节 城市道路路线工程图

在城市里,沿街两侧建筑红线之间的空间范围为城市交通用地。城市道路一般由机动车道、非机动车道、人行道、绿化带、分隔带、交叉口和交通广场以及高架桥高速路、地下道路等各种设施组成。

城市道路的线形设计结果也是通过平面图、纵断面图和横断面图表达的。它们的图示方法与公路路线工程图完全相同。由于城市道路所处的地形一般都比较平坦,并且城市道路的设计是在城市规划与交通规划的基础上实施的,交通性质和组成部分比公路复杂得多,因此体现在横断面图上,城市道路比公路复杂得多。

一、横断面图

城市道路横断面图是道路中心线法线方向的断面图。城市道路横断面图由车行道、人行道、绿化带和分隔带等部分组成。

(一)城市道路横断面图布置的基本形式

根据建筑红线之间的宽度不同及机动车道和非机动车道不同的布置形式,道路横断面的布置有以下四种基本形式:

(1)"一块板"断面。把所有车辆都组织在同一车行道上行驶,但规定机动车在中间,非机动车在两侧,如图10-10(a)所示。

(2)"两块板"断面。用一条分隔带或分隔墩从道路中央分开,使往返交通分离,但同向交通仍在一起混合行驶,如图10-10(b)所示。

(3)"三块板"断面。用两条分隔带或分隔墩把机动车和非机动车交通分离,把车行道分隔为三块:中间为双向行驶的机动车道,两侧为方向彼此相反的单向行驶非机动车车道,如图10-10(c)所示。

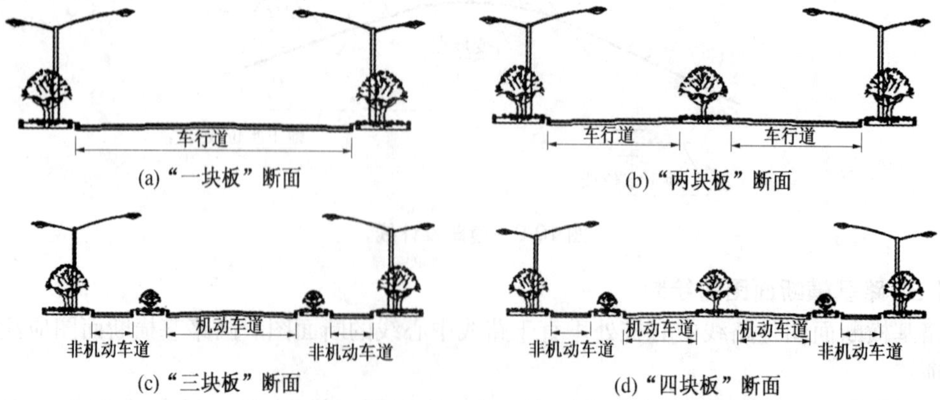

图10-10 城市道路横断面布置的基本形式

(4)“四块板”断面。在“三块板”断面的基础上增设一条中央分离带,使机动车分向行驶,如图 10-10(d)所示。

(二)横断面图的内容

横断面设计的最后成果用标准横断面设计图表示。图中要表示出横断面各组成部分及其相互关系。图 10-11 为某路近期设计横断面图。为了清晰地表示高差变化情况,高度方向(纵向)采用 1∶50,水平方向(横向)采用 1∶200 的绘图比例。

图 10-11 表示该路段采用了“四块板”断面形式,使机动车与非机动车分道单向行驶。两侧为人行道,中间有隔离带。图中还标示了各组成部分的宽度以及结构设计要求。

除需绘制近期设计横断面图外,对分期修建的道路还要画出远期规划设计横断面图,为了设计土石方工程量和施工放样,与公路横断面图相同,需绘出各个中线桩的现状横断面,并加绘设计横断面图,标出中线桩的里程和设计标高,称为施工横断面图。

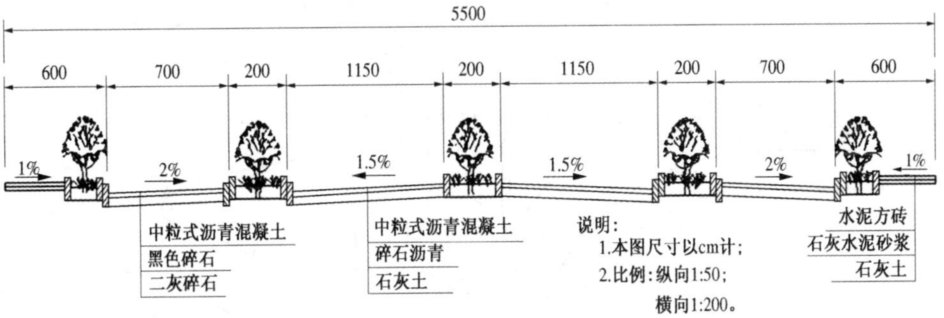

图 10-11 标准横断面设计图

二、平面图

城市道路平面图与公路路线平面图相似,它用来表示城市道路的方向、平面线形和车行道布置以及沿路两侧一定范围内的地形和地物情况。

图 10-12 为一段城市道路的平面图。它主要表示了环形交叉口和市区道路的平面设计情况。城市道路平面图的内容可分为道路和地形、地物两部分。

(一)道路情况

(1)道路中心线用点画线表示。为了表示道路的长度,在道路中心线上标有里程。如图 10-12 所示的平面图表示 0+440~0+660 一段道路的平面图。

(2)道路的走向是用坐标网来确定的(或画出指北针)。从指北针方向可知,道路的走向为北偏西方向。

(3)城市道路平面图所采用的绘图比例较公路路线平面图大,因此车行道、人行道的分布和宽度可按比例画出。

(4)图中与该路平面交叉的海龙路,约为北偏东走向。

(二)地形和地物情况

(1)城市道路所在的地势一般比较平坦。地形除用等高线表示外,还用大量的地形点表示高程。

(2)本段道路是郊区扩建的城市道路,新建道路因此占用了沿路两侧一些工厂、民房、学校用地。

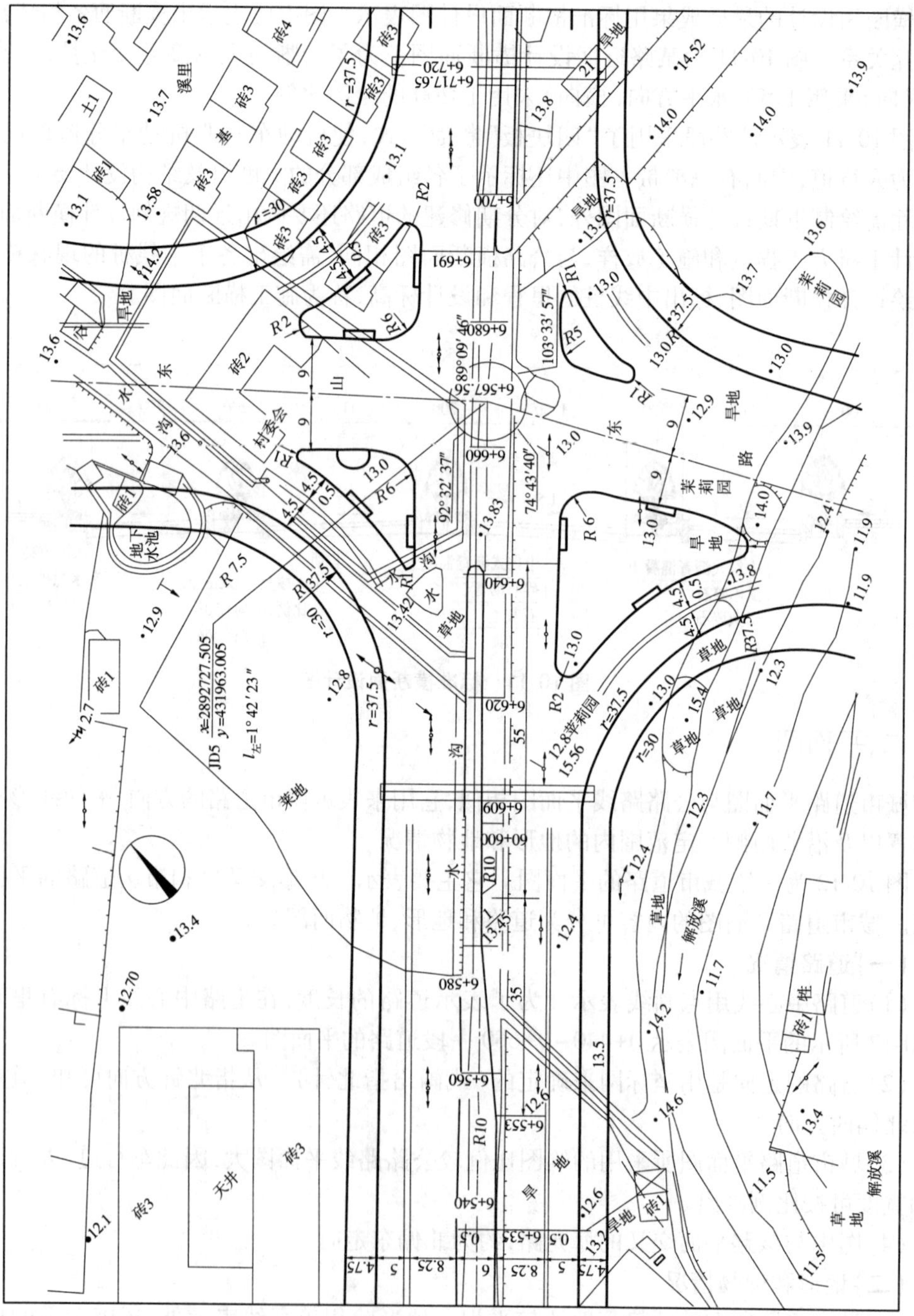

图10-12 某城市道路平面图

小　结

道路路线设计的最后结果是以平面图、纵断面图和横断面图来表示的，利用这三种工程图来表达道路的空间位置、线形和尺寸。根据它们不同的组成和功能特点，本章主要从公路路线工程图和城市道路路线工程图等两大方面对道路工程的图示方法、画法特点及表达内容进行了介绍。

通过本章的学习，要求同学能够根据道路工程的图示方法、画法特点及表达内容，具备绘制道路工程图的路线平面图、路线纵断面图和路线横断面图的能力，了解公路路线工程图和城市道路路线工程图的图示方法，掌握道路路线工程图的图示内容、画法特点和表达内容，理解绘制道路路线工程图时的注意事项，了解《道路工程制图标准》(GB 50162—92)中的有关规定。

复习思考题

10-1　道路路线工程图的图示方法与一般工程图样有何不同？

10-2　道路平面图、纵断面图及横断面图的比例有何规定？

10-3　什么是超高？超高的作用是什么？

10-4　道路横断面的常用形式有哪些？什么是标准横断面图？

10-5　绘制道路路线工程图时应注意的事项有哪些？

10-6　道路路线纵断面图是如何形成的？

思政园地

在道路路基施工过程中，需要大量的取土和弃土，因此土壤表层受到相当严重的侵蚀。如果进入雨季，尤其是山区路段弃土场坡面不稳而下滑，严重的则会导致泥石流发生，造成水土流失。若道路施工沿线有野生动物生存，那么工程的建设就会使野生动物迁徙，造成动物生息繁衍的环境改变，威胁到野生动物的生存。

习近平总书记提出："我们既要绿水青山，也要金山银山。宁要绿水青山，不要金山银山，而且绿水青山就是金山银山。"可以将这一生态文明发展观融入路基工程细节当中，使学生理解为什么要按照规定进行绘图，理解做好采石场、弃土场掩盖的必要性和处理好建筑垃圾的重要性，做好工程建设水土保持工作，使生态文明观更加深入人心。

第十一章　桥隧工程图

【学习目标】 了解钢筋分类及作用、桥位平面图和桥位地质断面图的图示方法;掌握钢筋混凝土结构图的图示特点和桥梁工程图的读图和画图方法。

当道路路线通过江河湖泊、山谷山川和低洼地带以及道路与道路相互交叉时,需要修筑桥梁以保证道路的畅通、车辆的正常行驶、水流的宣泄以及船只的通航。

在山岭地区修筑道路时,为了保证车辆平稳行驶、缩短里程以及减少土石方数量,可以考虑修筑公路隧道。

现阶段,在桥梁工程中广泛应用钢筋混凝土作为建筑材料,所以首先介绍有关钢筋混凝土的基本知识及其图示特点,为后面工程图知识的学习打好基础。

第一节　钢筋混凝土结构图

钢筋混凝土结构是由钢筋混凝土制成的板、梁、桥墩和桩等构件组成的结构物。混凝土是由水泥、砂、石子和水按一定比例拌和硬化而成的一种人造石料。把混凝土灌入定形模板中,振捣密实、养护凝固后就形成坚硬如石的混凝土构件。混凝土的抗压强度较高,抗拉强度较低,容易因受拉而断裂,为了提高混凝土构件的抗拉能力,常在混凝土构件的受拉区内加入一定数量的钢筋,使两种材料黏结成一个整体,共同承受外力,这样提高了构件的承载能力,减小了构件的截面尺寸。

在实践中,表达钢筋混凝土结构的图样称为钢筋混凝土结构图。钢筋混凝土结构图可以详细表示构件中钢筋的布置情况,是钢筋断料、加工、绑扎、焊接和检验的重要依据,它包括钢筋布置图、钢筋编号、尺寸、规格、根数、钢筋成型图和钢筋数量表及技术说明等具体内容。

一、钢筋的基本知识

(一)钢筋的分类

钢筋种类很多,通常按化学成分、生产工艺、轧制外形、供应形式、直径大小,以及在结构中的用途进行分类。

钢筋按直径大小分:6 mm 以上的称为钢筋,6 mm 以内的称为钢丝,22 mm 以上的称为粗钢筋。按生产工艺分:热轧钢筋、余热处理钢筋、冷拉钢筋、冷拔钢筋、冷轧钢筋等。按轧制外形分:光面钢筋、带肋钢筋、钢线(分低碳钢丝和碳素钢丝两种)及钢绞线、冷轧扭钢筋。按力学性能分:Ⅰ级钢筋(300 级)、Ⅱ级钢筋(335 级)、Ⅲ级钢筋(400 级)和Ⅳ级钢筋(500 级)。

根据钢筋在构件中所起的作用,可以把各部位钢筋分为以下几种:

(1)受力钢筋(主筋)。承受构件内力的主要钢筋。

(2)箍筋(钢箍)。主要固定受力钢筋位置,并承受一部分内力。

(3)架立钢筋。一般用于钢筋混凝土梁中,用来固定箍筋的位置,并与梁内的受力筋、箍筋一起构成钢筋骨架。

(4)分布钢筋。一般用于钢筋混凝土板或高梁结构中,用于固定受力钢筋的位置,使荷载更好地分布给受力钢筋,防止混凝土收缩和温度变化出现的裂缝。

(5)构造钢筋。因构件的构造要求和施工安装需要配置的钢筋,如腰筋、预埋锚固筋、吊环等。

图 11-1、图 11-2 为钢筋混凝土梁和钢筋混凝土板配筋示意图。

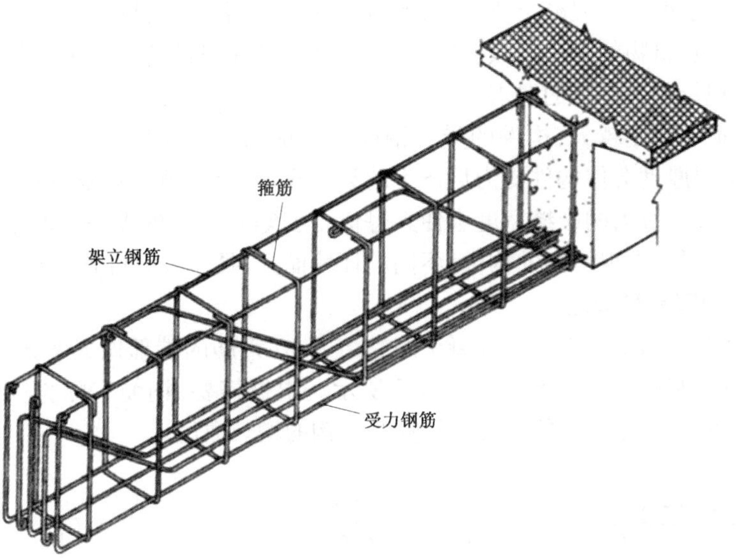

图 11-1 钢筋混凝土梁配筋示意图

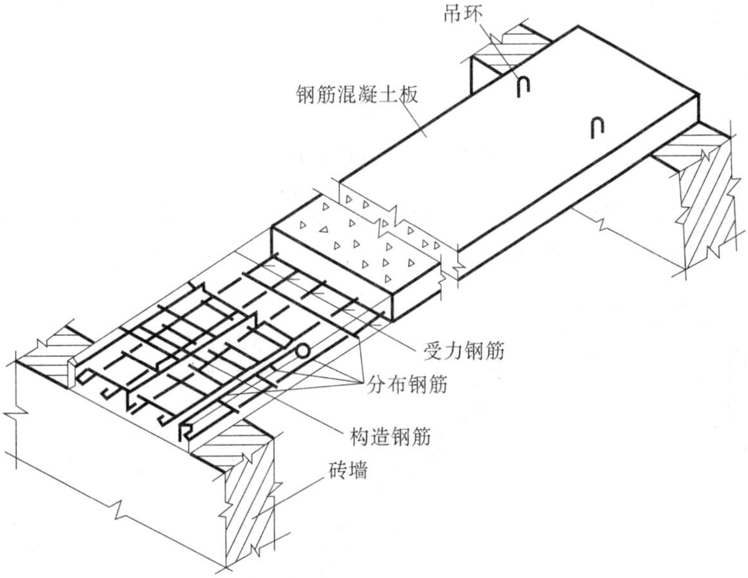

图 11-2 钢筋混凝土板配筋示意图

(二)混凝土保护层

混凝土保护层是指混凝土结构构件中钢筋外边缘至构件表面范围用于保护钢筋的混凝

土,简称保护层。

混凝土结构中,钢筋混凝土是由钢筋和混凝土两种不同材料组成的复合材料,两种材料具有良好的黏结性能是它们共同工作的基础,从钢筋黏结锚固角度对混凝土保护层提出要求,是为了保证钢筋与其周围混凝土能共同工作,并使钢筋充分发挥作用。

钢筋裸露在大气或者其他介质中,容易受蚀生锈,使得钢筋的有效截面减小,影响结构受力,因此需要根据耐久性要求规定不同使用环境的混凝土保护层最小厚度,以保证构件中的钢筋在设计使用年限内不发生降低结构可靠度的锈蚀。

对有防火要求的钢筋混凝土梁、板及预应力构件,对混凝土保护层提出要求是为了保证构件在火灾中按建筑物的耐火等级确定的耐火极限的这段时间里,构件不会失去支持能力,且应符合国家现行相关标准的要求。

混凝土保护层厚度越大,构件的受力钢筋黏结锚固性能、耐久性和防火性能越好。但是,过大的保护层厚度会使构件受力后产生的裂缝宽度过大,就会影响其使用性能(如破坏构件表面的装修层、过大的裂缝宽度会使人恐慌不安等),过大的保护层厚度亦会造成经济上的浪费。保护层厚度视不同的构件、不同的环境而异,具体数值可查阅有关设计规范。

(三)钢筋的弯钩和弯起

对于受力钢筋,为了增加它与混凝土的黏结力,在钢筋的端部做成弯钩,弯钩的标准形式有半圆、直弯钩和斜弯钩三种,如图 11-3 所示。根据需要,钢筋实际长度要比端点长出 6.25d、4.9d、3.5d。这是钢筋的长度要计算其弯钩的增长数值。

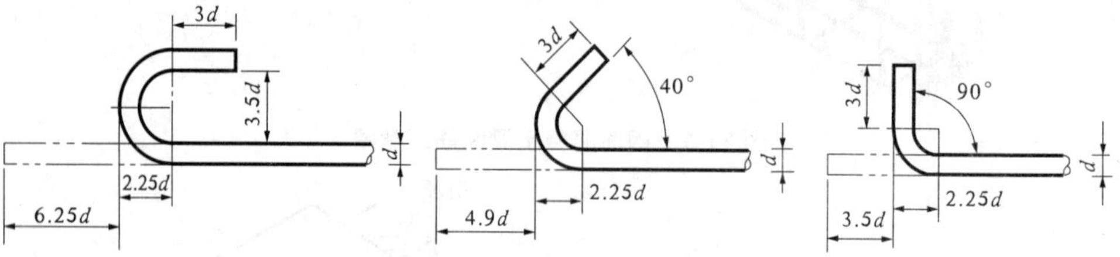

(a) (b) (c)

图 11-3 钢筋的弯钩形式

如图 11-4 所示,受力钢筋中有一部分需要在梁内向上弯起,这时弧长比两切线之和短些,计算其长度时应减去折减数值。

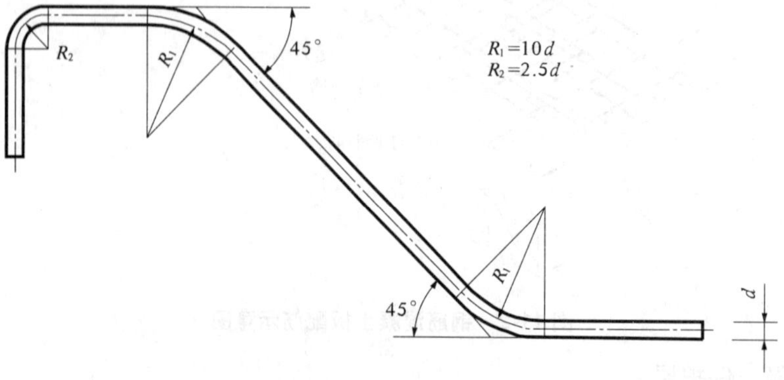

图 11-4 标准弯折

(四)钢筋骨架

为制造钢筋混凝土构件,应将不同直径的钢筋按照需要的长度截断,根据设计要求进行弯曲,再将弯曲后的钢筋组装。钢筋组装成型一般有两种方式:一种是用铁丝绑扎钢筋骨架;另一种是焊接钢筋骨架,先将钢筋焊成平面钢筋骨架,然后用箍筋联系成立体骨架形式。在焊接骨架形式中,结点处固定主钢筋的焊缝在图中应予表达,如图 11-5 所示。

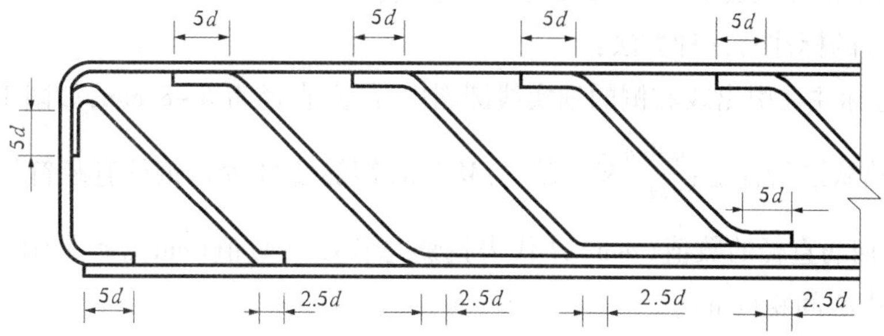

(a)焊接钢筋骨架示意图

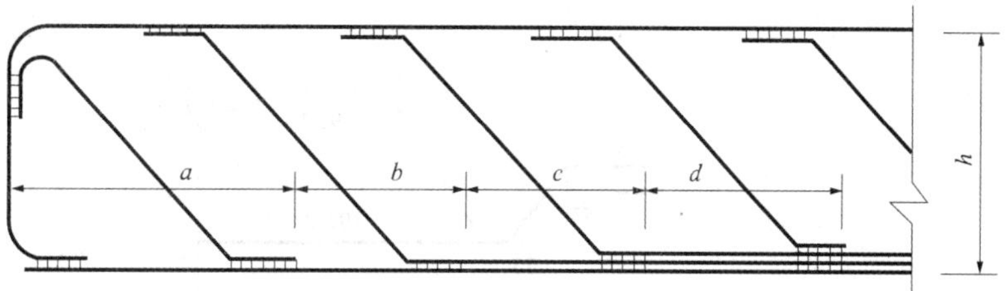

(b)焊接钢筋骨架的标注

图 11-5 焊接钢筋骨架

二、钢筋混凝土结构图的内容

钢筋混凝土结构图主要包括两类图样:第一类是构件构造图,只画出构件的形状和大小,不具体表示内部钢筋的布置情况;第二类是钢筋构造图,主要表示构件的内部钢筋的布置情况。

(一)钢筋结构图的图示特点

(1)绘制配筋图时,可假设混凝土是透明的,能够看清楚构件内部的钢筋,图中构件的外形轮廓用细线表示,钢筋用粗实线表示,若箍筋和分布筋的数量较多,也可画为中实线,钢筋的断面用实心小圆点表示。

(2)对钢筋的类别、数量、直径、长度及间距等要加以标注。

(3)通常在配筋图中不画出混凝土的材料符号。当钢筋间距和净距太小时,若严格按比例画则线条会重叠不清,这时可适当放大比例绘制。同理,在立面图中遇到钢筋重叠时,亦要放宽尺寸使图画清晰。

钢筋结构图不一定三个投影图都要画出,而是根据需要来决定,例如画钢筋混凝土梁的钢筋图,一般不画平面图,只用立面图和断面图来表示。

(4)在道路工程图中,钢筋直径的尺寸单位采用 mm,其余尺寸单位采用 cm,图中无须注出单位。

(二)钢筋的编号及尺寸标注

在钢筋构造图中,各种钢筋应标注数量、直径、长度、间距、编号,编号采用阿拉伯数字表示,先编主要部位的主筋,后编次要部位的构造筋。

钢筋编号的标注有三种方法:

(1)编号标注在引出线右侧的细实线圆圈内,圆圈直径为 6~8 mm,如图 11-6(a)所示,常采用下列格式进行标注:$\frac{n\Phi d}{l@s}$Ⓜ,其中:M 代表钢筋编号,Φ是钢筋直径符号,n 代表钢筋根数,d 代表钢筋直径的数值(mm),l 代表钢筋总长度的数值(cm),@ 是钢筋中心间距符号,s 为钢筋中心间距(cm)。

(2)在横断面图中,可将编号标注在与钢筋断面对应的细实线方格内,如图 11-6(b)所示。

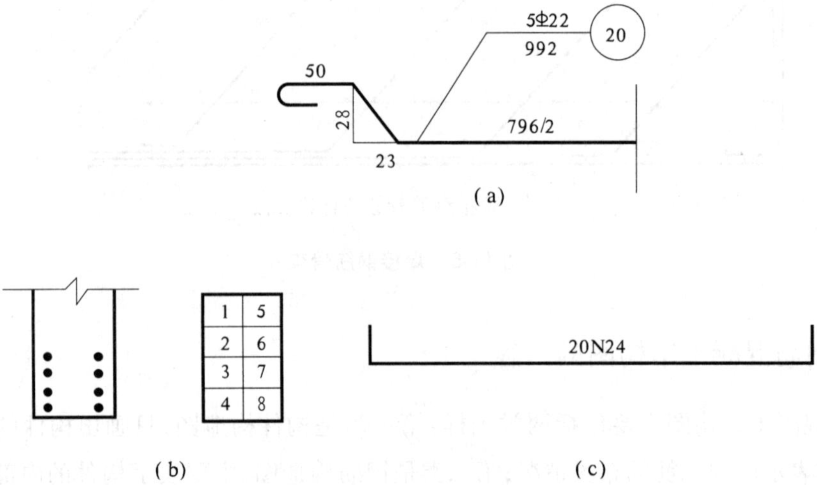

图 11-6　钢筋编号的编注

(3)在立面图、平面图中,可将冠以 N 字的编号,注写在钢筋的侧面,根数标注在 N 字之前,如图 11-6 中的"20N24"表示编号 24 的钢筋有 20 根。

(三)钢筋结构图的图示内容

1. 配筋图

配筋图主要表明各钢筋的配置,它是绑扎或焊接钢筋骨架的依据,应该根据结构的特点选用基本投影。如梁、柱等长条结构,常选用一个立面图和几个断面图;如钢筋混凝土板,则采用一个平面图或一个平面图和一个立面图,如图 11-7 所示。

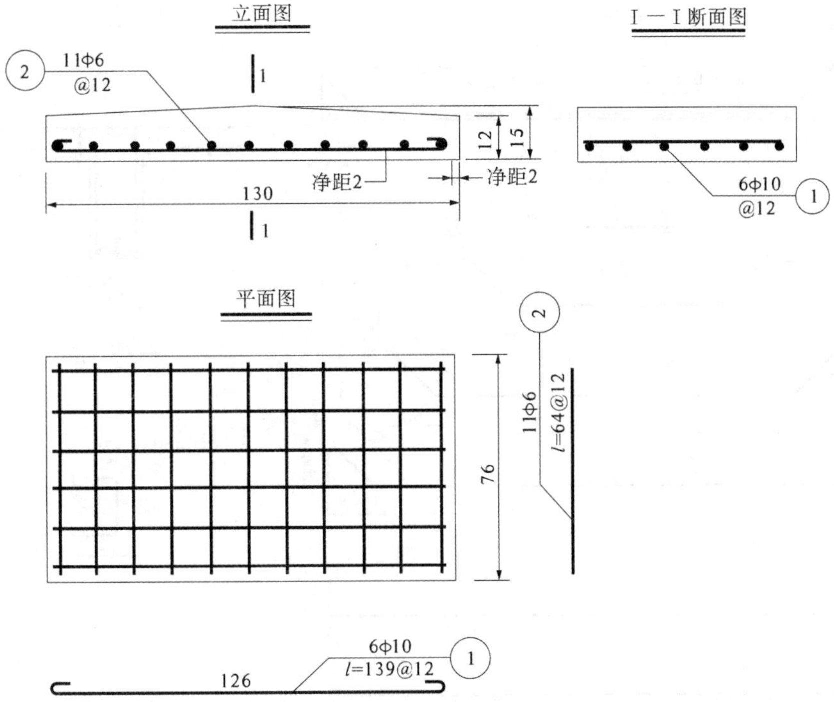

图 11-7 钢筋混凝土板的钢筋结构图

2. 成型图

钢筋成型图是表示每根钢筋形状和尺寸的图样，是钢筋成型加工的依据。画钢筋成型图时，主要钢筋应尽可能与配筋图中同类型的钢筋保持对齐关系，如图 11-8 所示。

当钢筋加工形状简单时，也可将钢筋大样绘制在钢筋明细表内。

3. 钢筋结构图中的尺寸标注

1）配筋图中的钢筋尺寸标注

在配筋图中，一般标注构件的外形尺寸和定位尺寸及钢筋编号。在断面图中除标注构件断面形状尺寸外，还注明钢筋定位尺寸，且尺寸界线通过钢筋断面中心，如图 11-8 中的 I—I 断面。对按一定规律排列的钢筋，定位尺寸一般只画两三个，也可用间距符号@表示，如图 11-7 中 1 号钢筋 6 Φ 10@ 12，表示直径 10 mm 的 I 级钢筋有 6 根，其中心间距 12 cm。

2）成型图尺寸标注

在钢筋成型图上，应逐段标出长度，对于直线段，尺寸数字可直接写在各段钢筋的侧面，弯起钢筋的斜度利用直角三角形标出，可按图 11-8 所示方法标注。

在成型图编号的引出线上还应标注钢筋直径、根数和下料长度，如图 11-8 中 3 号钢筋为两根Φ 22 钢筋，下料长度 $l=892$ cm。

4. 钢筋数量表（钢筋明细表）

在钢筋结构图中，一般还附有钢筋数量表，内容包括钢筋的编号、直径、每根长度、根数、总长及质量等，必要时还可在表中加画钢筋略图，如表 11-1 所示。

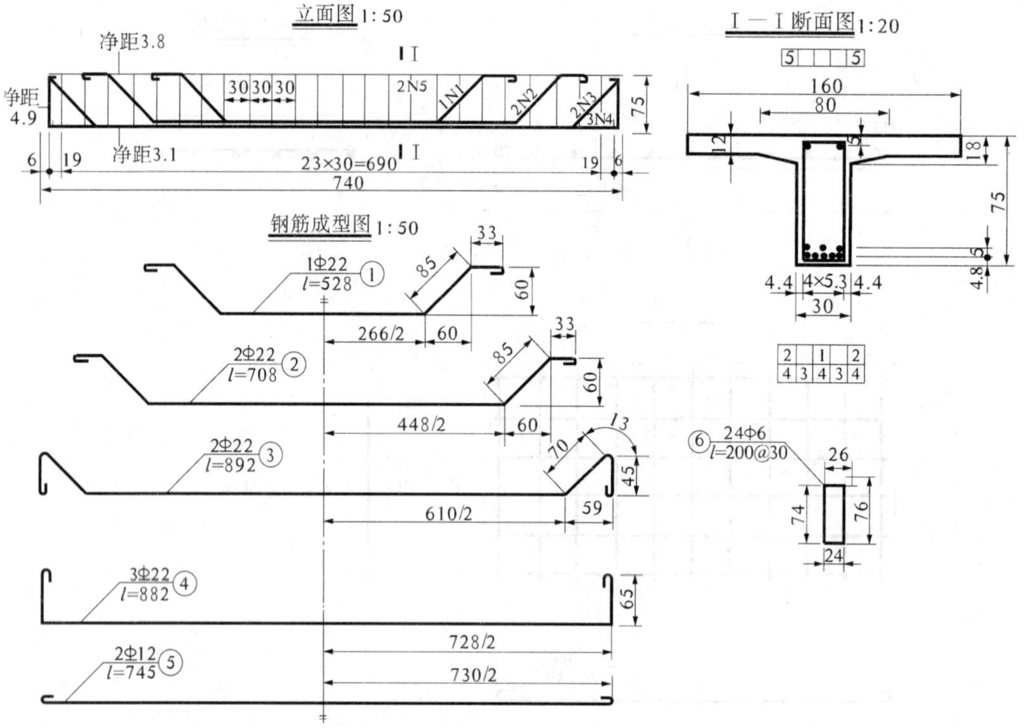

注：本图尺寸均以 cm 为单位。

图 11-8　T 形梁钢筋结构图

表 11-1　钢筋混凝土梁钢筋数量表

编号	规格	长度(cm)	根数	总长(m)	每米质量(kg/m)	总质量(kg)
1	⏀22	528	1	5.28	2.984	15.76
2	⏀22	708	2	14.16	2.984	42.25
3	⏀22	892	2	17.84	2.984	53.23
4	⏀22	882	3	26.46	2.984	78.96
5	⏀12	745	2	14.90	0.888	13.23
6	Φ6	198	24	47.52	0.222	10.55
总计						213.98
绑扎用铅丝						1.07

三、钢筋结构图举例

图 11-8 所示为一根钢筋混凝土梁的钢筋结构图。从Ⅰ—Ⅰ断面图可看出梁的断面为 T 形，称为 T 形梁，梁内有六种钢筋，它的形状和尺寸在钢筋成型图上均已表达清楚。

从立面图及Ⅰ—Ⅰ断面图中可以看出钢筋排列的位置及数量。Ⅰ—Ⅰ断面图的上方和下方画有小方格，格内注有数字，用以表明钢筋在梁内的位置及其编号。如立面图中的 2N5 是表示有两根 5 号钢筋，安置在梁内的上部，对应在Ⅰ—Ⅰ断面图中则可以看出两根 5 号钢筋在梁内对称排列。

表 11-1 是钢筋表，表中所列“每米质量（kg/m）”一栏数字，可以从有关工程手册中查得。表中所列铅丝是用来绑扎钢筋的，铅丝数量按规定为钢筋总质量的 5‰。如不用铅丝绑扎而采用电焊，则应注出电焊长度和厚度。

第二节　钢筋混凝土桥梁工程图

一、桥梁概述

（一）桥梁基本组成

如图 11-9 所示，桥梁主要由上部结构（主梁或主拱圈和桥面系）、下部结构（基础、桥墩和桥台）及附属结构（护栏、灯柱、护岸、导流结构物）等三部分组成。

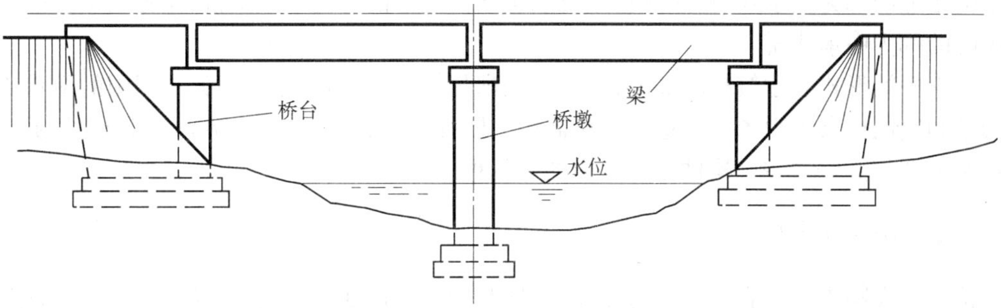

图 11-9　桥梁简图

桥跨结构是在路线中断时，跨越障碍的主要承载结构，亦被称为上部结构。

桥墩和桥台是支承桥跨结构并将恒载和车辆等活载传至地基的建筑物，又称为下部结构。

支座是在桥跨结构与桥墩和桥台的支承处所设置的传力装置。

在路堤与桥台衔接处，一般还在桥台两侧设置石砌的锥形护坡，以保证迎水部分路堤边坡的稳定。

河流中水位是变动的，在枯水季节的最低水位称为低水位，洪峰季节河流中的最高水位称为高水位，桥梁设计中按规定的设计洪水频率计算所得的高水位称为设计洪水位。

净跨径是设计洪水位上相邻两个桥墩（台）之间的净距。

总跨径是多孔桥梁中各孔净跨径的总和，它反映了桥下宣泄洪水的能力。

桥梁全长是桥梁两端两个桥台的侧墙或八字墙后端点的距离。对于无桥台的桥梁为桥面行车道的全长。

（二）桥梁基本分类

桥梁的形式很多，常见的分类形式有：

（1）按结构形式分为梁桥、拱桥、钢架桥、桁架桥、悬索桥、斜拉桥等。

（2）按建筑材料分为钢桥、钢筋混凝土桥、石桥、木桥等，以钢筋混凝土梁桥应用最为广泛。

(3)按桥梁全长和跨径的不同分为特大桥、大桥、中桥和小桥,如表11-2所示。

表11-2 按桥梁全长和跨径分类 (单位:m)

桥梁分类	多孔桥全长	单孔跨径
特殊大桥	$L \geqslant 500$	$L_K \geqslant 100$
大桥	$L \geqslant 100$	$L_K \geqslant 40$
中桥	$30<L<100$	$20 \leqslant L_K \leqslant 40$
小桥	$8<L<30$	$5 \leqslant L_K \leqslant 20$

(4)按上部结构的行车位置分为上承式桥、下承式桥和中承式桥。桥面布置在主要承载结构之上的称为上承式桥,布置在主要承重结构之下的称为下承式桥,布置在主要承重结构中间的称为中承式桥。

无论桥梁形式和建筑材料如何,图示方法都是相同的,需要结合桥梁专用图的图示特点来阅读和绘制桥梁工程图。建造一座桥需用的图样很多,但一般可分为桥位平面图、桥位地质纵断面图、总体布置图、构件图和大样图等几种。

二、桥位平面图

桥位平面图主要是表示桥梁与路线连接的平面位置,通过地形测量绘出桥位处的道路、河流、水准点、钻孔及附近的地形和地物(如房屋、原有桥梁等),以便作为设计桥梁、施工定位的根据,这种图一般采用较小的比例,如1∶500、1∶1000、1∶2000等。

图11-10所示为某桥的桥位平面图,除表示路线平面形状、地形和地物外,还表达了钻孔、里程、水准点的位置和数据。

三、桥位地质断面图

桥位地质断面图是根据水文调查和地质钻探所得的资料绘制的河床地质断面图,表示桥梁所在位置的地质水文情况,包括河床断面线、最高水位线、常水位线和最低水位线,方便作为桥梁设计的依据,小型桥梁可不绘制桥位地质断面图,但应写出地质情况说明。地质断面图为了显示地质和河床深度变化情况,特意把地形高度(标高)的比例较水平方向比例放大数倍画出。如图11-11所示,地形高度的比例采用1∶200,水平方向比例采用1∶500。

四、总体布置图

桥梁总体布置图主要表明桥梁的形式、跨径、孔数、桥道标高、桥面宽度、桥跨结构横断面布置和桥梁的线形及桥梁各主要构件的相互位置关系,桥梁各部分的标高、材料数量和总的技术说明等。桥梁总体布置图中还应该表明桥位处的地质及水文资料和桥面设计标高,地面标高,纵坡、横坡及里程桩号,作为施工时确定墩台位置、安装构件和控制标高的依据。

图11-12所示为一桥梁立体图,图11-13所示为该桥梁的总体布置图。该桥中心位于K0+80.5处,是三孔钢筋混凝土空心板桥梁,总长度为44.00 m,总宽度为5.50 m。

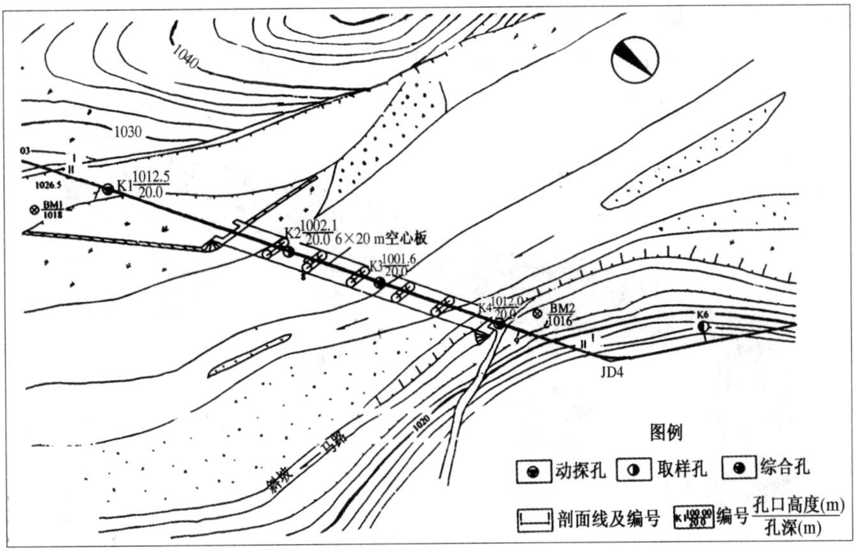

图 11-10　某桥位平面图

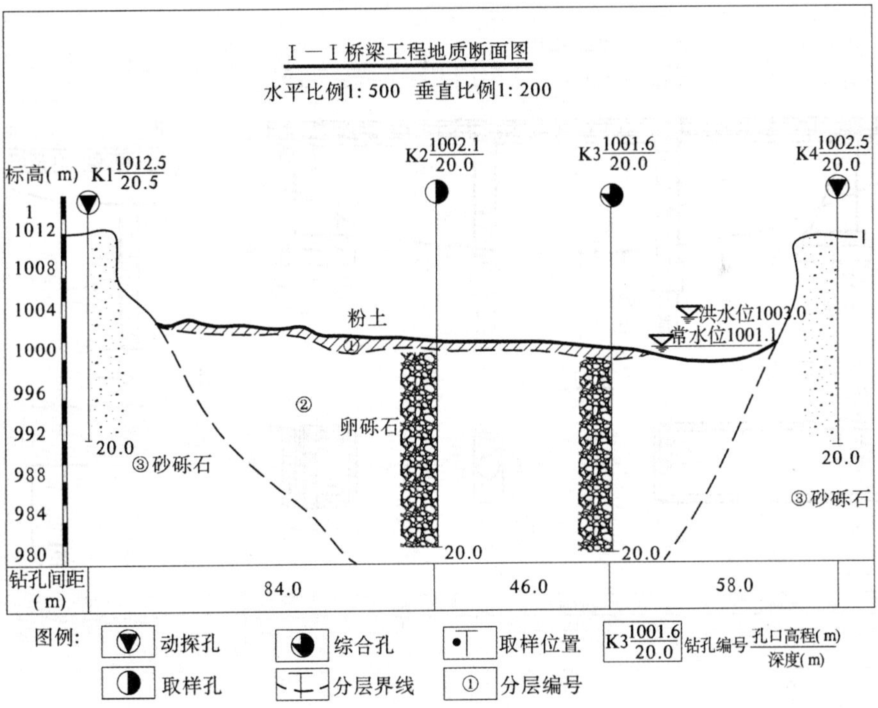

图 11-11　桥位地质断面图

(一)立面图

由于桥梁左右对称,所以立面图一般以半剖面图的形式表示,剖切平面通过桥的中心线沿纵向剖切。半立面图表达桥梁主要构件外部形状,半纵剖面图表达桥梁沿中心线剖开的剖面形状。当桥梁比较简单时也可以采用单纯的立面图表示。立面图中主要表达桥梁的总长、各跨跨径、纵向坡度、施工放样和安装所必需的桥梁各部分的标高、河床的形状及水位高度。还应该表明桥位起始点、终点、桥梁中心线的里程桩号及立面图方向桥梁各主要构件的相互位置关系。从立面图上可以反映出桥梁的大致特征和桥型。

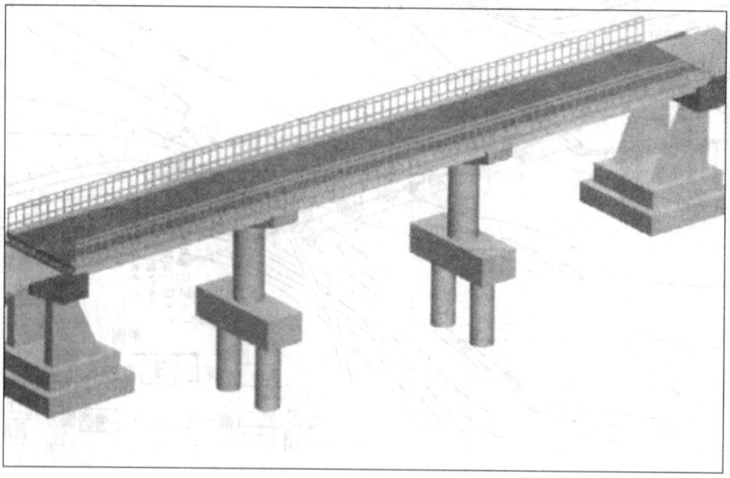

图 11-12 桥梁立体图

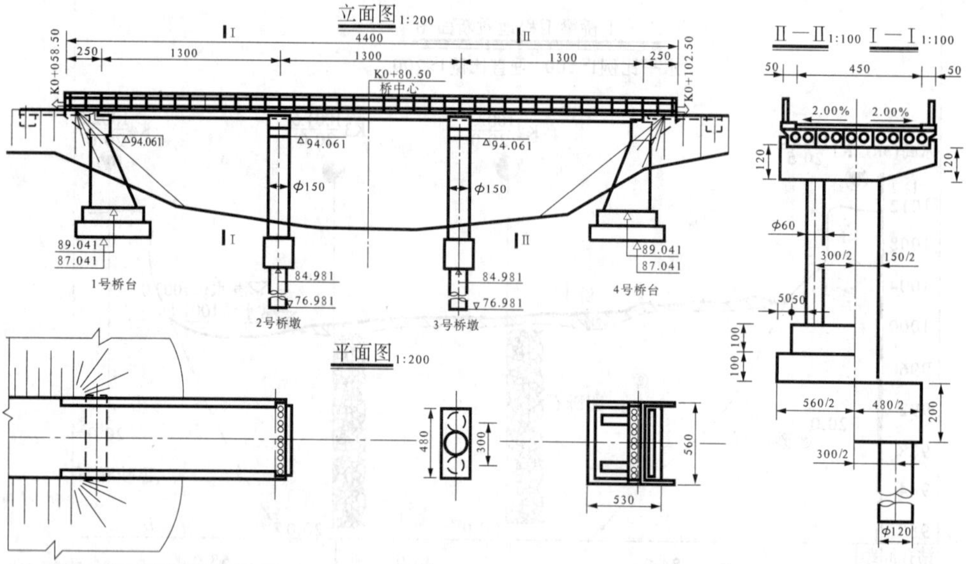

坡度(%) / 坡长(m)		0.000 / 13			0.000 / 13		0.000 / 13	
设计标高	96.00		96.00			96.00		96.00
地面标高		88.000		87.000	87.000		88.000	
桩号	K0 +061.00		+074.00		+087.00			+100.00

注:
1. 本图尺寸除桩号及标高以m计外,其余均以cm计。
2. 本桥起始桩至桥位终点桩不设纵坡。
3. 设计荷载:汽-15,挂-80。
4. 桥面横坡由盖梁调整。

图 11-13 桥梁总体布置图

如图 11-13 所示为梁桥的总体布置图,从立面图上可以看出该桥起点的桩号为 K0+058.50,终点桩号为 K0+102.50,桥跨中心的位置在 K0+080.50 桩号处。全桥共三跨,三孔跨径为 13 m,全长为 44 m(从耳墙的后边缘算起)。该桥不设纵坡。立面图上标注出桥梁各部分的标高。根据图中桥梁各部分的标高可以知道立柱的高度及混凝土钻孔桩的埋置深度等，由于桩埋置较深，为了节省图幅常采用折断画法。

立面图中还反映出两边桥台为带耳墙的肋板式桥台，台下基础为钢筋混凝土扩大基础。河床中间有两个单柱式桥墩，它由立柱、承台和基础桩共同组成。根据《道路工程制图标准》(GB 50162—92)规定，可将土体看成透明体，所以埋入土中的承台、桩柱、桥台部分都认为是可见的，画成实线。

(二)平面图

平面图常采用分层局部剖面图或分段揭层法来表示，桥梁不复杂时可以只画平面图，主要表达桥梁在水平方向的形状及桥墩、桥台的布置情况。图 11-13 所示的平面图采用分段揭层的画法。左面的投影图部分主要表达了锥形护坡以及桥面的布置情况；2 号桥墩中心线右侧，揭去桥梁上部结构以表达桥墩盖梁和支座；在 3 号桥墩处揭去盖梁以上部分的结构，表达了立柱的断面形状及下面承台、桩柱分布情况；右侧桥台处是揭去桥梁上部结构得到的，主要表达桥台盖梁、耳墙及其扩大基础水平方向的形状与布置情况。为了图形清晰，图中省略了虚线。对照横剖面图可以看出桥面净宽为 4.5 m，总宽 5.6 m。

(三)侧面图

侧面图也称横断面图，根据需要可以画出一个或多个不同的断面图。在图纸受限的情况下，工程图中侧面图常采用两个不同位置的断面图各画一半合并而成，根据表达需要对剖切平面后的可见部分加以取舍。为了表达清楚断面形状和尺寸，侧面图可以采用比平面图和立面图大的比例尺。侧面图主要表达桥面宽度、桥跨结构横断面布置及横坡设置情况。

(四)路基设计表

在平面图下面与平面图对齐画出路基设计表，表中列出桥台、桥墩的桩号及各桩号处的设计高程、各测点的地面高程及各跨的纵坡。

五、构件图

在总体布置图中，桥梁的构件都没有详细完整地表达出来，因此单凭总体布置图是不能进行制作和施工的，为此还必须根据总体布置图采用较大的比例把构件的形状、大小完整表达出来，才能作为施工的依据，这种图称为构件结构图，简称构件图。由于采用较大比例，也称为详图，如桥台图、桥墩图、主梁图和栏杆图等。构件图的常用比例为 1∶10～1∶50。当构件的某一局部在构件中不能清晰完整地表达时，应采用更大的比例，如 1∶3～1∶10 等来画局部放大图。图 11-14 所示为桥梁各主要构件的立体示意图。

(一)桥台图

桥台是桥梁的下部结构，一方面支承梁，另一方面承受桥头路堤的水平推力，并通过基础把荷载传给地基。桥台的常见形式有重力式 U 形桥台(又称实体式桥台)、埋置式桥台、轻型桥台、组合式桥台等几种形式。

如图 11-13 桥梁总体布置图中的桥台为肋板式轻型桥台，图 11-15 所示为该例中桥台与桥墩的轴测示意图。该桥台由桥墩盖梁、耳墙、背墙、肋板及扩大基础组成，桥台盖梁上安装有橡胶支座，空心板通过支座支承在盖板上，桥头搭板支撑在背墙后的牛腿上。

1. 桥台构造图

如图 11-16 所示为肋板式桥台构造图，该构造图由立面图、平面图和侧面图表示。立面图是由台前向台后投影得到的。桥台前面是指连接桥梁上部结构的一面，后面是指连接岸上路堤这一面。图 11-16 中表达了桥台各部分的结构形状并给出了各部分的详细尺寸，图 11-16 中对不同位置的桥台高度尺寸列表给出。

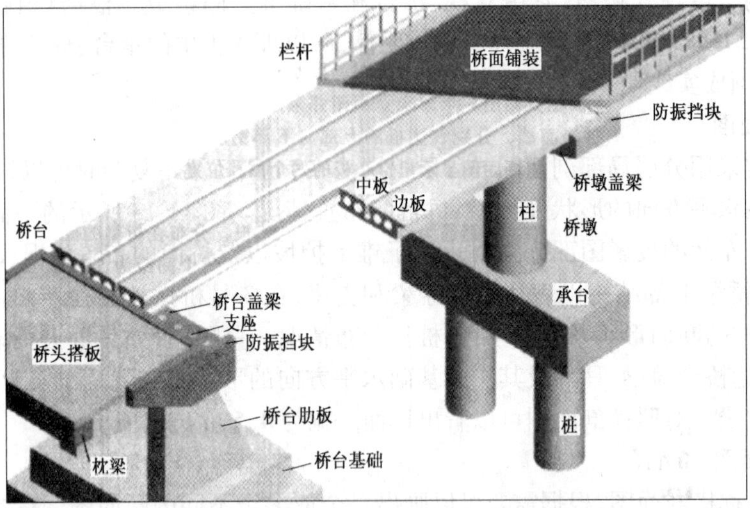

图 11-14　桥梁构造立体示意图

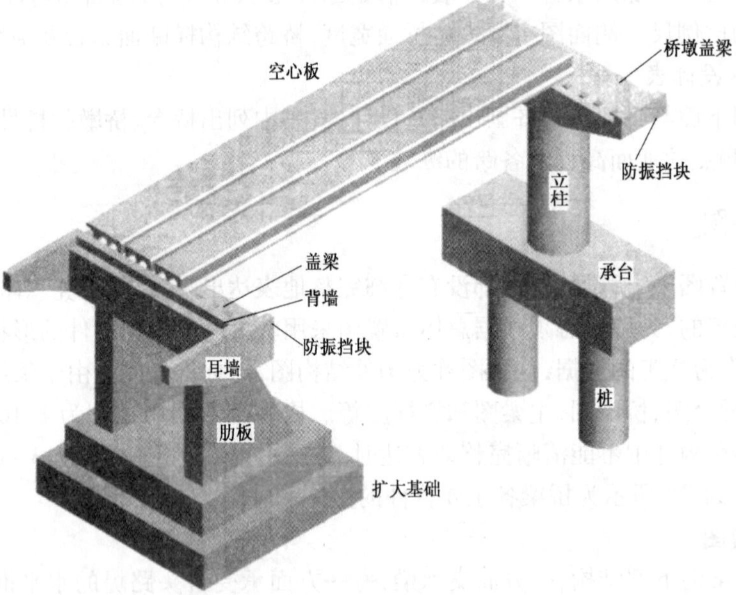

图 11-15　桥台与桥墩的轴测示意图

2. 配筋图

1) 盖梁钢筋构造图

如图 11-17 所示为桥台盖梁钢筋构造图，也称台帽钢筋构造图，由立面图、平面图、断面图和详图组成。盖梁轮廓线用细实线表示。立面图、平面图由于左右对称可以画一半来表示，图中钢筋编号用简略形式标注。断面图中采用两个断面来表示出台帽钢筋的详细布置。钢 筋编号标注在与钢筋断面对应的细实线方格内。整个梁上只有4种钢筋，1号、2号钢

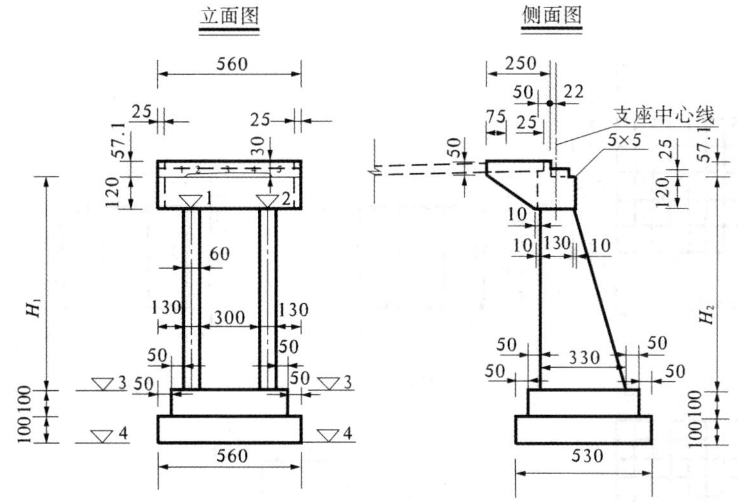

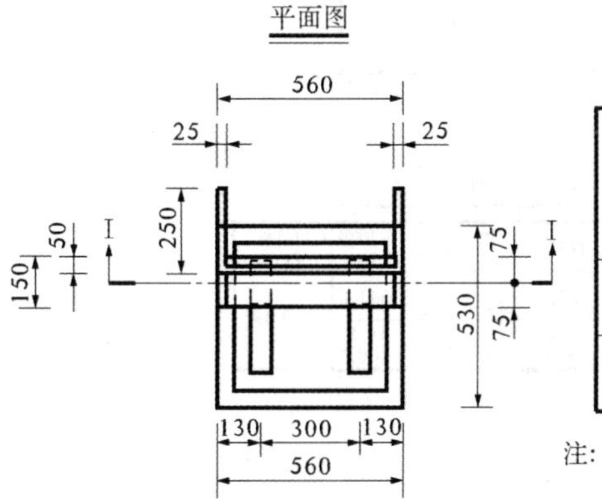

尺寸表

台号	项目					
	▽1 (m)	▽2 (m)	H_1 (cm)	H_2 (cm)	▽3 (m)	▽4 (m)
1	94.061	94.061	622	622	89.041	87.041
4	94.061	94.061	622	622	89.041	87.041

注：1.本图尺寸均以cm为单位。
2.各肋板号由前进方向从左至右排列。
3.台帽横坡由台阶设置，台阶高差20 cm，混凝土强度等级C40。

图 11-16　肋板式桥台构造图

筋为受力钢筋，1 号钢筋分布在梁的顶部或底部用来承受拉力或者压力，共 20 根。2 号钢筋是弯起钢筋，主要承受剪力，共 2 根。3 号钢筋是分布钢筋，布置在梁的两侧，共 8 根。4 号钢筋是箍筋，除靠近盖梁端部有两道箍筋间距为 20 cm 外，其余沿盖梁纵向是均匀布置的，间距为 15 cm，尺寸“17×15”说明有 17 个间距，每个间距 15 cm 布置箍筋。图中除 4 号钢筋为Ⅰ级钢筋外，其他都是Ⅱ级钢筋。

2）背墙与耳墙的钢筋结构图

背墙与耳墙的钢筋结构图比较复杂，具体详见相关规范。

3）肋板、桥台基础钢筋构造

如图 11-18 所示为桥台基础钢筋构造图，立面图为Ⅰ—Ⅰ断面图，侧立面图为Ⅱ—Ⅱ断面图，并绘有钢筋详图和钢筋数量表。图中共有 4 种钢筋，1、2、3、4 号钢筋都是均匀分布，间距均为 20 cm。

（二）桥墩图

桥墩和桥台一样同属桥梁的下部结构，常用形式有重力式桥墩和桩柱式桥墩等。图 11-13 所示桥梁总体布置图中的桥墩为单柱式轻型桥墩。桥墩工程图由一般构造图和钢筋结构图两部分组成。

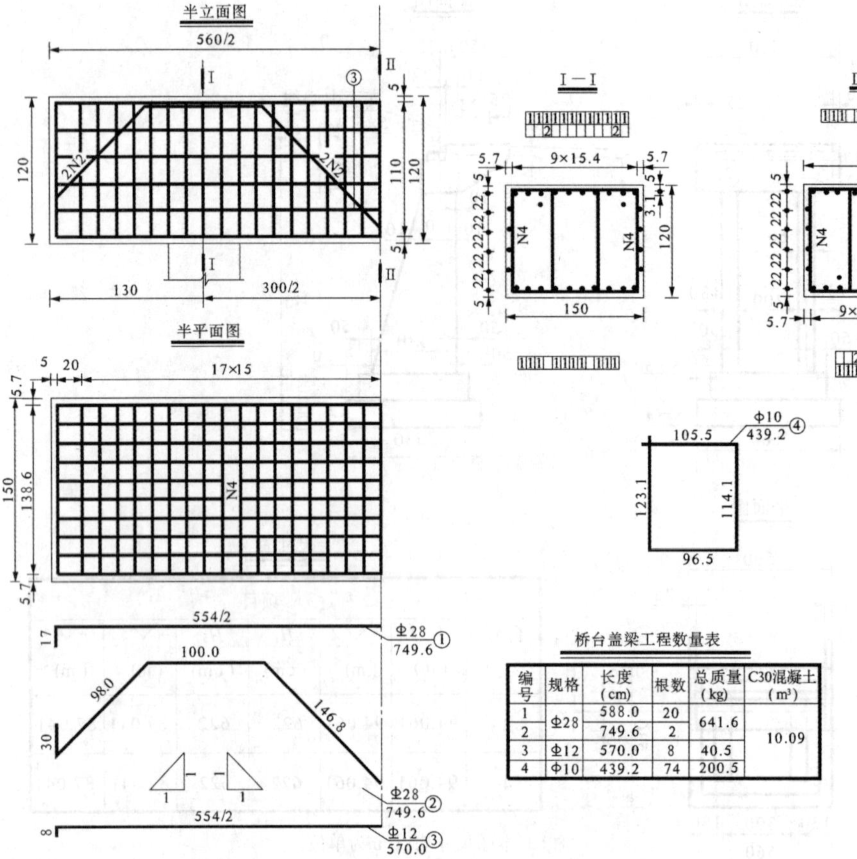

桥台盖梁工程数量表

编号	规格	长度(cm)	根数	总质量(kg)	C30混凝土(m³)
1	Φ28	588.0	20	641.6	10.09
2		749.6	2		
3	Φ12	570.0	8	40.5	
4	Φ10	439.2	74	200.5	

图 11-17　桥 20 台盖梁钢筋构造图

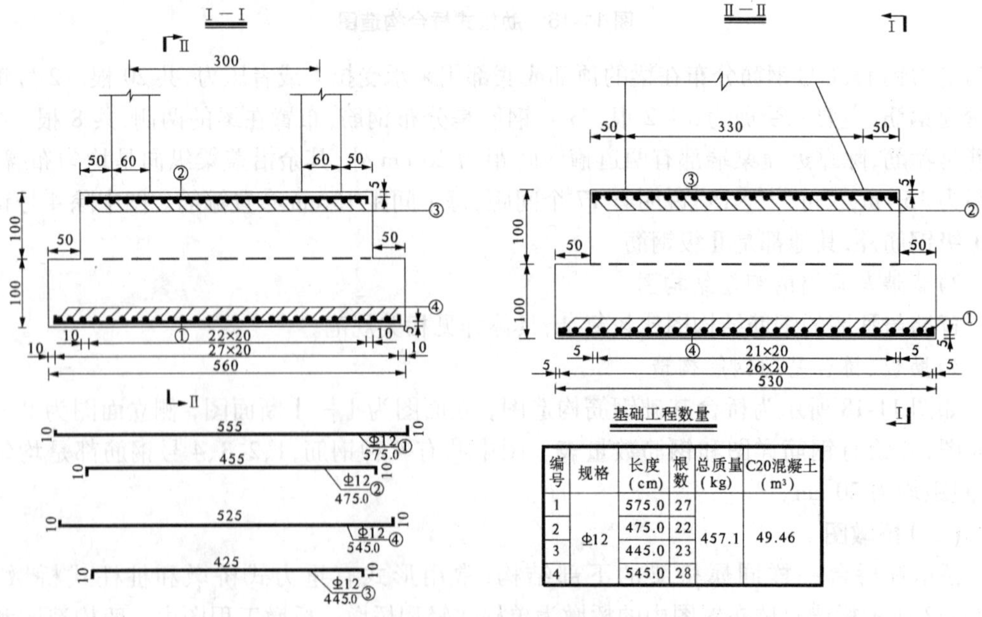

基础工程数量

编号	规格	长度(cm)	根数	总质量(kg)	C20混凝土(m³)
1	Φ12	575.0	27	457.1	49.46
2		475.0	22		
3		445.0	23		
4		545.0	28		

图 11-18　桥台基础钢筋构造图

1. 桥墩构造图

图 11-19 为单柱式桥墩的一般构造图，从图中可以看出桥墩由盖梁、柱、桩、承台等几部分组成，用立面图、平面图和侧面图表示。图中反映了柱、桩、盖梁、承台等的高度和宽度等，由于柱、桩较长，采用了折段画法。图中对不同位置桥墩的高度尺寸列表给出。

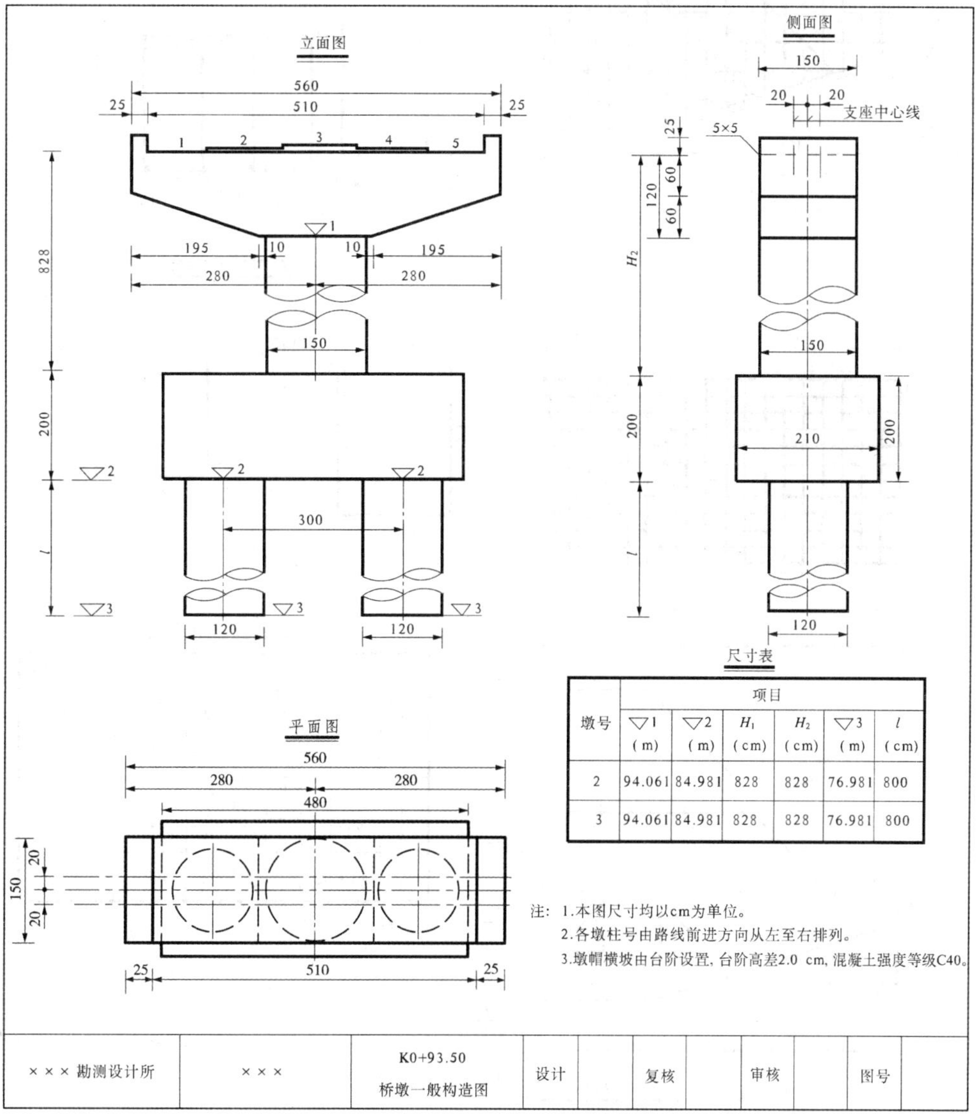

墩号	项目 ▽1 (m)	▽2 (m)	H_1 (cm)	H_2 (cm)	▽3 (m)	l (cm)
2	94.061	84.981	828	828	76.981	800
3	94.061	84.981	828	828	76.981	800

图 11-19　桥墩构造图

2. 桥墩配筋图

1) 桥墩盖梁钢筋结构图

图 11-20 为桥墩盖梁钢筋结构图，该图由半立面图、半平面图、Ⅰ—Ⅰ断面图及钢筋详图组成，从外部轮廓线可看出盖梁的各个方向的断面形式。全梁共有 8 种钢筋，其中 1、2、3、4 号钢筋为受力钢筋，1 号钢筋有 12 根，分布在梁的顶面，用来承受拉力；2、3 号钢筋各 2 根，用来承受横向剪力；4 号钢筋有 8 根，分布在梁的底面，用来承受压力；5、6 号钢筋各 4 根，为分布钢筋，布置在梁的两侧面，只是 6 号钢筋的长度随截面的变化而变化；7、8 号钢

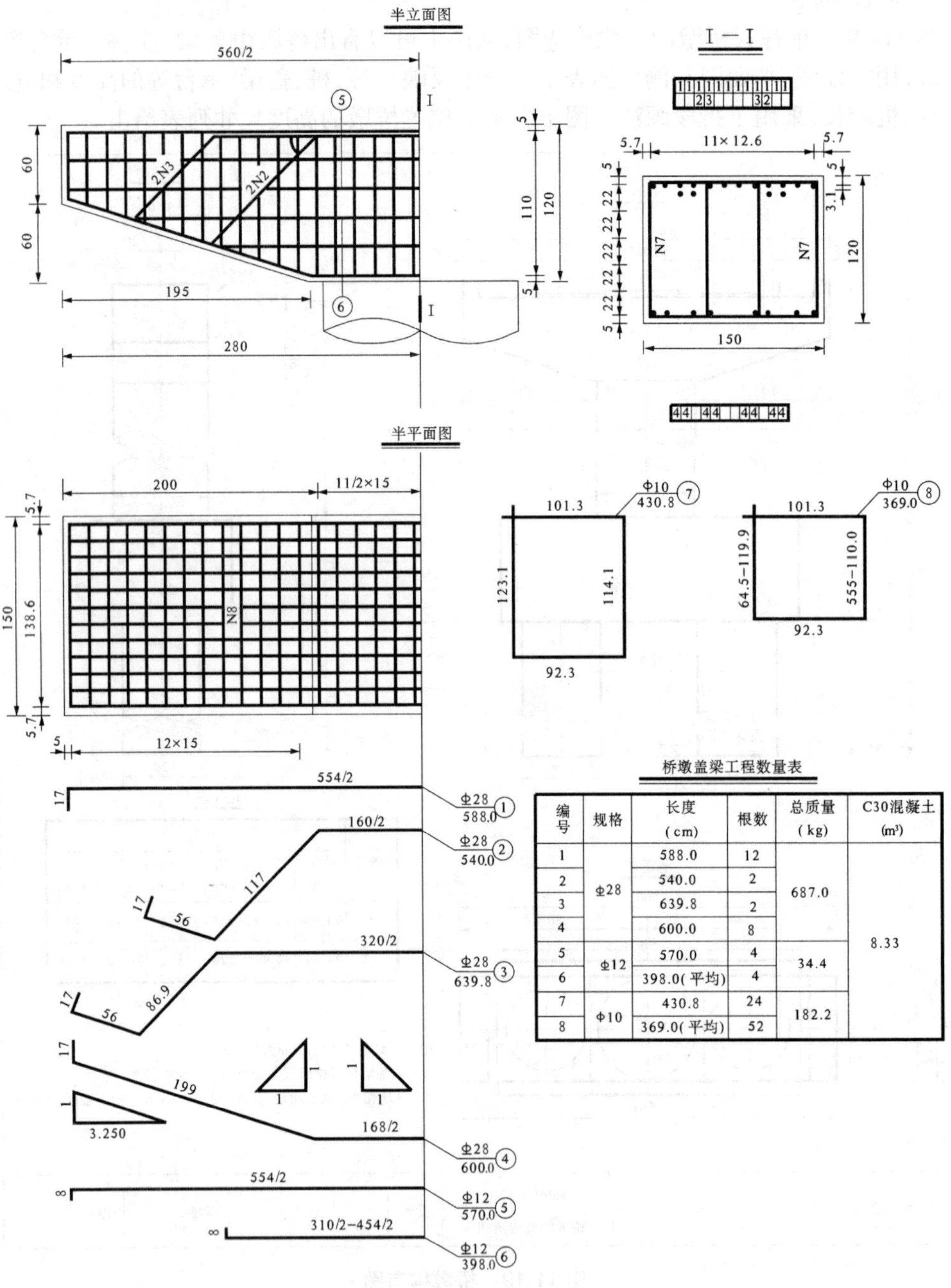

桥墩盖梁工程数量表

编号	规格	长度(cm)	根数	总质量(kg)	C30混凝土(m^3)
1	Φ28	588.0	12	687.0	8.33
2		540.0	2		
3		639.8	2		
4		600.0	8		
5	Φ12	570.0	4	34.4	
6		398.0(平均)	4		
7	Φ10	430.8	24	182.2	
8		369.0(平均)	52		

图 11-20　桥墩盖梁钢筋结构图

筋是箍筋，以 15 cm 的间距均匀分布在整个梁上，7 号钢筋分布在梁的中段，共 12 道 24 根，8 号钢筋分布在梁的两端，共 26 道 52 根，8 号钢筋的长度随截面的变化而变化。除 7、8 号箍筋是Ⅰ级钢筋外，其余都是Ⅱ级钢筋。

2）桥墩立柱钢筋构造图

图 11-21 为桥墩立柱钢筋构造图，由立面图、Ⅰ—Ⅰ断面图及钢筋详图表示，其构造形式与基桩钢筋构造基本相同。柱内有 3 种钢筋，1 号钢筋为墩柱的主筋，伸入盖梁内的钢筋

做成喇叭形，大约与直线倾斜 15°。2 号加强箍筋在钢筋骨架上每隔 2 m 焊接一根。3 号钢筋为墩柱的螺旋分布筋。

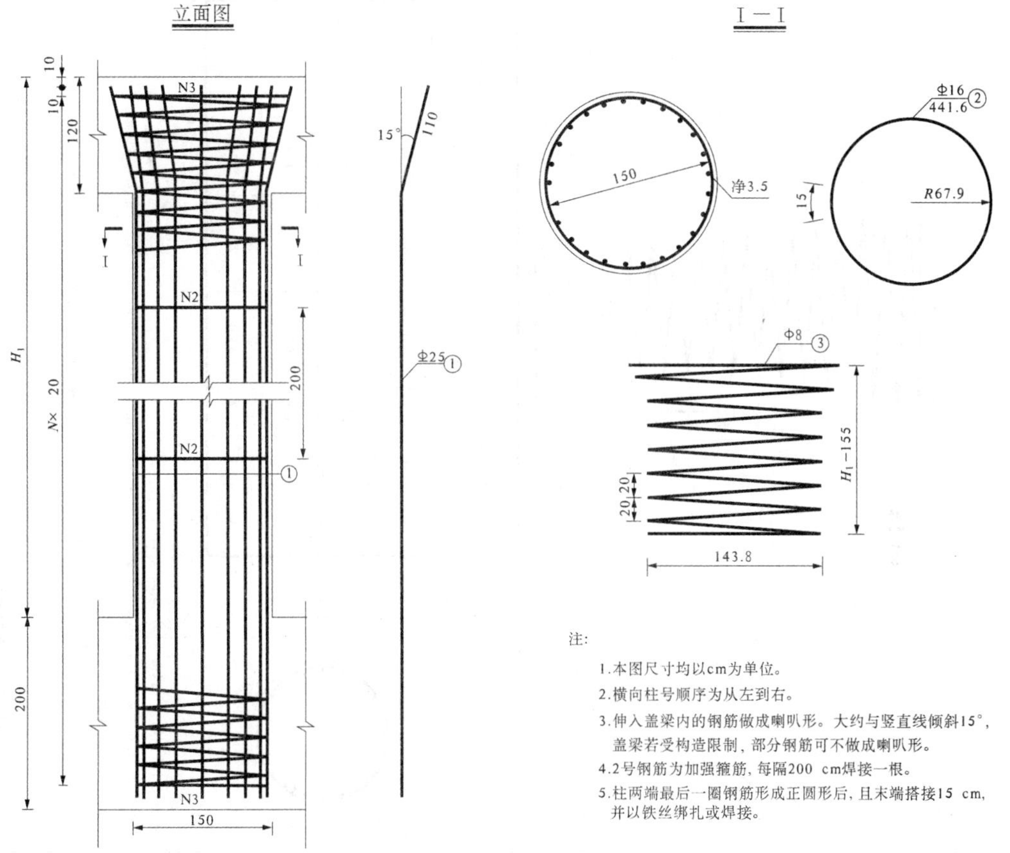

图 11-21　桥墩立柱钢筋构造图

3）桥墩基桩钢筋构造图

图 11-22 为桥墩基桩钢筋构造图，由立面图、Ⅰ—Ⅰ断面图及钢筋详图表示，并绘有工程数量表。图中 1 号钢筋为桩的主筋，伸入承台内的钢筋做成喇叭形，大约与直线倾斜 15°，共 20 根；4 号定位钢筋在钢筋骨架上每隔 2 m 沿圆周等距离焊接 4 根，共 24 根；3 号钢筋为基桩的螺旋分布筋，只有 1 根，分布在整个桩柱上；2 号加强箍筋在钢筋骨架上每隔 2 m 焊接一根，共 6 根。

4）承台的钢筋构造图

图 11-23 是承台的钢筋构造图，有纵断面图、平面图、Ⅰ—Ⅰ断面图、Ⅱ—Ⅱ断面图及钢筋详图，详细情况请读者自己分析。

（三）桥面铺装

1. 桥面铺装钢筋构造图

图 11-24 是一孔桥面铺装钢筋构造图。该图由立面图、平面图组成，立面图是垂直于桥梁中心线剖切得到的剖面图。桥面铺装层由两种钢筋组成，由纵向钢筋 1 和横向钢筋 2 组成钢筋网，现浇 C40 混凝土 10 cm，面层为沥青混凝土，厚 5 cm。1 号钢筋、2 号钢筋都是均匀分布的，其间距均为 20 cm，均为Ⅰ级钢筋。1 号钢筋长 545 cm，共 65 根，2 号钢筋长 1292 cm，共 28 根，由于面积较大所以采用了折断画法。

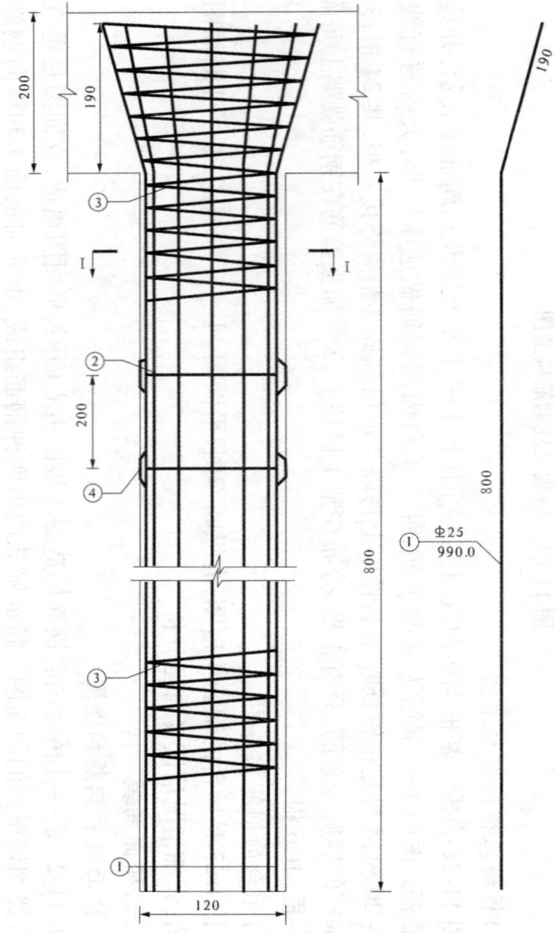

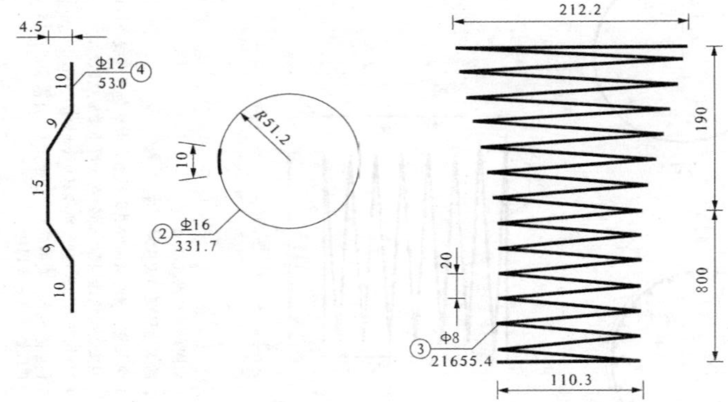

I—I

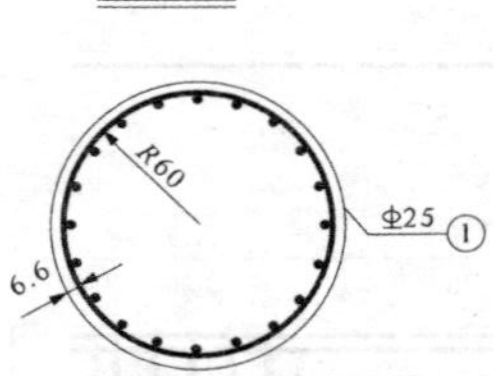

一根钻孔工程数量表

墩号	钢筋编号	规格	长度(cm)	根数	总质量(kg)	C25混凝土(m^3)
2	1	Φ25	990.0	20	1524.6	1810
	2	Φ16	331.7	6	62.9	
3	3	Φ8	21655.4	1	171.1	
	4	Φ12	53.0	24	22.6	

注:

1.本图尺寸除钢筋直径以mm计外，余均以cm计。

2.加强钢筋2号在钢筋骨架上每隔2 m焊接一根，4号定位钢筋在钢筋骨架上每隔2 m沿圆圈等距离焊接四根。

3.2号钢筋搭接处采用双面焊。

4.伸入承台内的钢筋做成喇叭形，大约与直线倾斜15°，承台若受构造限制，部分钢筋可不做成喇叭形。

图 11-22　桥墩基础钢筋构造图

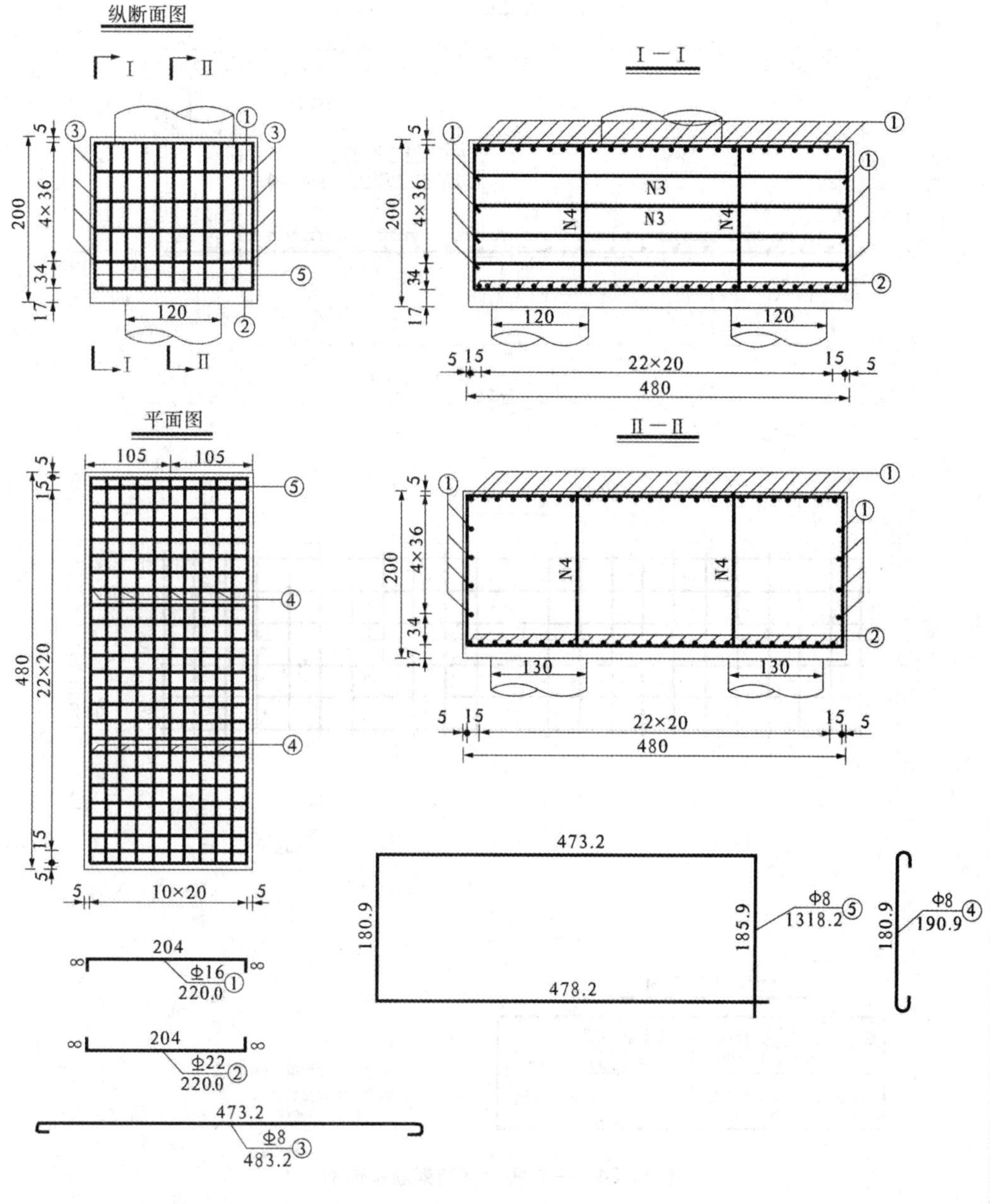

一个承台工程数量表

编号	规格	每根长度(cm)	根数	总质量(kg)	C25混凝土(m^3)
1	Φ16	220.0	33	114.7	20.16
2	Φ22	220.0	25	163.9	
3	Φ8	483.2	8	80.3	
4		190.9	10		
5		1318.2	11		

注：
1.本图尺寸均以cm计。
2.本图为对应单柱下的分离承台配筋。

图 11-23　承台的钢筋构造图

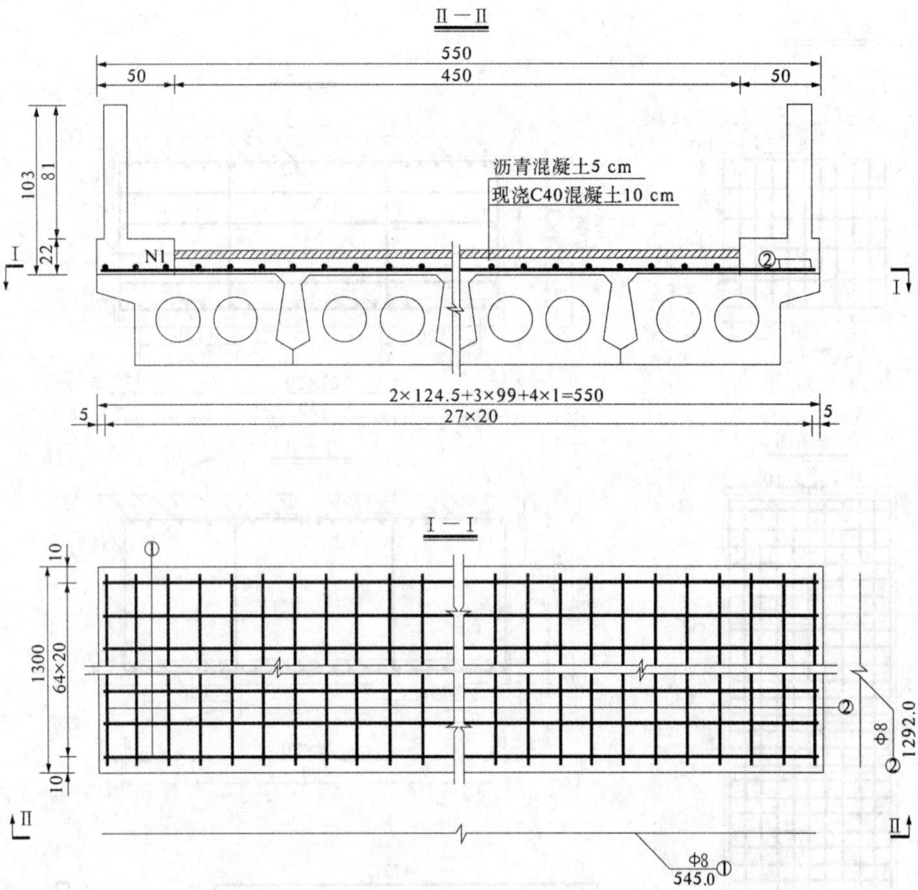

一孔桥面铺装工程数量

跨径(m)	φ(°)	编号	直径(mm)	长度(cm)	根数	总质量(kg)	C40混凝土(m³)	沥青混凝土(m³)
13	0	1	8	545.0	65	282.8	9.50	2.92
		2		1292.0	28			

注:
1.本图尺寸均以cm为单位。
2.铰缝工程量已计入。
3.一孔为4条铰缝。

图 11-24　一孔桥面铺装钢筋构造图

2. 桥面连续构造图

图 11-25 是一孔桥面连续钢筋构造图,即相邻两跨板与板之间伸缩缝处的钢筋构造图,可由立面图和平面图来表达。立面图为Ⅰ—Ⅰ断面图,是沿桥面中心线剖切得到的。图中共有 3 种钢筋,1 号钢筋与 2 号钢筋相互垂直,2 号钢筋长 545 cm,其长度方向垂直于桥面中心线,在桥墩中心线两侧各 50 cm 范围内均匀分布,每 5 cm 布置一根,共 38 根。3 号箍筋垂直于 2 号钢筋均匀分布在整个桥宽上,间距为 5 cm,共 109 根。由于 2 号、3 号钢筋间距较小,为了图面清晰,采用了夸大间距的画法。1 号钢筋平行于桥面中心线,每隔 30 cm 一根。1 号钢筋长度为 258 cm,横跨伸缩缝。1 号钢筋伸缩缝两侧 50 cm 以外的部分与两侧的铺装层钢筋浇筑在一起。1 号钢筋伸缩缝两侧 50 cm 以内部分采取涂沥青玻璃丝布裹紧的措施,做到钢筋不与混凝土黏结。

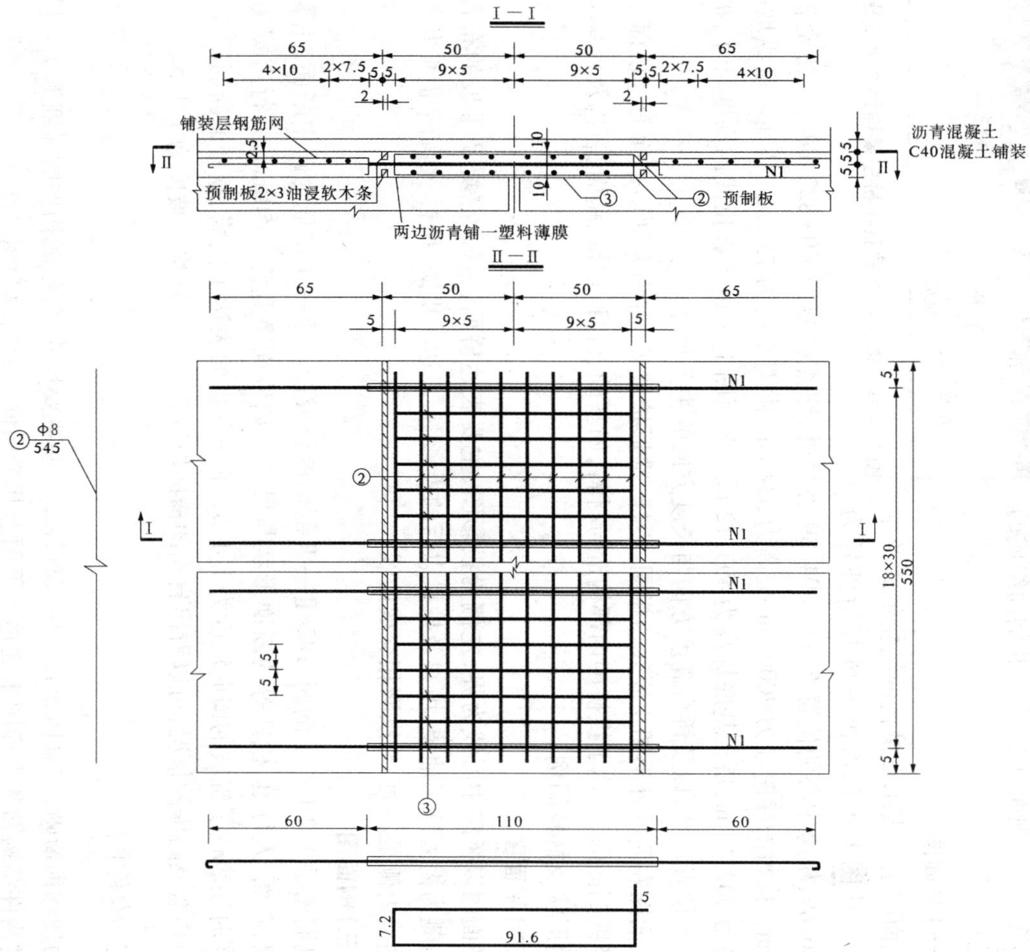

图 11-25　一孔桥面连续钢筋构造图

一孔连续缝工程数量表

编号	规格	长度(cm)	根数	总质量(kg)	C40混凝土(m^3)
1	Φ16	258.0	19	77.5	0.55
2	Φ8	545.0	38	169.5	
3		203.6	109		

注：
1.本图尺寸均以cm为单位。
2.1号钢筋失效长度对称墩中心布置，失效段采用涂沥青玻璃丝布裹紧的措施，做到钢筋与混凝土不黏结。
3.施工时将相邻板锁定并塞紧端缝，先浇混凝土铺装层和铰缝，待强度达70%时，解除锁定，涂抹隔离层后再浇桥面连续混凝土。

第三节　石拱桥工程图

一、石拱桥总体布置图

图 11-26 为单孔实腹式石拱桥主要构件立体简图。

图 11-27 为单孔实腹式石拱桥总体布置图。立面图采用了半剖面图。平面图以桥跨中心线为界,左侧为外形轮廓,右侧为揭去桥面铺装、填料及护拱以后的投影图。侧面图是由 1/2 Ⅰ—Ⅰ剖面、1/2 Ⅱ—Ⅱ剖面组成的合成图。

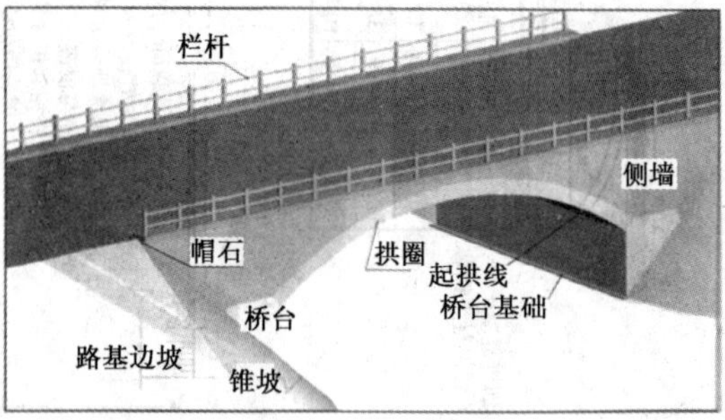

图 11-26　单孔实腹式石拱桥主要构件立体简图

(一)立面图

立面图主要表示石拱桥的结构形式及主要尺寸。从图上可以看出该桥起始桩号为 K0+786. 69,桥跨中心的位置在 K0+804. 39 桩号处,终点桩号为 K0+822. 09。拱桥全长为 3540 cm。拱桥的净跨径为 2000 cm,矢高为 334 cm,拱圈厚度为 75 cm。桥面不设纵坡,桥面标高为 502. 13 m,桥台基底标高为 493. 12 m。立面图上标出了起拱线的高度尺寸、护拱的形状与位置尺寸,以及桥台高度方向与长度方向的主要尺寸。

立面图左侧的外形图主要表达拱圈、栏杆、锥形护坡等,右侧为剖切平面通过桥面中心线的半纵剖面图,表达了拱桥的内部构造与材料,如基础、台身、护拱、路面、盲沟及台身填土的断面形状及材料图例。

(二)平面图

平面图以桥跨中心线为界,左侧为投影图,主要表达桥面、栏杆、路堤及锥坡的布置情况。右侧为揭去桥面铺装、填料及护拱以后的投影图,表达了拱圈、桥台、侧墙平面形状与尺寸。侧墙内侧是斜面,与拱圈相交成曲线。

(三)侧面图

侧面图是 1/2 Ⅰ—Ⅰ剖面、1/2 Ⅱ—Ⅱ剖面的合成图。Ⅰ—Ⅰ剖面为跨中断面,主要表达拱圈、路面、人行道、栏杆等的断面形状与尺寸。如桥面净宽为 1350 cm,人行道宽为 75 cm。同时还表达了锥坡的横向坡度为 1 ∶1. 5, Ⅱ—Ⅱ剖面表达了侧墙、基础的断面形状、盲沟横向构造及路堤的情况,可以看出盲沟的横向坡度为 1. 5%,路堤的坡度为 1 ∶1. 5。

二、构件图

为使图面清晰,在总体布置图中只标注了一些主要尺寸,各组成构件的详细形状与尺寸要通过构件结构图和大样图来表达。下面选几个构件图做简单介绍。

(一)桥台图

图 11-28 为拱桥的重力式 U 形桥台示意图。重力式 U 形桥台由台身、帽石、基础及侧墙组成。

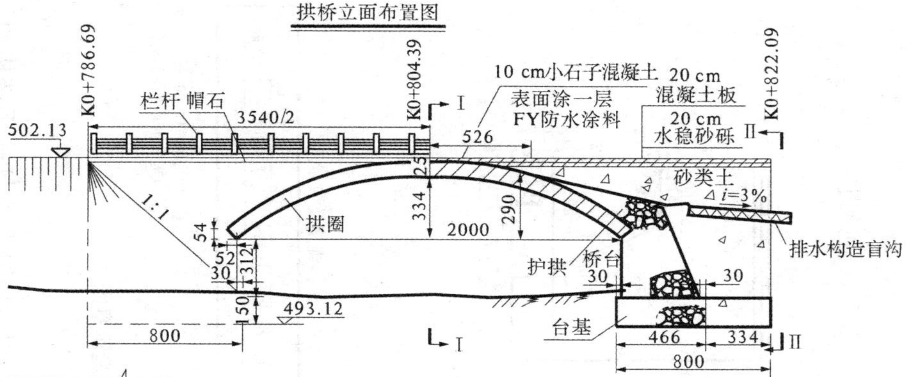

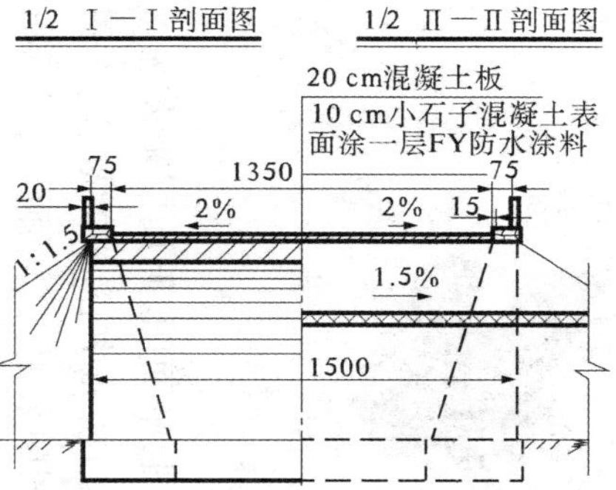

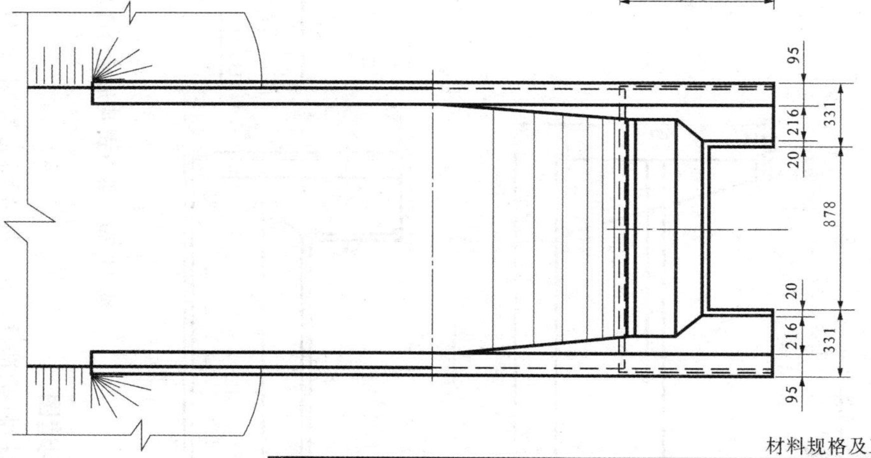

注:

1.本图比例为1: 200, 尺寸以cm计。

2.本桥的设计荷载为: 汽车-20级; 挂-100。

3.桥面宽度为13.5 m+2× 0.75 m。

4.主拱圈采用等截面悬链线, 其矢跨比为1/6, 拱轴系数为5.321。

5.拱顶的路拱横坡度由小石子混凝土形成。

6.地基的基本承载力为350 kPa。

材料规格及工程数量表

工程项目	主拱圈	侧墙	帽石	护拱	防水层	水泥混凝土桥面	水稳砂砾
材料规格	M7.5砂浆砌200号预制板	M7.5砂浆砌片石	M10砂浆组料石	M7.5砂浆砌块石	M10小石子混凝土		
工程数量(m^3)	248.29	182	27.5	139.94	33.42	127.06	127.06

图 11-27 单孔实腹式石拱桥总体布置图

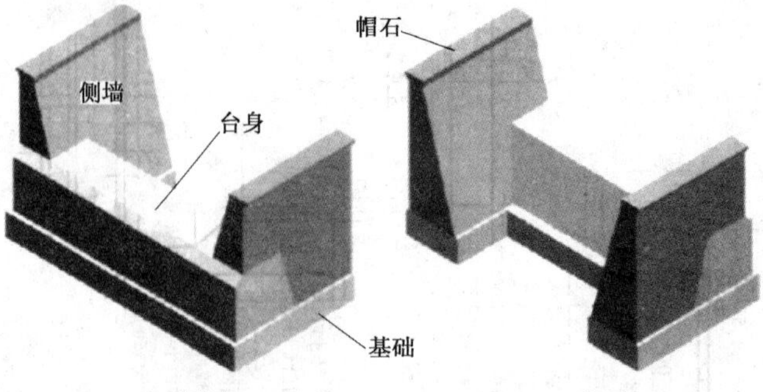

(a) 台前　　(b) 台后

图 11-28　重力式 U 形桥台示意图

图 11-29 为拱桥的重力式 U 形桥台的构造图,由立面图、平面图、侧面图来表达。立面图由 1/2 台前投影图和 1/2 台后投影图组成。侧面图是通过桥面中心线的纵向剖面图。由于两桥台的侧墙在拱圈上方是相连的,所以平面图与侧面图中采用折断的画法,只画出桥台范围内的部分。

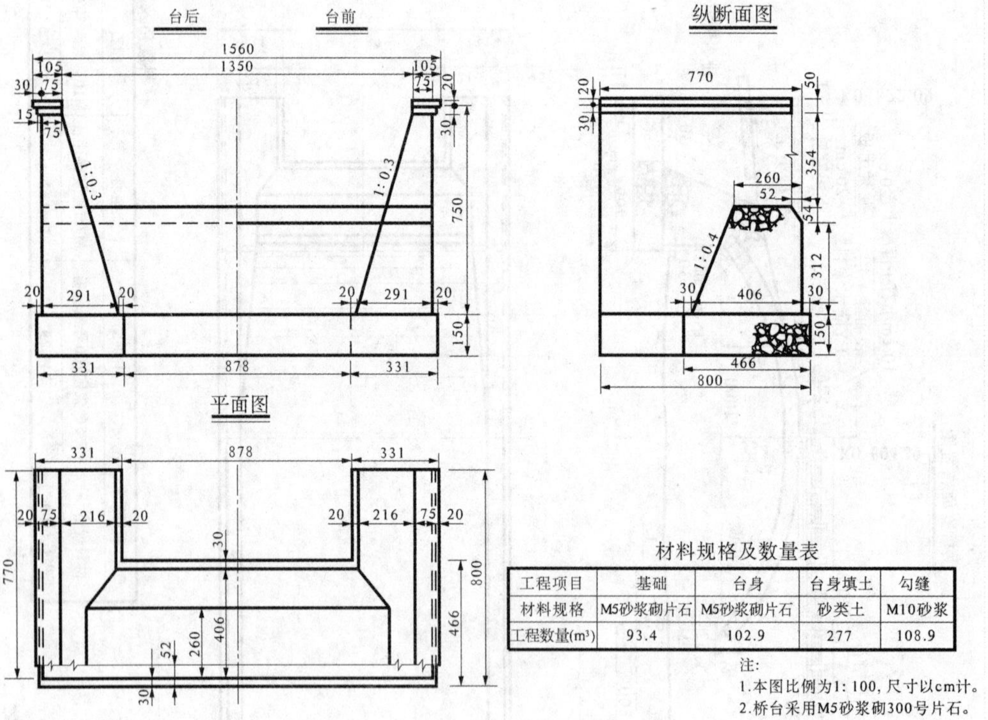

材料规格及数量表

工程项目	基础	台身	台身填土	勾缝
材料规格	M5砂浆砌片石	M5砂浆砌片石	砂类土	M10砂浆
工程数量(m³)	93.4	102.9	277	108.9

注:
1.本图比例为1:100,尺寸以cm计。
2.桥台采用M5砂浆砌300号片石。

图 11-29　重力式 U 形桥台构造示意图

(二)栏杆构造图

图 11-30 为栏杆构造图,由栏杆立面布置图、栏杆立柱结构图、栏杆扶手结构图组成。栏杆立面布置图主要表达栏杆的整体布置情况,可以看出立柱的中心距为 196 cm,栏杆的埋置深度为 18 cm。栏杆立柱结构图、栏杆护手结构图都是由立面图、断面图及钢筋详图组成的。由立面图、断面图可以看出构件的外部形状及构件的各部分的详细尺寸。

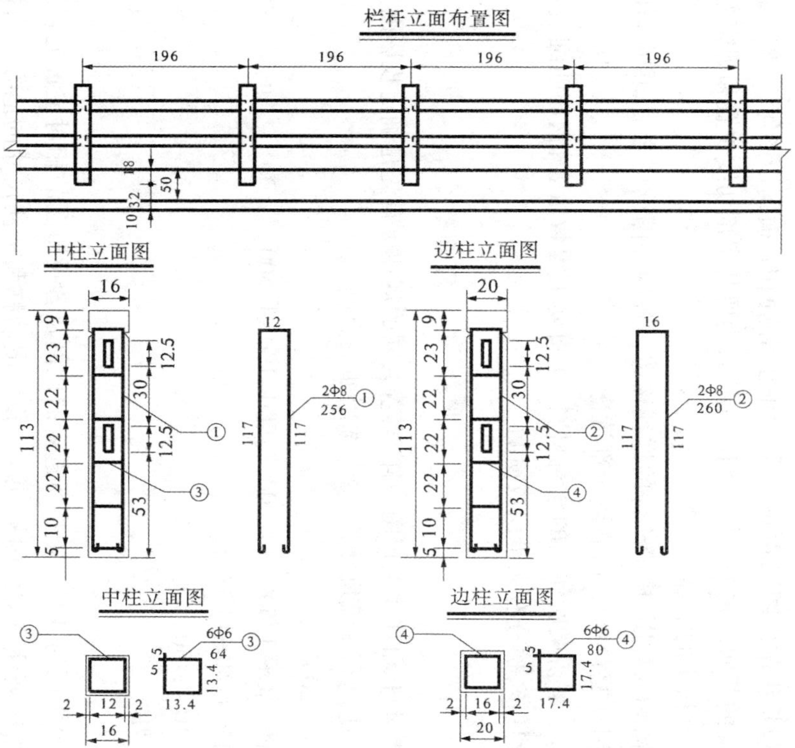

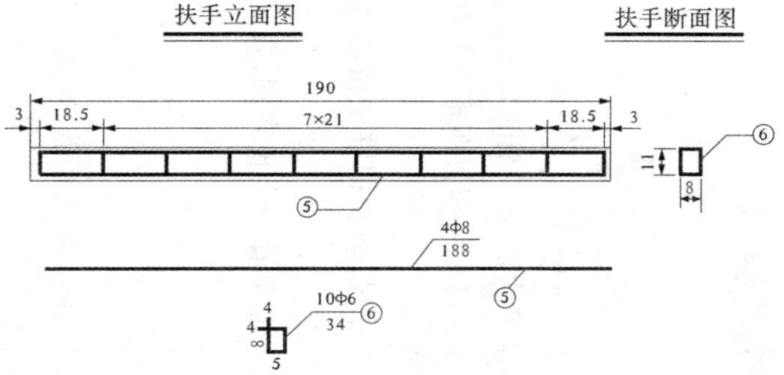

工程数量表

编号	规格	长度(cm)	根数	总长(cm)	总质量(kg)	混凝土C20(m³)	混凝土C25(m³)
1	Φ8	256	48	12288	257.78	1.71	44.1
2	Φ8	260	8	2080			
3	Φ6	64	144	9216			
4	Φ6	80	24	1920			
5	Φ8	188	192	36096			
6	Φ6	34	480	16320			

注:

1.本图无比例，除钢筋直径以mm计以外，其余尺寸均以cm计。
2.立柱、扶手均采用C25混凝土预制。
3.护轮带采用C20混凝土。
4.立杆埋入护轮带后应用M12.5砂浆固定。
5.扶手插入立柱5 cm，中间用沥青麻絮填塞。

图 11-30 栏杆构造图

第四节　桥梁工程图读图和画图步骤

一、读图

(一)读图的方法

(1)读桥梁工程图的基本方法是形体分析方法,桥梁虽然是庞大而又复杂的建筑物,但它是由许多构件所组成的,了解了每一个构件的形状和大小,再通过总体布置图把它们联系起来,弄清彼此之间的关系,就不难了解整个桥梁的形状和大小了。

(2)读图是由整体到局部,再由局部到整体的反复读图的过程,必须把整个桥由大化小、由繁化简,各个击破、解决整体。

(3)运用投影规律,互相对照,弄清整体。看图的时候,决不能单看一个投影图,要同其他投影图包括总体图或详图、钢筋明细表、说明等联系起来。

(二)读图的步骤

看图时可按以下步骤进行:

(1)先看图纸标题栏和附注,了解桥梁名称、种类、主要技术指标、施工措施、比例、尺寸单位等。读桥位平面图、桥位地质断面图,了解桥的位置、水文、地质状况。

(2)看总体图:掌握桥型、孔数、跨径大小、墩台数目、总长、总高,了解河床断面及地质情况。应先看立面图(包括纵剖面图),再对照看平面图和侧面图、横剖面图等,了解桥的宽度、人行道的尺寸和主梁的断面形式等。如有剖面、断面,则要找出剖切线位置和观察方向,以便对桥梁的全貌有一个初步的了解。

(3)分别阅读构件图和大样图,搞清构件的详细构造。各构件图读懂之后,再重新阅读总体图,了解各构件的相互配置及尺寸,直到全部读懂。

(4)看懂桥梁图后,了解桥梁所使用的建筑材料,并阅读工程数量表、钢筋明细表及说明等。再根据尺寸进行复核,检查有无错误或遗漏。

二、画图

绘制桥梁工程图,基本上和其他工程图一样,有着共同的规律。首先是确定投影图数目(包括剖面图、断面图)、比例和图纸尺寸,可参考选用如下比例:

(1)桥位图:1:500~1:2000。

(2)桥位地质断面图:水平1:500~1:2000,高度1:100~1:500。

(3)桥梁总体布置图:1:50~1:500。

(4)构件构造图:1:10~1:50。

(5)大样图:1:3~1:10。

画图的步骤如下:

(1)布置和画出各投影图的基线。根据所选定的比例及各投影图的相对位置把它们匀称地布置在图框内,布置时要注意空出图标、说明、投影图名称和标注尺寸的地方。当投影图位置确定之后便可以画出各投影图的基线,一般选取各投影图的中心线为基线。

(2)画出构件的主要轮廓线。以基线作为量度的起点,根据标高及各构件的尺寸画构件的主要轮廓线。

(3)画各构件的细部。根据主要轮廓从大到小画全各构件的投影,注意各投影图的对应线条要对齐,并把剖面、栏杆、坡度符号线的位置、标高符号及尺寸线等画出来。

(4)加深或上墨。各细部线条画完,经检查无误即可加深或上墨,最后标注尺寸注解等。

现以桥梁总体布置图为例,说明桥梁工程图的画图方法和步骤。桥梁总体布置图一般应画立面、平面和横剖面三个投影图。立面图和平面图一半画外形,另一半画剖面;横剖面图则由两个半剖面图合并而成。

其画图步骤如下:

(1)布置和画出各投影图的基线,如图 11-31(a)所示。

(2)画出构件的主要轮廓线, 如图 11-31(b)所示。

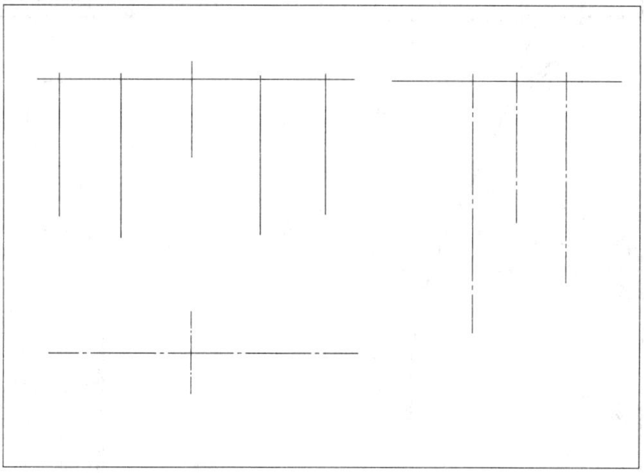

(a)布置和画出各投影图的基准线或各构件的中心线

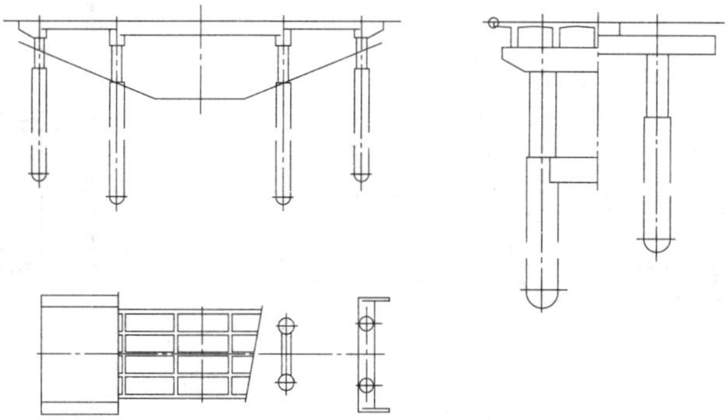

(b)画各构件的主要轮廓

图 11-31　桥梁总体布置图画图步骤

(3)画各构件的细部。

(4)加深各细部线条,完成后见图 11-32。

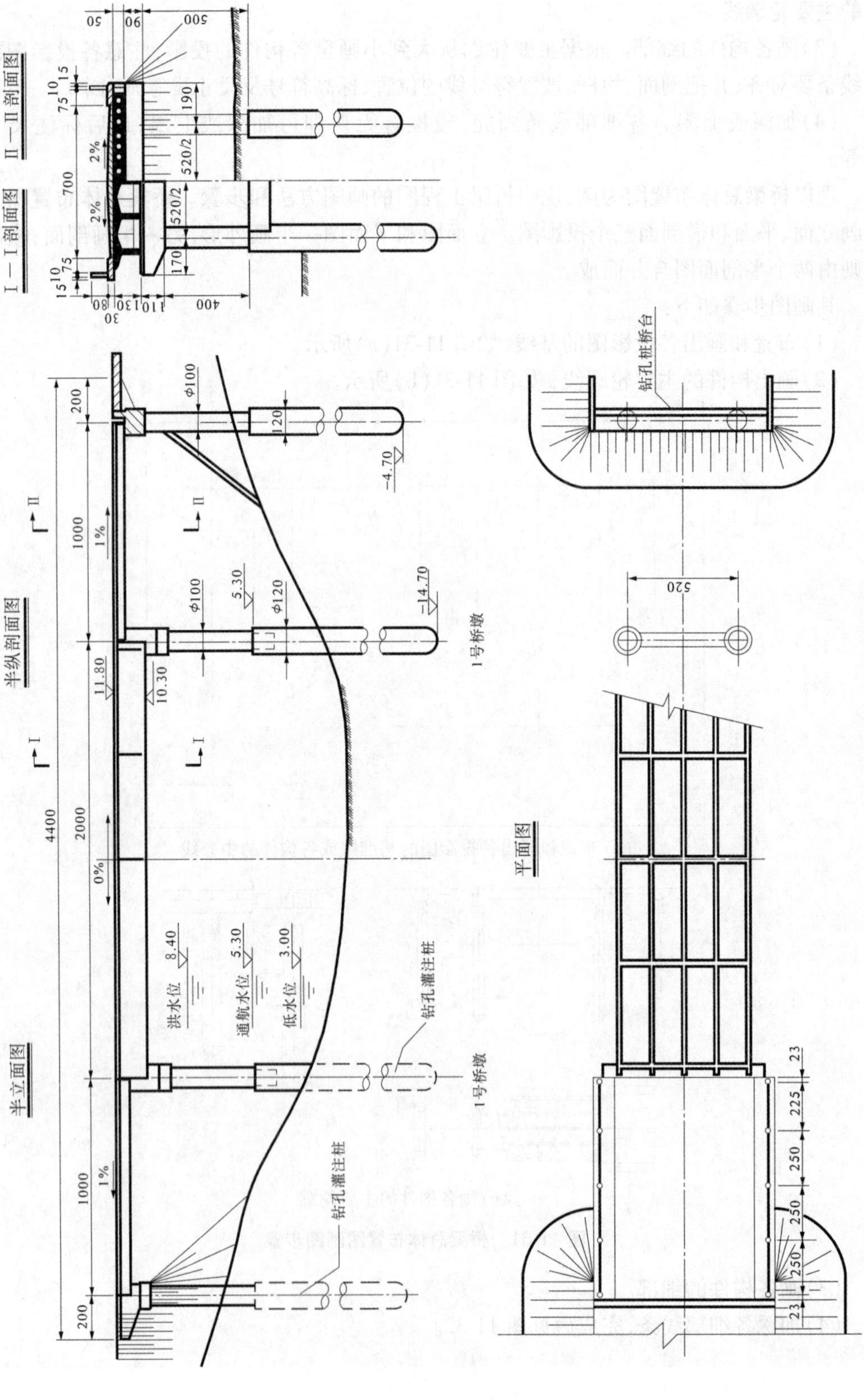

图 11-32　桥梁总体布置图

第五节　隧道工程图

隧道是道路穿越山岭的建筑物，它虽然形体很长，但中间断面形状很少变化。隧道主要由洞身和洞门组成，还有安全避让设施（大、小避车洞）、照明设备、通风设备、防水排水设备等。隧道工程图除用平面图表示位置外，主要图样还包括纵断面图、隧洞门洞图、横断面图（表示洞身形状和衬砌）及避车洞图等。这里仅介绍隧道洞门图和避车洞图。

一、隧道洞门图

隧道洞门形式很多，从构造形式、建筑材料及相对位置可以划分为多种类型，使用比较多的有端墙式、翼墙式。图 11-33（a）所示为端墙式，它的拱门形式称似椭圆拱；图 11-33（b）为翼墙式，它的拱门形式称三心拱。

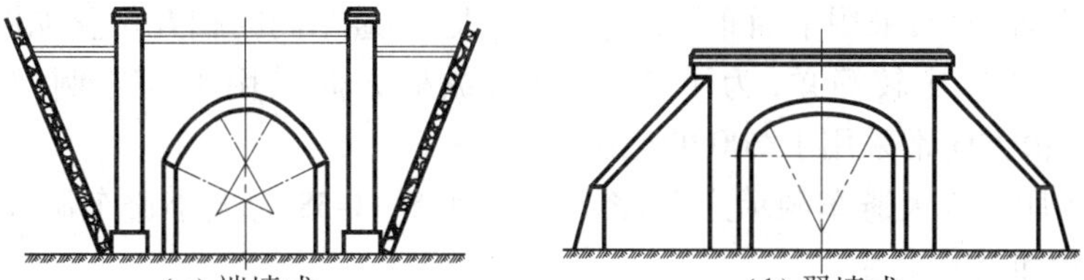

（a）端墙式　　（b）翼墙式

图 11-33　隧道洞门的形式

翼墙式三心拱隧道洞门是用立面图、平面图和洞口纵剖面图来表达具体构造的，如图 11-34 所示。

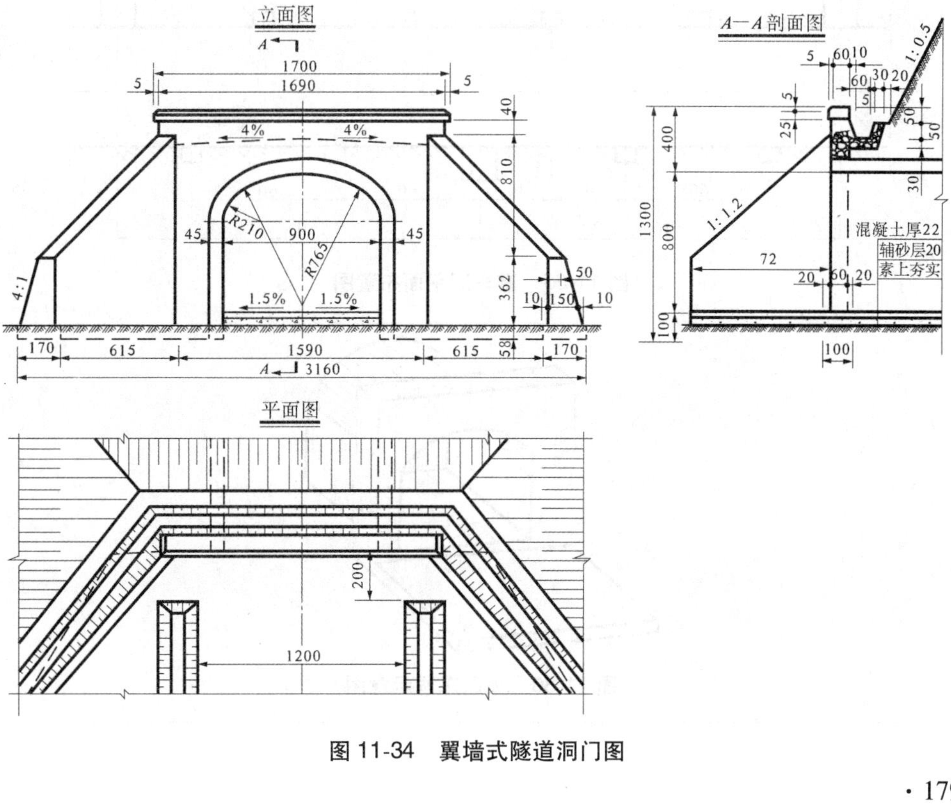

图 11-34　翼墙式隧道洞门图

(1)立面图以洞门口在垂直路线中心线的正面上的投影作为立面图。不论洞门是否左右对称,都必须把洞门全部画出,全面表达洞门墙的形式和隧道断面形状及其尺寸。洞门墙上部有一条从中央向左右两侧逐渐降低的虚线,并注有4%的双向排水沟。最下边的虚线表示洞门墙、翼墙、基础底面的埋置深度。

(2)平面图主要表达洞门墙顶帽的宽度、洞顶和翼墙外双向排水沟的构造和洞门外两侧边沟的位置。

(3)*A*—*A*剖面图。主要表达洞门墙及其基础和顶帽的规格尺寸以及排水沟的断面形状、路面结构、隧道净空尺寸、八字翼墙沿前后方向的尺寸等。

二、避车洞图

避车洞有大、小两种,是为行人和隧道维修人员及维修小车避让来往车辆而设置的,它们沿路线方向交错设置在隧道两边的边墙上。通常小避车洞每隔30 m设置一个,大避车洞则每隔150 m设置一个,采用平面布置图来表示,大、小避车洞的相互位置如图11-35所示。由于这种布置图图形比较简单,为了节省图幅,纵横方向采用不同比例,纵方向常采用1∶2000的比例,横方向常采用1∶200的比例。

如图11-36所示为大避车洞示意图,图11-37和图11-38为大小避车洞详图,洞内底面两边做成斜坡以供排水之用。

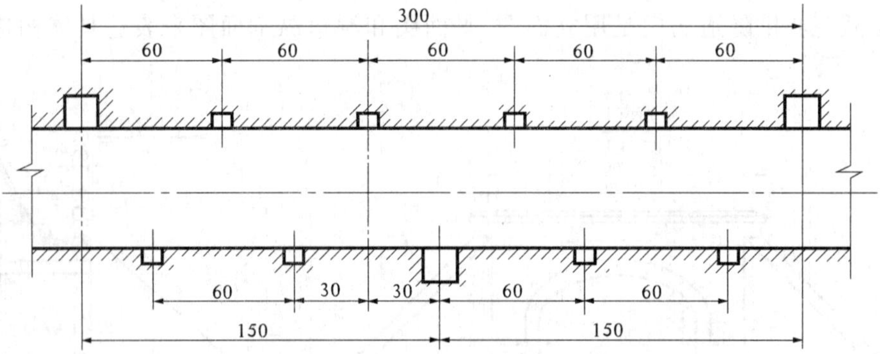

图11-35　避车洞平面布置图

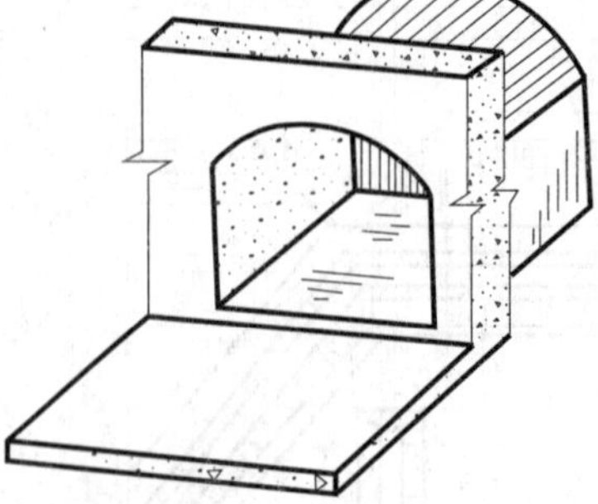

图11-36　大避车洞示意图

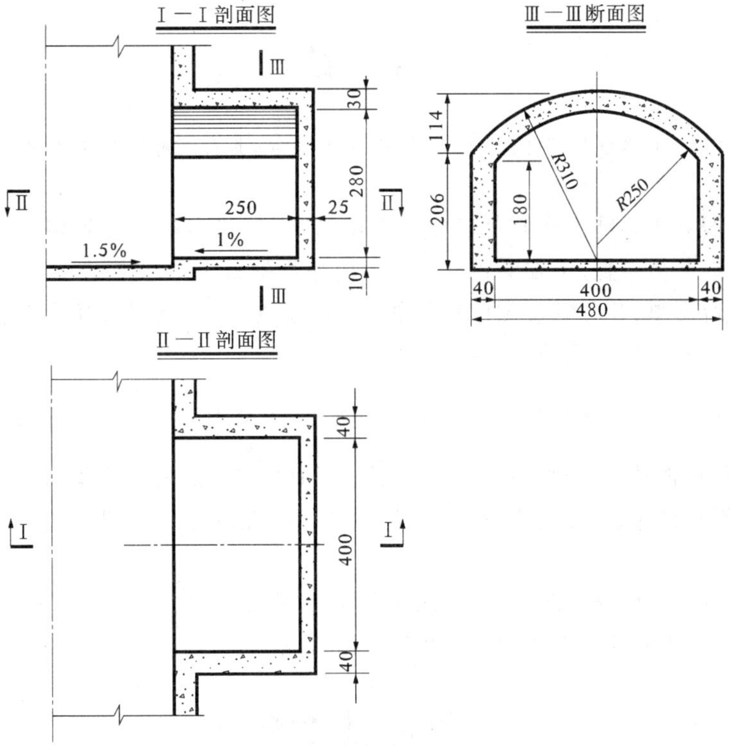

图 11-37　大避车洞详图

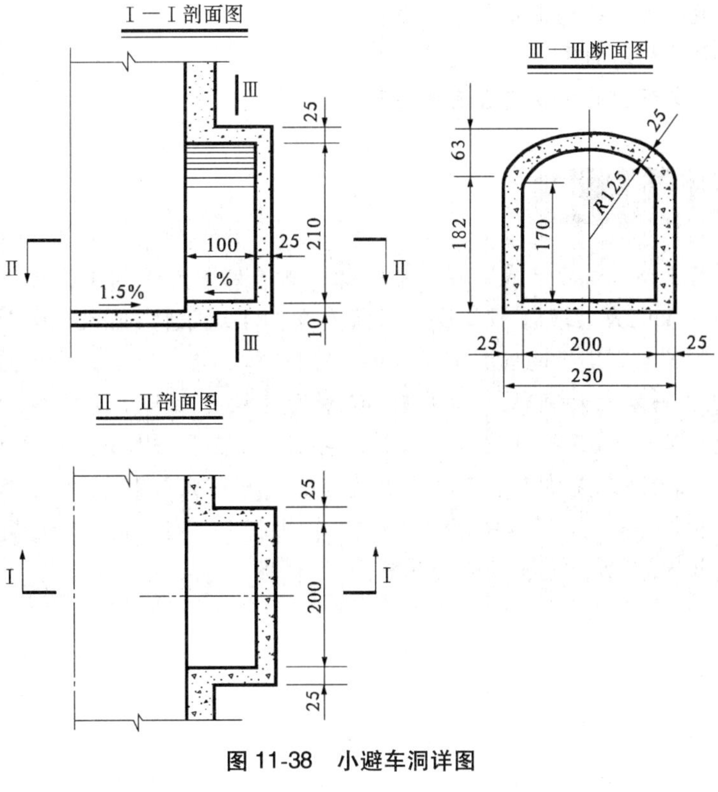

图 11-38　小避车洞详图

小 结

本章重点讲述了钢筋结构图和桥梁工程图两部分内容。钢筋结构图是桥梁工程图学习的基础。

钢筋结构图的主要特点是假想混凝土是透明的,用粗实线绘制钢筋,突出梁(板)、墩、柱等构件内部钢筋的布置,用细实线标出构件的外形轮廓线即可。

在钢筋构造图中,各种钢筋应标注数量、直径、长度、间距、编号,编号应采用阿拉伯数字表示。钢筋编号的标注有三种格式:

(1)编号标注在引出线右侧的细实线圆圈内,常采用下列格式进行标注:$\frac{n\,\Phi\,d}{l@s}$Ⓜ。

(2)在横断面图中,可将编号标注在与钢筋断面对应的细实线方格内。

(3)在纵断面图中,可将冠以N字的编号,注写在钢筋的侧面,根数标注在N字之前,如1N1、2N2等。

桥梁工程图主要由桥梁总体布置图、桥位平面图、桥位地质断面图及构件图(施工图)组成,其中构件图又由各构件的构造图和配筋图组成。

复习思考题

11-1 桥梁工程图包括的主要图样有哪些?图示有哪些特点?

11-2 桥梁的主要结构由几部分组成?

11-3 钢筋结构图的图示特点是什么?

11-4 隧道工程图的主要内容有哪些?

思政园地

兰海高速公路渭源至武都段木寨岭特长隧道位于定西市漳县与岷县交界处,全长15.226 km,最大埋深629.1 m,采用双向四车道设计,最大设计时速80 km。隧址区处于多个地质构造板块交界地带,在国内外公路隧道建设中实为罕见,属极高应力区,极易发生大变形,被业内称为"隧道建设史上罕见的世界性难题"。项目人员总结探索出"开挖补偿法",经过八年鏖战,终于将木寨岭隧道打通。隧道的顺利通车,使原来需要1个小时路程的木寨岭现在只需12分钟就可以通过,渭源至武都行车时间进一步缩短至2.5小时,大大提高了行车效率和通行安全,方便了老百姓出行,夯实了发展经济的基础。

第十二章　涵洞工程图

【学习目标】 了解涵洞的分类、组成及作用，涵洞的图示方法及图示特点；掌握钢筋混凝土盖板涵和钢筋混凝土圆管涵的读图方法。

第一节　涵洞概述

涵洞是宣泄路堤下水流的工程构筑物，它与桥梁的主要区别在于跨径的大小和填土的高度。根据《公路工程技术标准》(JTG B01—2014)的规定，凡是单孔跨径小于5 m，以及圆管涵、箱涵，不论其管径或跨径大小、孔数多少均称为涵洞。涵洞顶上一般都有较厚的填土(洞顶填土大于50 cm)，填土不仅可以保持路面的连续性，而且分散了汽车荷载的集中压力，并减小它对涵洞的冲击力。

一、涵洞的分类

(1)涵洞按建筑材料分为钢筋混凝土涵、混凝土涵、砖涵、石涵、木涵、金属涵等。

(2)涵洞按构造形式分为圆管涵、拱涵、箱涵、盖板涵等，工程上多用此分类法。

(3)涵洞按洞身断面形状分有圆形、卵形、拱形、梯形、矩形等。

(4)涵洞按孔数分有单孔、双孔、多孔等。

(5)涵洞按洞口形式分有一字式(端墙式)、八字式(翼墙式)、领圈式、走廊式等。

(6)涵洞按洞顶有无艇盖土可分为明涵和暗涵(洞顶填土大于50 cm)等。

二、涵洞的组成

涵洞是由洞口、洞身和基础三部分组成的排水构筑物。如图12-1所示为圆管涵的立体分解图，从中可以了解涵洞各部分的名称、位置和构造。

洞身是涵洞的主要部分，它的主要作用是承受活载压力和土压力等并将其传递给地基，并保证设计流量通过的必要孔径。常见的洞身形式有圆管涵、拱涵、箱涵、盖板涵。

洞口包括端墙、翼墙或护坡、截水墙和缘石等部分，它是保证涵洞基础和两侧路基免受冲刷、使水流顺畅的构造，一般进出水口采用同一形式。

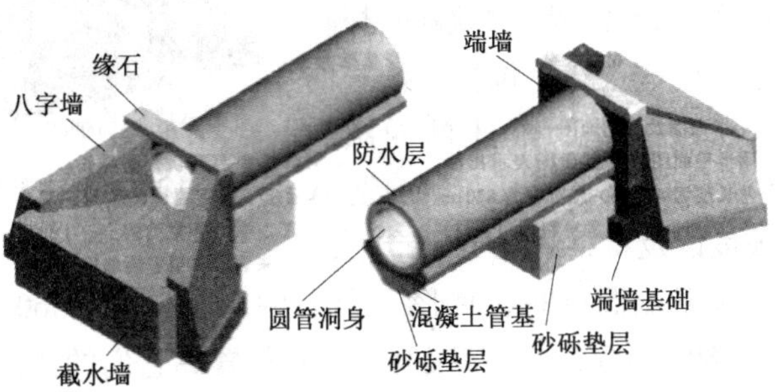

图12-1　圆管涵的立体图

三、涵洞的图示方法

涵洞是狭而长的构筑物,它从路面下方横穿过道路,埋置于路基土层中。尽管涵洞的种类很多,但图示方法基本相同。涵洞工程图主要由纵剖面图、平面图、侧面图和必要的构造详图(如钢筋布置图、翼墙断面图)等组成。

(1)在图示表达时,涵洞工程图以水流方向为纵向(与路线前进方向垂直布置),并以纵剖面图代替立面图。

(2)平面图一般不考虑涵洞上方的孤土,或假想土层是透明的。有时平面图与侧面图以半剖形式表达,水平剖面图一般沿基础顶面剖切,横剖面图则垂直于纵向剖切。

(3)洞口正面布置在侧面投影图位置作为侧面图,当进出水洞口形状不一样时,则需分别画出其进出水洞口布置图。

(4)涵洞有钢筋混凝土构件时,还应另外画出钢筋结构图。

涵洞体积较桥梁小,故画图所选用的比例较桥梁图稍大。现以常用的圆管涵、盖板涵和拱涵为例介绍涵洞的一般构造图,说明涵洞工程图的表示方法。

第二节　钢筋混凝土盖板涵工程图识读

如图 12-2 所示为单孔钢筋混凝土盖板涵立体图。如图 12-3 所示为钢筋混凝土盖板涵构造图,比例为 1∶50,洞口两侧为八字翼墙,涵洞总长为 2040 cm,洞高为 240 cm。由于其构造对称,故采用半纵剖面图、半平面图和侧面图等来表示。

(1)半纵剖面图。图 12-3 表示出路基宽度为 1110 cm,路基填土厚度为 50 cm,八字翼墙纵向坡度为 1∶1.5,以及洞高 240 cm,洞底铺砌 25 cm,盖板厚度 20 cm,截水墙高度 120 cm,截水墙厚度 40 cm,设计流水坡度 1%,并表明了缘石横断面的尺寸。图中还表示出了盖板、缘石及基础所用材料,盖板和缘石为钢筋混凝土材料,截水墙基础及洞身基础为 5 号浆砌片石,洞底有 10 cm 厚的砂砾垫层。

(2)半平面图及半剖面图。采用半平面图和半剖面图表示出涵洞的洞身、洞口的平面形状,涵身长度为 1200 cm 洞口的总长度为 420 cm,总宽度为 820 cm,并清楚地表示出了八字翼墙的位置、洞口的平面形状和各部分尺寸以及洞身和翼墙的材料。为了便于施工,在八字翼墙的Ⅰ—Ⅰ位置和洞身的Ⅱ—Ⅱ位置进行了剖切,并另作Ⅰ—Ⅰ断面图和Ⅱ—Ⅱ断面图来表示该位置翼墙墙身和洞身与基础的详细尺寸、墙背坡度以及材料情况等。

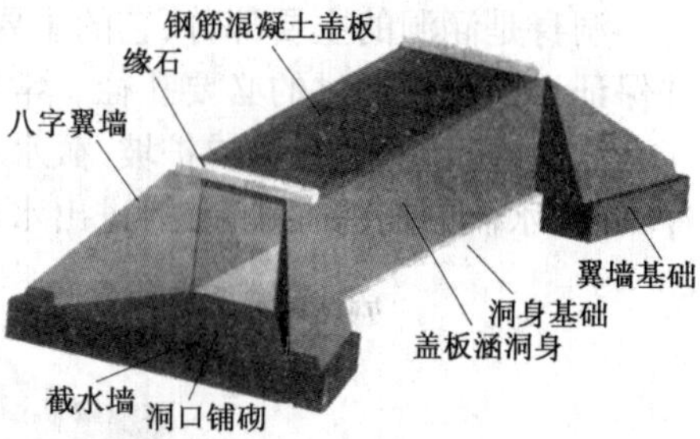

图 12-2　钢筋混凝土盖板涵立体图

(3)侧面图。本图反映出洞口的立面形状,缘石的侧面长度为 360 cm,材料为 C25 混凝土。同时反映出缘石、盖板、八字翼墙、基础等的相对位置和它们的侧面形状。在图 12-3 中按习惯称洞口立面图。

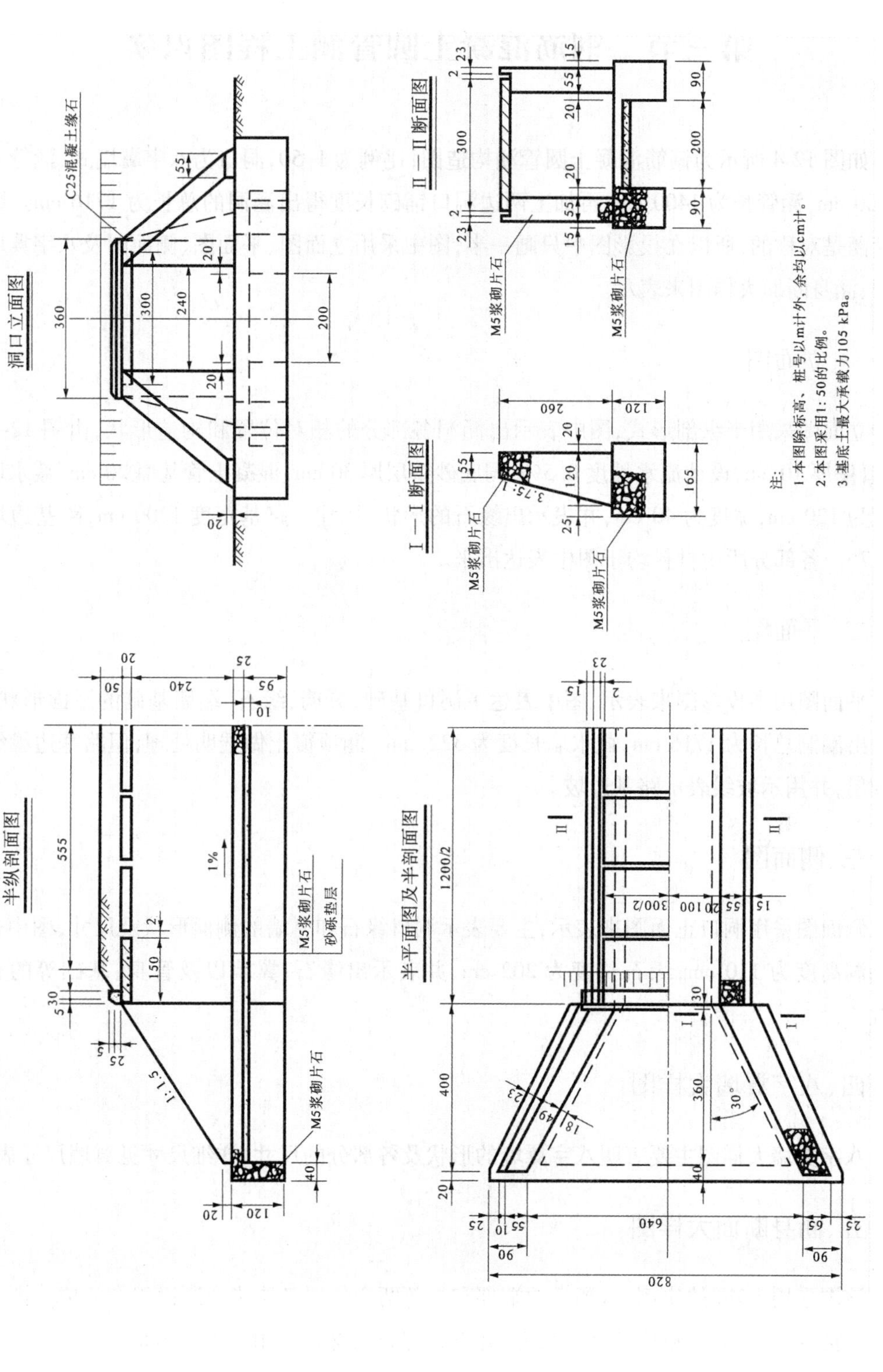

注：
1.本图除标高、桩号以m计外，余均以cm计。
2.本图采用1: 50的比例。
3.基底土最大承载力105 kPa。

图 12-3　钢筋混凝土盖板涵构造图

第三节 钢筋混凝土圆管涵工程图识读

如图12-4所示为钢筋混凝土圆管涵构造图,比例为1∶50,洞口为八字翼墙式,涵管直径为100 cm,涵管长为1400 cm,再加上两边洞口铺砌长度得出涵洞的总长为1716 cm。因为圆管涵是对称的,所以在投影图中只画一半,图中采用立面图、平面图、侧面图及八字翼墙大样图、涵身断面大样图来表示。

一、立面图

立面图采用半纵剖形式,图中表示出涵洞各部分的相对位置和构造形状,由图12-4可知:管壁厚10 cm,设计流水坡度0.5%,洞底砂垫层厚30 cm,混凝土管基厚20 cm,截水墙的高度为120 cm,宽度为40 cm,并表示出缘石的形状、尺寸。路基宽度1200 cm,路基边坡为1∶1.75。各部分所用材料均于图中表达出来。

二、平面图

平面图用半投影图来表示,图中表达了洞口基础、翼墙、缘石、端墙基础的平面形状,并表示出涵洞总长为1716 cm,截水墙长度为322 cm。涵顶覆土做透明处理,但路基边缘线应予画出,并用示坡线表示路基边坡。

三、侧面图

侧面图采用洞口正面图来表示,主要表示洞口缘石和翼墙的侧面形状及尺寸,图中表示出涵洞高度为110 cm,缘石长度为202 cm,并表示出缘石、翼墙以及管身、基础等的相对位置。

四、八字翼墙大样图

八字翼墙大样图主要表明八字翼墙的形状及各部分的尺寸,详细尺寸见翼墙尺寸表。

五、涵身断面大样图

该图采用1∶40的比例,从涵身的端部和中部两个位置各取半个断面组合而成。图中表示出了涵身基础、砂砾垫层的详细尺寸,并把各部分的材料在图中表示出来。

半纵剖面图1: 50

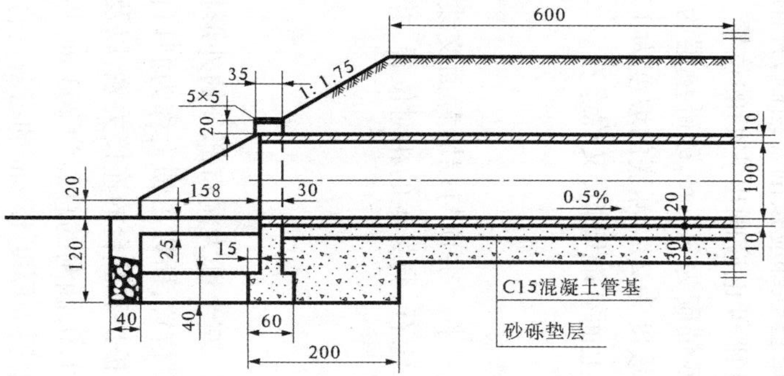

洞口立面图1: 50

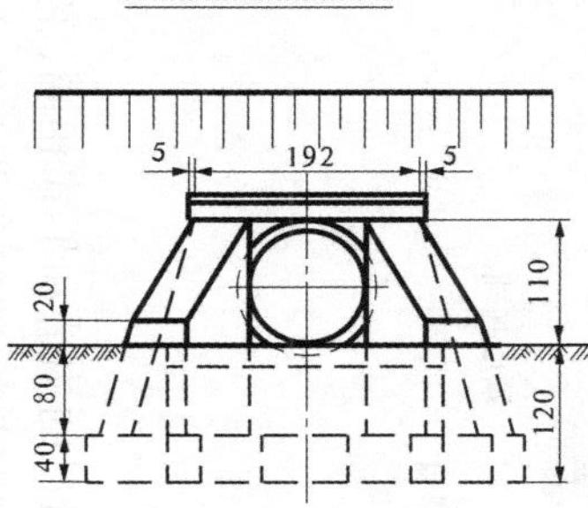

涵身断面大样图1: 40

端部　中部

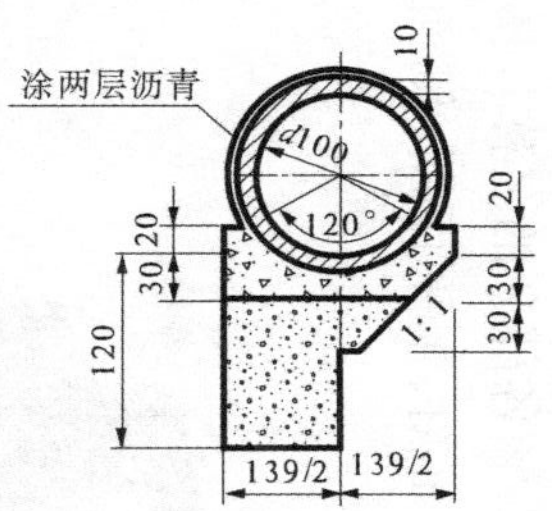

半平面图1: 50

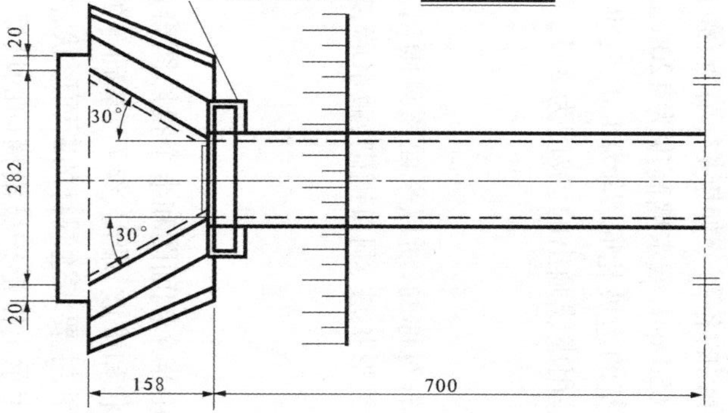

八字翼墙大样图

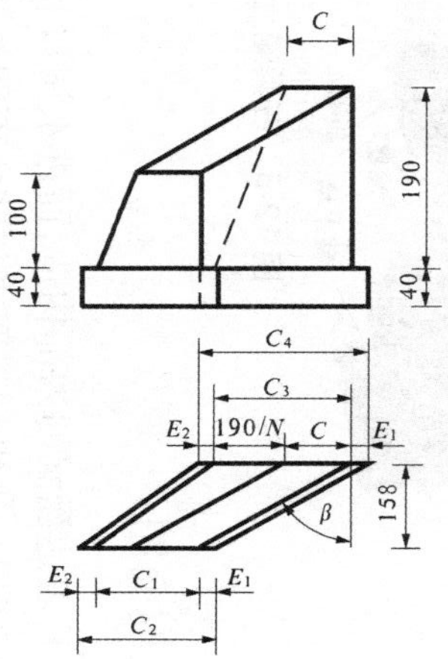

翼墙尺寸表

墙别＼代号	β_1 (°)	β_2 (°)	N	C (cm)	C_1 (cm)	C_2 (cm)	C_3 (cm)	C_4 (cm)	E_1 (cm)	E_2 (cm)
大翼墙	30		3.71	46.2	73.1	96.1	97.4	120.4	12	11
小翼墙		30	3.71	46.2	73.1	96.1	97.4	120.4	12	11

工程数量表

工程项目名称	单位	数量
C15混凝土端墙墙身	m^3	1.51
C10混凝土端墙基础	m^3	1.02
C15混凝土管基	m^3	19.39
C15混凝土墙帽	m^3	0.28
砂砾垫层	m^3	7.00
7.5号浆砌片石洞口铺砌	m^3	1.50
7.5号浆砌片石隔水墙	m^3	3.09
C15混凝土八字翼墙墙身	m^3	6.18
C10混凝土翼墙基础	m^3	2.73
2 m管节个数	个	7
0.5 m管节个数	个	0

注:

1. 本图尺寸除标高以m计外，余均以cm计。
2. 涵洞全长范围内设沉降缝3~4道，其位置以设在路基中部和行车道外侧为宜。
3. 管基混凝土可分两次浇筑，先浇筑底下部分，注意预留管基厚度及安放管节坐浆混凝土2~3 cm，待安放管节后再浇筑管底以上部分。
4. 翼墙垂直断面的背坡为4: 1，宽度40 cm。

图 12-4　钢筋混凝土圆涵构造图

第四节　石拱涵工程图识读

如图 12-5 所示为石拱涵立体图,从图中可以了解到石拱涵各部分的名称。图 12-6 为石拱涵的构造图,按照涵洞的图示方法,该图也采用半纵剖面图、半平面图、侧面图等共同表达。

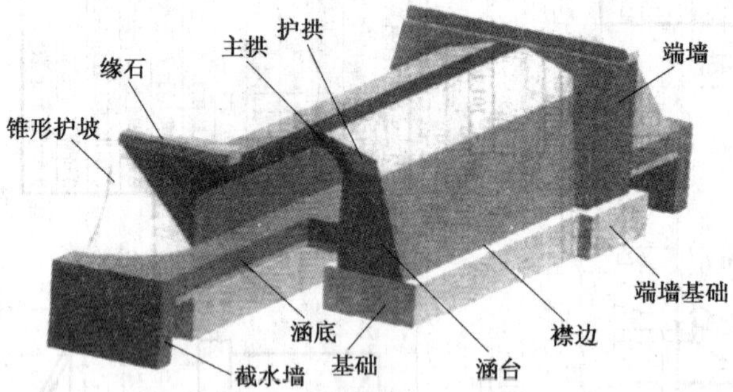

图 12-5　石拱涵立体图

一、半纵剖面图

由于主要是表达涵洞的内部构造,而进水洞口和出水洞口的构造和形式相同,整个涵洞是左右对称的,所以用半纵剖面图来代替立面图。半纵剖面图是沿涵洞的中心线位置纵向剖切的,凡是剖到的各部分如截水墙、涵底、拱顶、缘石、路基等都应按剖开绘制,并画出相应的材料图例,另外能看到的各部分如锥坡、端墙、涵台、基础等也应画出它们的位置,图 12-6 中表示出路基宽度为 650 cm,截水墙高度为 120 cm,涵底铺砌为 30 cm,砂砾垫层为 10 cm。锥坡的坡度一般和路基的边坡相同,均为 1 ∶1.5,拱顶的坡度为 2%,涵底的坡度为 1%,端墙的断面为梯形,背面是用虚线画出的,坡度为 3 ∶1。端墙上面有端墙帽,又称缘石。

二、半平面图

由于该涵洞是左右对称的,所以平面图只画出左边一半。拱顶与端墙背面交线为椭圆曲线。图中表示出了锥形护坡、洞口铺砌、截水墙、端墙、缘石、洞身等的相对位置,并表示出洞身的总长为 846 cm。

三、侧面图

涵洞的侧面图是由半个剖面图和半个投影图合成的。左半部为洞口部分的外形投影,主要反映洞口的正面形状和锥坡、端墙、缘石、基础等的相对位置,所以习惯上称为洞口正面图。右半部为洞身横断面图,主要表达洞身的断面形状,主拱、护拱和涵台的连接关系,以及防水层的设置情况等。图中表示出锥形护坡沿横向的坡度为 1 ∶1.0,涵洞的总高为 263 m,并详细表示出主拱、护拱的尺寸及材料,主拱、护拱为浆砌片石,防水层为厚度 15 cm 的石灰三合土。

以上分别介绍了表达涵洞工程的各个图样,实际上它们是紧密相关的,应该互相对照联系起来读图,才能将涵洞工程的各部分位置、构造、形状、尺寸搞清楚。

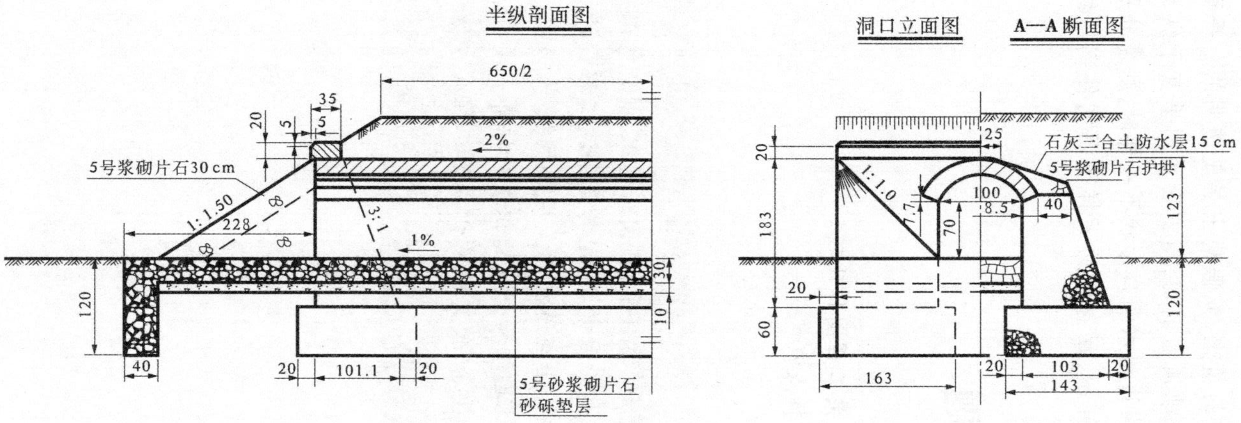

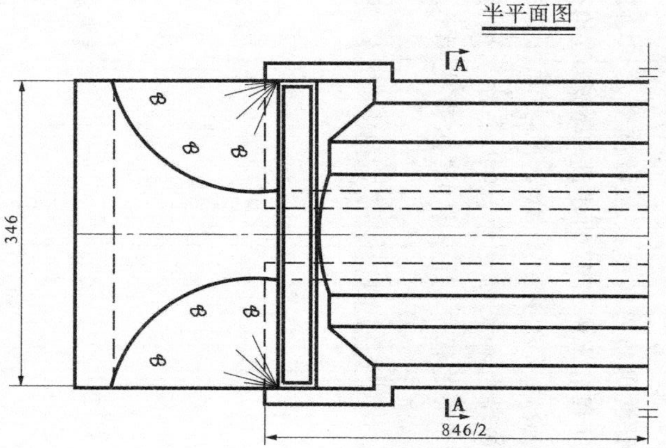

注:

1.本图尺寸均以cm为单位。

2.本图采用1: 50的比例。

3.本涵地基承载能力为200 kPa。载荷等级: 公路Ⅱ级。

4.沉降缝设在路基中部, 贯穿整个断面, 缝宽1~ 2 cm, 缝内填塞黏土胶泥, 外用砂浆抹平。

5.材料: 除拱圈用30号块石、M7.5砂浆砌筑外, 涵台外露部分块石镶面, 厚度为5 cm。其余用25号大片石、M5砂浆砌筑。

图 12-6 锥坡式石拱涵单孔构造图

小 结

涵洞按构造形式分为圆管涵、拱涵、箱涵、盖板涵等。

涵洞是由洞口、洞身和基础三部分组成的排水构筑物。

在图示表达涵洞时,涵洞工程图以水流方向为纵向(与路线前进方向垂直布置),并以纵剖面图代替立面图。平面图一般不考虑涵洞上方的覆土,或假想土层是透明的。平面图与侧面图常以半剖形式表达,水平剖面图一般沿基础顶面剖切,横剖面图则垂直于纵向剖切。洞口正面布置在侧面投影图位置作为侧面图,当进出水洞口形状不一样时,则需分别画出其进出水洞口布置图。必要时还可以画出洞大样图、涵身断面大样图及构件钢筋结构图等。

复习思考题

12-1　涵洞分为哪几类?

12-2　涵洞工程图的图示特点是什么? 试与桥梁工程图作比较。

12-3　涵洞由哪几部分组成? 各组成部分有何特点?

思政园地

工程意识的内涵主要包括质量意识、安全意识、责任意识、团队意识、创新意识等思维过程。土木工程的建设环境和结构体系越来越复杂,尤其是涵洞工程设计与施工,会涉及众多专业领域,既要考虑建筑的安全与造型的美观协调统一,又要融入地域特色和文化元素,这就要对学生的系统思维和全局意识进行培养。要在工程教育全过程中,引导学生“做事先做人”的理念,使工程意识成为工程人才德育教育的基石。

参考文献

[1]常小会,斯庆高娃. 道路工程制图与识图[M]. 郑州:黄河水利出版社,2014.
[2]赵云华. 道路工程制图[M]. 北京:机械工业出版社,2010.
[3]王娟玲. 道路工程制图[M]. 北京:中国水利水电出版社,2008.
[4]刘松雪,等. 道路工程制图[M]. 北京:人民交通出版社,2010.
[5]杨蕊,等. 道路工程制图[M]. 郑州:黄河水利出版社,2008.
[6]虎良燕,等. 道路工程制图[M]. 北京:高等教育出版社,2012.
[7]李力. 公路工程制图与识图[M]. 北京:人民交通出版社,2012.
[8]徐元甫. 建筑工程制图[M]. 郑州:黄河水利出版社,2005.
[9]何铭新,等. 建筑工程制图[M]. 北京:高等教育出版社,2005.
[10]曾令宜,等. 水利工程制图[M]. 郑州:黄河水利出版社,2002.
[11]唐新,等. 道路工程制图及 CAD[M]. 北京:化学工业出版社,2009.